George Herbert Crotch

Check List of the Coleoptera of America, North of Mexico

George Herbert Crotch

Check List of the Coleoptera of America, North of Mexico

ISBN/EAN: 9783337322069

Printed in Europe, USA, Canada, Australia, Japan

Cover: Foto ©ninafisch / pixelio.de

More available books at **www.hansebooks.com**

CHECK LIST

OF THE

COLEOPTERA

OF

AMERICA, NORTH OF MEXICO.

BY

G. R. CROTCH, M.A.

GEORGE A. BATES,
NATURALISTS' BUREAU,
SALEM, MASS.
1880.

PREFACE.

The present list is intended only as a means of facilitating exchanges among coleopterists, and hence must not be held as having any authority; synonyms are omitted, except where necessary to connect this work with Dr. Leconte's *List* from which it has been prepared. Numerous changes have been made in the synonymy, mostly based on comparisons made by Dr. Leconte in Europe, and already indicated in various papers by himself and Dr. Horn; others on personal examination of the species by myself, and for these I am alone responsible. For certain changes in the arrangement, whereby the *Coccinellidæ*, *Erotylidæ* and *Endomychidæ* find their place in the Clavicorn series, I also accept the responsibility; as also for the changes in generic names, the reasons for which have been fully explained by me in previous papers. The various irrecognizable species of Motschulsky, and the earlier authors have been omitted altogether. Finally, I desire to express my gratitude to Dr. Horn, who has kindly consented to read the proofs of this list which, without his innumerable suggestions, would have fallen very far short of even its present state of completeness.

G. R. C.

EXPLANATIONS.

Synonyms are not numbered. Varieties are numbered the same as the species, with a letter added.

Preoccupied names are marked with a ‖.

Names cited in error are marked with a ‡.

June 1st, 1873.

CHECK LIST

OF THE

COLEOPTERA OF NORTH AMERICA.

CICINDELIDÆ.

Amblychila Say.
1. cylindriformis *Say*.

Omus Esch.
2. Dejeani *Reiche*.
3. lævis *Horn*.
4. californicus *Esch*.
5. Audouini *Reiche*.
6. submetallicus *Horn*.
7. Lecontei *Horn*.

Tetracha West.
8. carolina (*Linn.*).
9. virginica (*Linn.*).

Cicindela Linn.
10. obsoleta *Say*.
10a. vulturina *Lec*.
10b. prasina *Lec*.
11. unipunctata *Fab*.
12. longilabris *Say*.
13. montana *Lec*.
14. pulchra *Say*.
15. rugifrons *Dej*.
15a. modesta *Dej*.
15b. Lecontei *Hald*.
15c. unicolor *Dej*.
15d. scutellaris *Say*.
16. nigrocærulea *Lec*.
17. pimeriana *Lec*.
viatica ‡ *Lec*.
§
18. 6-guttata *Fab*.
19. patruela *Dej*.
20. 10-notata *Say*.
21. splendida *Hentz*.
21a. limbalis *Kl*.
22. purpurea *Oliv*.
23. cimarrona *Lec*.
24. ancocisconensis *Harr*.
25. generosa *Dej*.
formosa *Say*.
venusta *Lec*.
26. latesignata *Lec*.
27. fulgida *Say*.
28. tranquebarica *Hb*.
vulgaris *Say*.
28a. obliquata *Kirby*.
29. senilis *Horn*.
30. 12-guttata *Dej*.
30a. oregona *Lec*.
30b. guttifera *Lec*.
31. vibex *Horn*.
32. repanda *Dej*.
33. hirticollis *Say*.
34. hyperborea *Lec*.

35. tenuisignata *Lec.*
36. pusilla *Say.*
36a. terricola *Say.*
36b. cyanella *Lec.*
37. cinctipennis *Lec.*
37a. imperfecta *Lec.*
§
38. dorsalis *Say.*
38a. media *Lec.*
39. Saulcyi *Guér.*
40. hamata *Br.*
 lacerata *Chd.*
41. marginata *Fab.*
42. limbata *Say.*
43. cuprascens *Lec.*
44. puritana *Horn.*
45. macra *Lec.*
46. sperata *Lec.*
47. blanda *Dej.*
48. Gabbii *Horn.*
§
49. lepida *Dej.*
§
50. tortuosa *Dej.*
 serpens *Lec.*
 sigmoidea *Lec.*
 ascendens *Lec.*

51. punctulata *Fab.*
§
52. rectilatera *Chd.*
53. hæmorrhagica *Lec.*
54. Hentzii *Dej.*
55. 16-punctata *Kl.*
55a. rufiventris *Dej.*
55b. cumatilis *Lec.*
56. abdominalis *Fab.*
57. marginipennis *Dej.*
§
58. severa *Laf.*
59. californica *Mén.*
60. circumpicta *Laf.*
61. prætextata *Lec.*
62. togata *Laf.*
63. gratiosa *Guér.*
64. lemniscata *Lec.*
65. cursitans *Lec.*
66. celeripes *Lec.*
67. Pilatii (*Guér.*).

CARABIDÆ.

Omophron Latr.

68. gilæ *Lec.*
69. obliteratum *Horn.*
70. robustum *Horn.*
71. dentatum *Lec.*
72. americanum *Dej.*
73. tessellatum *Say.*
74. ovale *Horn.*
75. labiatum *Fab.*
76. nitidum *Lec.*
 nitens *Chd.*

Elaphrus Fab.

77. obliteratus *Mannh.*
78. Clairvillei *Kirby.*
 politus *Lec.*
79. lævigatus *Lec.*
80. olivaceus *Lec.*
81. cicatricosus *Lec.*
82. fuliginosus *Say.*
 Clairvillei‡ *Lec.*
83. Lecontei *Cr.*
 intermedius‡ *Lec.*

84. riparius *Linn.*
 californicus *Mann.*
85. ruscarius *Say.*

Diachila Mots.

86. subpolaris *Lec.*

Blethisa Bon.

87. multipunctata (*Linn.*).
88. quadricollis *Hald.*
89. oregonensis *Lec.*
90. Julii *Lec.*

Loricera Latr.

91. cærulescens (*Linn.*).
 pilicornis (*Fab.*).
92. semipunctata *Esch.*
93. californica *Lec.*
94. neoscotica *Lec.*
95. 10-punctata *Esch.*
96. foveata *Lec.*
97. congesta *Mann.*

Trachypachys Mots.
  98. inermis *Mots.*
  99. Gibbsii *Lec.*

Notiophilus Dum.
  100. semiopacus *Esch.*
  101. sylvaticus *Esch.*
  102. nitens *Lec.*
  103. semistriatus *Say.*
  104. confusus *Lec.*
  105. Hardyi *Putz.*
  106. sibiricus *Mots.*
  107. æneus (*Ilb.*).

Opisthius Kirby.
  108. Richardsoni *Kirby.*

Nebria Latr.
  109. ingens *Horn.*
  110. diversa *Lec.*
  111. virescens *Horn.*
  112. gregaria *Fisch.*
  113. metallica *Fisch.*
  114. Gebleri *Dej.*
  115. viridis *Horn.*
  116. obliqua *Lec.*
  117. suturalis *Lec.*
  118. hudsonica *Lec.*
  119. Sahlbergi *Fisch.*
      castanipes *Kirby.*
      moesta *Lec.*
  120. bifaria *Mann.*
  121. Rathvoni *Lec.*
  122. Mannerheimii *Fisch.*
  123. Eschscholtzii *Mén.*
      castanipes ‡ *Lec.*
  124. pallipes *Say.*
  125. carbonaria *Esch.*
  126. nivalis (*Payk.*).

Pelophila Dej.
  127. Eschscholtzii *Mann.*
  128. rudis *Lec.*
  129. Ulkei *Horn.*

Leistus Fröh.
  130. ferruginosus *Mann.*

Calosoma Web.
  131. externum *Say.*

  132. macrum *Lec.*
  133. protractum *Lec.*
  134. scrutator (*Fab.*).
  135. Willcoxi *Lec.*
  136. frigidum *Kirby.*
  137. Sayi *Dej.*
  138. peregrinator *Guér.*
      prominens *Lec.*
      lugubre *Lec.*
  139. carbonatum *Lec.*
  140. triste *Lec.*
  141. obsoletum *Say.*
  142. semilæve *Lec.*
  143. calidum (*Fab.*).
  144. Haydeni *Horn.*
  145. tepidum *Lec.*
  146. cancellatum *Esch.*
  147. discors *Lec.*
  148. moniliatum *Lec.*
  149. laqueatum *Lec.*
  150. Wilkesii *Lec.*
  151. luxatum *Say.*
  151a. striatulum *Lec.*
  151b. Zimmermanni *Lec.*
  151c. latipenne *Horn.*

Carabus Linn.
  152. Bornaschevii *Gebl.*
  153. Vietinghovii *Adams.*
  154. limbatus *Say.*
  155. serratus *Say.*
  156. palustris *Fisch.*
      Lapilayi *Lap.*
  157. vinctus *Web.*
  157a. ligatus *Germ.*
  157b. carinatus *Dej.*
  158. finitimus *Hald.*
  159. sylvosus *Say.*
  160. tædatus *Fab.*
  160a. baccivorus *Fisch.*
  160b. Agassizii *Lec.*
  160c. oregonensis *Lec.*
  161. Chamissonis *Fisch.*
  162. truncaticollis *Fisch.*

Nomaretus Lec.
  163. debilis *Lec.*
  164. cavicollis *Lec.*
  165. fissicollis *Lec.*
  166. bilobus (*Say*).
  167. imperfectus *Horn.*

Cychrus Fabr.

Sphæroderus Dej.
168. nitidicollis (*Chev.*).
169. Lecontei (*Dej.*).
 niagarensis *Lap.*
 Brevoorti *Lec.*
 bicarinatus *Lec.*
170. stenostomus *Web.*
171. canadensis *Chd.*

Scaphinotus Dej.
172. unicolor *Oliv.*
 heros *Harr.*
173. elevatus *Fab.*

Irichroa Newm.
174. viduus *Dej.*
175. violaceus *Lec.*
176. Andrewsii *Harr.*
176a. Guyoti *Lec.*
176b. Ridingsii *Bl.*
§
177. tuberculatus *Harr.*
§
178. velutinus *Mén.*
179. angusticollis *Fisch.*
180. angulatus *Harr.*
181. rugiceps *Horn.*
182. cristatus *Harr.*
 reticulatus *Mots.*
183. marginatus *Dej.*
184. dissolutus *Schaum.*
185. obliquus *Lec.*
186. striatus *Lec.*
187. cordatus *Lec.*
188. interruptus *Mén.*
 constrictus *Lec.*
189. ventricosus *Dej.*
190. alternatus *Mots.*
 striatopunctatus ‡ *Lec.*
191. subtilis *Schaum.*
192. punctatus *Lec.*

Metrius Esch.
193. contractus *Esch.*

Promecognathus Chd.
194. lævissimus *Dej.*
195. crassus *Lec.*

Pasimachus Bon.
196. marginatus (*Fab.*).
197. subsulcatus *Say.*

198. sublævis *Beauv.*
199. substriatus *Hald.*
200. elongatus *Lec.*
201. punctulatus *Hald.*
202. depressus (*Fab.*).
203. morio *Lec.*
204. corpulentus *Lec.*
205. californicus *Chd.*
 validus *Lec.*
206. obsoletus *Lec.*
207. duplicatus *Lec.*
207a. costifer *Lec.*

Scarites Fabr.
208. substriatus *Hald.*
 distinctus *Hald.*
209. subterraneus *Fabr.*

Dyschirius Bon.
210. tridentatus *Lec.*
211. patruelis *Lec.*
212. basalis *Lec.*
213. Dejeanii *Putz.*
214. integer *Lec.*
215. nigripes *Lec.*
216. consobrinus *Lec.*
217. gibbipennis *Lec.*
218. æneolus *Lec.*
219. longulus *Lec.*
220. globulosus (*Say*).
221. hæmorrhoidalis (*Dej.*).
222. terminatus *Lec.*
223. analis *Lec.*
224. sphæricollis (*Say*).
225. edentulus *Putz.*
226. truncatus *Lec.*
227. erythrocerus *Lec.*
228. obesus *Lec.*
229. marinus (*Lec.*).
230. sellatus *Lec.*
231. pallipennis *Say.*
232. curvispinus *Putz.*
233. filiformis *Lec.*
234. sublævis *Putz.*
235. dentiger *Lec.*
236. aratus *Lec.*
237. pumilus *Putz.*
 rufiventris *Lec.*
238. transmarinus *Mann.*
239. frigidus *Mann.*
240. setosus *Lec.*
241. pilosus *Lec.*
242. hispidus *Lec.*
243. abbreviatus *Putz.*

Ardistomis Putz.
- 244. obliquata *Putz.*
- 245. Schaumii *Lec.*
- 246. viridis *Say.*
- 247. puncticollis *Putz.*

Aspidoglossa Putz.
- 248. subangulata *Chd.*

Clivina Latr.
- 249. corvina *Putz.*
- 249a. confusa *Lec.*
- 249b. georgiana *Lec.*
- 250. dentipes *Dej.*
- 251. fissipes *Putz.*
- 252. impressifrons *Lec.*
- 253. planicollis *Lec.*
- 254. punctulata *Lec.*
- 255. punctigera *Lec.*
- 256. rubicunda *Lec.*
- 257. rufescens *Dej.*
- 258. rufa *Lec.*
- 259. elongata *Rand.*
  - Randalli *Lec.*
- 260. analis *Putz.*
- 261. americana *Dej.*
- 262. morula *Lec.*
- 263. cordata *Putz.*
- 264. morio *Dej.*
- 265. striatopunctata *Dej.*
- 266. ferrea *Lec.*
- 267. convexa *Lec.*
- 268. bisignata *Putz.*
- 269. bipustulata *Fabr.*
- 270. marginipennis *Putz.*
- 271. postica *Lec.*
- 272. picea *Putz.*
- 273. stigmula *Putz.*

Schizogenius Putz.
- 274. crenulatus *Lec.*
- 275. planulatus *Lec.*
- 276. lineolatus *Say.*
- 277. ferrugineus *Putz.*
- 278. amphibius *Hald.*
- 279. depressus *Lec.*
- 280. pluripunctatus *Lec.*

Pachyteles Perty.
- 281. testaceus *Horn.*

Brachynus Web.
- 282. americanus *Lec.*
  - stenomus *Chd.*
- 283. janthinipennis *Dej.*
- 284. viridipennis *Dej.*
- 285. minutus *Harr.*
  - pumilio *Lec.*
- 286. perplexus *Dej.*
  - cephalotes ‡ *Lec.*
  - ovipennis *Lec.*
  - sublævis *Chd.*
- 287. medius *Harr.*
- 288. quadripennis *Dej.*
  - stygicornis ‡ *Chd.*
- 289. conformis *Dej.*
  - patruelis *Lec.*
- 290. cyanipennis *Say.*
  - cephalotes *Dej.*
  - rejectus *Lec.*
- 291. lateralis *Dej.*
  - leucoloma *Chd.*
- 292. alternans *Dej.*
  - strenuus *Lec.*
- 293. Deyrollii *Laf.*
- 294. tormentarius *Lec.*
- 295. ballistarius *Lec.*
- 296. fumans (*Fab.*).
- 296a. similis *Lec.*
  - distinguendus *Chd.*
- 297. cordicollis *Dej.*
- 298. puberulus *Chd.*
- 299. phæocerus *Chd.*
- 300. stygicornis *Say.*
  - leptocerus *Chd.*
- 301. kansanus *Lec.*
- 302. fidelis *Lec.*
  - ? texanus *Chd.*
- 303. Tschernikhii *Mann.*
- 304. carinulatus *Mots.*
- 305. costipennis *Mots.*

Panagæus Latr.
- 306. crucigerus *Say.*
- 307. fasciatus *Say.*
- 308. Sallei *Chd.*

Micrixys Lec.
- 309. distinctus (*Hald.*).

Morio Latr.
- 310. monilicornis *Lat.*
  - georgiæ *Beauv.*

Helluomorpha Lap.
311. Clairvillei (*Dej.*).
312. præusta (*Dej.*).
313. laticornis (*Dej.*).
314. ferruginea *Lec.*
315. texana *Lec.*
316. nigripennis (*Dej.*).

Galerita Fabr.
317. atripes *Lec.*
318. janus *Fabr.*
319. californica *Mann.*
320. Lecontei *Dej.*
321. bicolor *Drury.*

Zuphium Latr.
322. americanum *Dej.*

Diaphorus Dej.
323. Lecontei *Dej.*
324. tenuicollis *Lec.*

Thalpius Lec.
325. pygmaeus (*Dej.*).
326. dorsalis (*Brullé*).
327. rufulus (*Lec.*).
328. Hornii *Chaud.*

Casnonia Latr.
329. pensylvanica (*Linn.*).
329a. suturalis *Chaud.*
330. ludoviciana *Sallé.*

Leptotrachelus Lat.
331. dorsalis (*Fabr.*).
331a. pallidulus *Motsch.*

Ega Lap.
332. Sallei *Chevr.*
333. laetula *Lec.*

Lachnophorus Dej.
334. pubescens *Dej.*
335. elegantulus *Mann.*

Eucaerus Lec.
336. varicornis *Lec.*

Plochionus Dej.
337. timidus *Hald.*
338. Bonfilsii *Dej.*
       amandus *Newman.*
339. valens *Lec.*

Loxopeza Chaud.
340. grandis (*Hentz*).
341. atriventris (*Say*).
342. tricolor (*Say*).
343. majuscula *Chd.*
344. atriceps (*Lec.*).

Lebia Latr.
345. pulchella *Dej.*
346. cyanipennis *Dej.*
347. ruficollis *Lec.*
348. marginicollis *Dej.*
349. viridis *Say.*
349a. moesta *Lec.*
350. pumila *Dej.*
       maculicornis *Lec.*
351. pleuritica *Lec.*
352. viridipennis *Dej.*
353. lobulata *Lec.*
354. ornata *Say.*
       axillaris *Dej.*
355. collaris *Dej.*
356. analis *Dej.*
       ornata‡ *Lec.*
357. fuscata *Dej.*
358. frigida *Chd.*

Dianchomena Chd.
359. abdominalis *Chd.*
360. scapularis *Dej.*
       conjungens *Lec.*
361. miranda *Horn.*

Aphelogenia Chd.
362. Spraguei *Horn.*
363. vittata (*Fab.*).
364. fuscata (*Lec.*).
365. guttula (*Lec.*).
366. bivittata (*Fab.*).
367. bilineata (*Mots.*).

(*Gen. dub.*)
368. divisa *Lec.*

Nemotarsus Lec.
   369. elegans *Lec.*

Tetragonoderus Dej.
   370. intersectus (*Germ.*).
   371. fasciatus (*Hald.*).
   372. undulatus *Lec.*

Trechicus Lec.
   373. umbripennis *Lec.*
   374. pallipennis *Lec.*

Dromius Bon.
   375. piceus *Dej.*
   375a. quadricollis *Lec.*

Apristus Chaud.
   376. cordicollis (*Lec.*).
   377. subsulcatus (*Dej.*).
   378. laticollis *Lec.*
   379. latens (*Lec.*).

Metabletus Schmidt.
   380. americanus (*Dej.*).
   381. borealis *Zimm.*

Blechrus Motsch.
   382. linearis (*Lec.*).
   383. nigrinus (*Mann.*).
   384. lucidus (*Lec.*).
   385. pusio *Lec.*

Axinopalpus Lec.
   386. biplagiatus (*Dej.*).
   387. californicus (*Motsch.*).
   388. fusciceps *Lec.*

Apenes Lec.
   389. lucidula (*Dej.*).
   390. nebulosa *Lec.*
   391. opaca *Lec.*
   392. sinuata (*Say*).

Glycia Chaud.
   393. viridicollis (*Lec.*).
   394. purpurea (*Say*).

Philophuga Motsch.
   395. viridis (*Dej.*).
   396. cyanea *Motsch.*

Cymindis Latr.
   397. laticollis *Say.*
   398. brevipennis *Zimm.*
      cribricollis‡ *Lec.*
   399. abstrusa *Lec.*
   400. planipennis *Lec.*
   401. cribricollis *Dej.*
      reflexa *Lec.*
   402. elegans *Lec.*
   403. unicolor *Kirby.*
      hudsonica *Lec.*
   404. pilosa *Say.*
   405. borealis *Lec.*
   406. americana *Dej.*
   407. venator *Dej.*
   408. cribrata *Lec.*
   409. neglecta *Hald.*

Pinacodera Schaum.
   410. limbata (*Dej.*).
   411. platicollis (*Say*).
   411a. fuscata (*Dej.*).
   412. punctigera (*Lec.*).

Callida Dej.
   413. planulata *Lec.*
   414. smaragdina *Dej.*
      cyanipennis *Chd.*
   415. viridipennis *Say.*
   416. fulgida *Dej.*
   417. cyanoptera *Lec.*
   418. decora (*Fabr.*).
   419. punctata *Lec.*

Philotecnus Lec.
   420. croceicollis (*Mén.*).
   421. chloridipennis *Motsch.*
   422. nigricollis *Lec.*

Rhombodera Reiche.
   423. pallipes *Lec.*
   423a. bicolor *Lec.*
   424. angulata (*Boh.*).

Coptodera Dej.
   425. signata *Dej.*
   426. aerata *Dej.*

Calathus Bon.
   427. gregarius (*Say*).
   428. ingratus *Dej.*

429. opaculus *Lec.*
430. quadricollis *Lec.*
431. Behrensii *Mann.*
432. obscurus *Lec.*
433. ruficollis *Dej.*
434. advena (*Lec.*).
435. mollis (*Mot.*).
436. dubia *Lec.*
437. impunctata (*Say*).

Pristonychus Dej.

438. complanatus *Dej.*
439. terricola (*Hb.*)?

Platynus Bon.

440. larvalis (*Lec.*).
441. caudatus *Lec.*
442. dissectus *Lec.*
443. agilis *Lec.*
444. hypolithus (*Say*).
445. angustatus *Dej.*
446. stygicus *Lec.*
447. 8-foveolatus (*Mäkl.*).
448. pusillus (*Lec.*).
449. tenuicollis *Lec.*
450. tenebricosus *Gemm.*
  marginatus‖ (*Chd.*).
451. cincticollis (*Say*).
452. opaculus *Lec.*
453. bicoloratus *Gemm.*
  bicolor‖ *Lec.*
454. brunneomarginatus (*M.*).
455. ovipennis (*Mann.*).
456. decens (*Say*).
457. sinuatus (*Dej.*).
457a. depressus *Hald.*
458. funebris *Lec.*
459. micans (*Mén.*).
460. clemens *Lec.*
461. extensicollis (*Say*).
  elongatulus (*Dej.*).
461a. obscuratus (*Chd.*).
461b. viridis (*Lec.*).
461c. cyanescens (*Mots.*).
462. simplex *Lec.*
463. decorus (*Say*).
464. anchomenoides (*Rand.*).
465. bicolor (*Dej.*).
466. californicus (*Dej.*).
467. collaris (*Say*).
468. moerens (*Dej.*).
469. molestus *Lec.*
470. melanarius (*Dej.*).
471. metallescens *Lec.*

472. tenuis *Lec.*
473. fraterculus *Lec.*
474. affine (*Kirby*).
  Harrisii *Lec.*
475. propinquus *Gemm.*
  piceus‖ *Lec.*
476. carbo *Lec.*
477. mutatus *Gemm.*
  atratus‖ *Lec.*
478. corvus *Lec.*
479. brevicollis (*Dej.*).
  frater *Lec.*
480. quadratus *Lec.*
481. cupripennis (*Say*).
  nitidulus (*Dej.*).
482. subsericeus *Lec.*
483. punctiformis (*Say*).
484. rubripes *Zimm.*
485. limbatus (*Say*).
486. crenistriatus *Lec.*
487. æruginosus (*Dej.*).
488. excavatus (*Dej.*).
489. ferreus (*Hald.*).
490. albicrus (*Dej.*).
491. picticornis (*Newm.*).
492. errans (*Say*).
493. subcordatus *Lec.*
494. basalis (*Lec.*).
495. vagans *Lec.*
496. sulcatus (*Dej.*).
497. striatus (*Dej.*).
498. nutans (*Say*).
499. striatopunctatus (*Dej.*).
  crenulatus *Lec.*
500. decipiens *Lec.*
501. sordens (*Kirby*).
  retractus *Lec.*
502. picicornis *Lec.*
503. ruficornis *Lec.*
504. gratiosus (*Mann.*).
505. picipennis (*Kirby*).
506. lutulentus *Lec.*
507. nigriceps (*Lec.*).
508. octopunctatus (*Fabr.*).
509. perforatus *Lec.*
510. protractus *Lec.*
511. cupreus (*Dej.*).
  chalceus (*Lec.*).
512. seminitidus *Kirby.*
513. crassicollis *Lec.*
514. placidus (*Say*).
515. maculicollis (*Dej.*).
516. variolatus *Lec.*
517. deplanatus (*Mén.*).
518. fossiger (*Dej.*).

519. vicinus *Gemm.*
  consimilis|| *Lec.*
520. obsoletus (*Say*).
521. strigicollis (*Mann.*).
522. Bogemanni (*Gyll.*).
523. bembidioides (*Kirby*).
524. octocolus (*Mannh.*).
  stigmosus *Lec.*
525. simile (*Kirby*).
  fragilis (*Mannh.*).
526? maculifrons (*Say*).
527? exaratus (*Mannh.*).

Olisthopus Dej.

528. parmatus (*Say*).
529. micans *Lec.*

Loxandrus Lec.

530. saphyrinus (*Chaud.*).
531. rectus (*Say*).
531a. laticollis *Chaud.*
532. brevicollis (*Lec.*).
533. erraticus (*Dej.*).
534. minor (*Chaud.*).
535. celer (*Dej.*).
536. agilis (*Dej.*).
537. pusillus *Lec.*
538. velox (*Dej.*).
539. tæniatus *Lec.*
540. piciventris *Lec.*
541. crenatus *Lec.*
542. lucens *Chd.*
543. parvulus *Chd.*
544. micans *Chd.*
545. piceolus *Chd.*
546. crenulatus *Chd.*
547. proximus *Chd.*
548. rapidus *Chd.*

Evarthrus Lec.

549. seximpressus (*Lec.*).
550. sigillatus (*Say*).
551. americanus (*Dej.*).
552. orbatus (*Newm.*).
553. Engelmanni (*Lec.*).
554. nonnitens *Lec.*
555. gravidus *Hald.*
556. heros (*Say*).
557. colossus (*Lec.*).
558. sodalis (*Lec.*).
559. furtivus (*Lec.*).
560. Sallei *Lec.*
561. substriatus (*Lec.*).

562. constrictus (*Say*).
  ovipennis *Lec.*
563. incisus (*Lec.*).
  abdominalis *Lec.*
  lixa *Lec.*
564. vinctus *Lec.*
565. unicolor (*Say*).
566. rotundatus *Lec.*
567. spoliatus (*Newm.*).
  Brevoorti *Lec.*
568. acutus *Lec.*
  ovulum *Chaud.*
569. obsoletus (*Say*).
570. laevipennis (*Lec.*).
571. approximatus (*Lec.*).
572. morio (*Dej.*).
573. faber (*Germ.*).

Holciophorus Lec.

574. ater (*Dej.*).

Pterostichus Bon.

Hammatomerus Chd.

575. morionides *Chd.*
576. tarsalis *Lec.*

Hypherpes Chd.

577. crenicollis *Lec.*
578. planctus *Lec.*
579. herculaneus *Mann.*
580. validus (*Dej.*).
  algidus *Lec.*
581. protractus *Lec.*
  inornatus *Bld.*
582. vicinus *Mann.*
  californicus‡ *Lec.*
583. angustus (*Dej.*).
584. amethystinus (*Dej.*).
585. castaneus (*Dej.*).
  brunneus (*Dej.*).
586. californicus (*Dej.*).
  amplicollis *Motsch.*
  muticus *Lec.*
587. Menetriesii (*Motsch.*).
588. castanipes (*Mén.*).
  contractus *Lec.*
589. Spraguei *Lec.*
590. longicollis *Motsch.*
591. Hornii *Lec.*
592. Isabellæ *Lec.*
593. congestus (*Mén.*).

594. adoxus (*Say*).
sustentus *Lec.*
rejectus *Lec.*
subarcuatus *Lec.*
595. longicollis *Lec.*
oregonus‖ *Chd.*
596. sphodrinus *Lec.*
597. grandiceps *Chd.*
598. rostratus (*Newm.*).
grandiceps *Lec.*
599. mancus§ (*Lec.*).
600. diligendus *Chd.*
601. honestus§ (*Say*).
602. lubricus§ *Lec.*
603. tumescens *Lec.*
604. obscurus (*Say*).
605. ventralis§ *Say.*
606. lachrymosus (*Newm.*).
607. coracinus (*Newm.*).
adjunctus *Lec.*
flebilis *Lec.*
608. stygicus (*Say*).
609. protensus *Lec.*
610. superciliosus (*Say*).
611. moestus (*Say*).
612. punctatissimus *Rand.*

Abacidus Lec.

613. fallax (*Dej.*).
atratus *Newm.*
614. sculptus *Lec.*
615. obesulus *Lec.*

Peristethus Lec.

616. permundus (*Say*).

Pœcilus Bon.

617. subcordatus *Lec.*
618. scitulus *Lec.*
619. lætulus *Lec.*
620. occidentalis (*Dej.*).
cursitor *Lec.*
621. corvus *Lec.*
atratus‡ *Lec.*
622. cyaneus *Lec.*
623. texanus *Lec.*
624. Sayi *Brullé.*
chalcites‖ (*Say*).
625. lucublandus (*Say*).
626. bicolor *Lec.*
627. convexicollis (*Say*).

Omaseus Zieg.

628. acutangulus *Chd.*
629. caudicalis (*Say*).
agrestis *Bld.*
630. luctuosus (*Dej.*).
631. corvinus (*Dej.*).

Dysidius Chd.

632. purpuratus *Lec.*
633. mutus (*Say*).
634. lustrans *Lec.*

Platysma Bon.

635. pensylvanicus *Lec.*
636. vitreus *Dej.*
637. orinomum (*Leach*).
adstrictus *Dej.*
638. Luczotii (*Dej.*).
seriepunctatus *Mann.*
639. oregonus *Lec.*
640. erythropus§ (*Dej.*).
641. splendidulus§ *Lec.*

Argutor Meg.

642. patruelis (*Dej.*).
643. femoralis (*Kirby*).
643a. desidiosus *Lec.*
643b. femoralis *Lec.*
644. corrusculus *Lec.*

Cryobius Chd.

645. vindicatus *Mann.*
646. ventricosus (*Esch.*).
647. subexaratus (*Mann.*).
648. pinguedineus (*Esch.*).
649. hyperboreus *Mann.*
650. hudsonicus *Lec.*
651. similis (*Mén.*).
quadricollis *Mann.*
652. fatuus (*Mann.*).
653. riparius *Dej.*
654. confusus *Mann.*
655. subcaudatus *Mann.*
656. empetricola (*Dej.*).
656a. frigidus (*Dej.*).
657. mandibularis (*Kirby*).
fastidiosus *Mann.*
ochoticus *Sahlb.*

Piesmus Lec.

658. submarginatus (*Say*).

Lophoglossus Lec.
659. Haldemani (*Lec.*).
660. tartaricus (*Say*).
661. strenuus *Lec.*
662. scrutator (*Lec.*).
663. gravis *Lec.*

Myas Dej.
664. coracinus (*Say*).
665. cyanesceus *Dej.*
    foveatus *Lec.*

Amara Bon.
  Liocnemis Zim.
666. avida (*Say*).
667. arenaria (*Lec.*).
  Stereocerus Kirby.
668. similis (*Kirby*).
  Lirus Zim.
669. rufimanus (*Kirby*).
    brevilabris (*Kirby*).
670. jacobinæ *Lec.*
671. lacustris *Lec.*
672. laticollis *Lec.*
673. carinata *Lec.*
674. stupida *Lec.*
675. Eschscholtzi (*Chaud.*).
676. infausta *Lec.*
677. melanogastrica *Dej.*
678. obtusa *Lec.*
679. hyperborea *Dej*
680. brunnipennis *Dej.*
681. elongata *Lec.*
  Bradytus Zim.
682. exarata *Dej.*
683. furtiva *Say.*
684. oregona *Lec.*
685. latior *Kirby*.
    libera *Lec.*
686. septentrionalis (*Lec.*).
687. glacialis (*Mann*).
  Amara Zim.
688. angustata *Say.*
689. pallipes *Kirby.*
690. scitula *Zimm.*
691. longula *Zimm.*
692. insignis *Dej.*
693. basillaris (*Say*).
694. impuncticollis (*Say*).
695. littoralis *Zimm.*
696. inepta *Lec.*
697. crassispina *Lec.*
698. conflata *Lec.*
699. fallax *Lec.*
700 subpunctata *Lec.*
701. confusa *Lec.*
702. polita *Lec.*
703. convexa *Lec.*
  Celia Zimm.
704. erratica *Sturm.*
705. lævipennis *Kirby.*
706. interstitialis *Dej.*
707. farcta *Lec.*
708. californica *Dej.*
709. obesa *Say.*
710. diffinis (*Lec.*).
711. terrestris *Lec.*
712. chalcea *Dej.*
713. remotestriata *Dej.*
714. indistincta (*Mann*).
715. amplicollis (*Mann*).
716. purpurascens (*Motsch.*).
717. gibba (*Lec.*).
718. discors *Kirby.*
719. rubrica *Hald.*
720. subænea (*Lec.*).
721. musculus *Say.*
722. harpalina *Lec.*
723. rectangula *Lec.*
724. aurata *Dej.*

Badister Clairv.
725. notatus *Hald.*
726. pulchellus *Lec.*
727. maculatus *Lec.*
728. flavipes *Lec.*
729. micans *Lec.*
730. submarinus *Motsch.*
731. ferrugineus *Dej.*
732. anthracinus *Lec.*

Diplochila Brullé.
733. laticollis (*Lec.*).
733a. major *Lec.*
734. impressicollis *Dej.*
735. obtusa (*Lec.*).

Dicælus Bon.
736. lævipennis *Lec.*
737. costatus *Lec.*
738. Dejeanii *Dej.*
739. dilatatus *Say.*
740. splendidus *Say.*

741. purpuratus *Bon.*
742. quadratus *Lec.*
743. carinatus *Dej.*
744. alternans *Dej.*
745. sculptilis *Say.*
746. crenatus *Lec.*
747. planicollis *Lec.*
748. furvus *Say.*
749. ovalis *Lec.*
750. simplex *Dej.*
751. opacus *Laf.*
752. elongatus *Dej.*
753. turbulentus *Lec.*
754. reflexus *Lec.*
755. teter *Bon.*
756. politus *Dej.*

Licinus Latr.
757. silphoides (*Fab.*).

Anomoglossus Chd.
758. emarginatus (*Say*).
759. pusillus (*Say*).
760. amoenus (*Dej.*).

Chlænius Bon.
761. ruficauda *Chaud.*
posticus∥ *Lec.*
762. viridifrons *Esch.*
763. patruelis *Lec.*
764. æstivus *Say.*
765. erythropus *Germ.*
766. fuscicornis *Dej.*
767. orbus *Horn.*
768. laticollis *Say.*
769. regularis *Lec.*
770. rufipes *Dej.*
771. lithophilus *Say.*
772. augustus *Newm.*
773. viduus *Horn.*
774. sericeus (*Forster*).
775. prasinus *Dej.*
776. sparsus *Lec.*
777. cumatilis *Lec.*
778. leucoscelis *Chevr.*
779. cordicollis *Kirby.*
chlorophanus‡ *Lec.*
780. solitarius *Say.*
chlorophanus *Dej.*
781. nemoralis *Say.*
782. pennsylvanicus *Say.*
783. tricolor *Dej.*
784. brevilabris *Lec.*
785. nebraskensis *Lec.*
786. glaucus *Lec.*
787. vafer *Lec.*
788. variabilipes *Esch.*
788a. obsoletus *Lec.*
789. circumcinctus *Say.*
790. harpalinus *Esch.*
791. impunctifrons *Say.*
792. niger *Randall.*
793. alternatus *Horn.*
794. purpuricollis *Randall.*
795. tomentosus (*Say*).
795a. amplus *Lec.*

Atranus Lec.
796. pubescens (*Dej.*).

Lachnocrepis Lec.
797. parallelus (*Say*).

Anatrichis Lec.
798. minuta (*Dej.*).

Oodes Bon.
799. fluvialis *Lec.*
800. americanus *Dej.*
801. amaroides *Dej.*
802. texanus *Lec.*
803. 14-striatus (*Chaud.*).
804. Lecontei (*Chaud.*).
805. cupræus *Chaud.*
806. elegans *Lec.*

Evolenes Lec.
807. impressus *Lec.*
808. exaratus (*Dej.*).

Zacotus Lec.
809. Matthewsii *Lec.*

Miscodera Esch.
810. insignis *Mann.*
811. americana *Mann.*
812. Hardyi *Chd.*

Nomius Lap.
Haplochile Lec.
813. pygmæus (*Dej.*).

Psydrus Lec.
    814. piceus *Lec.*

Nothopus Lec.
    815. zabroides (*Lec.*).

Geopinus Lec.
    816. incrassatus (*Dej.*).

Polpochile Sol.
    Cratocara Lec.
    817. capitata (*Chaud.*).

Cratacanthus Dej.
    818. dubius (*Beauv.*).

Piosoma Lec.
    819. setosum *Lec.*
    820. alternatum (*Lec.*).
    821. cordatum (*Lec.*).

Agonoderus Dej.
    822. lineola (*Fabr.*).
    823. infuscatus *Dej.*
    824. comma (*Fab.*).
        dorsalis *Lec.*
    825. pallipes (*Fab.*).
    826. rugicollis *Lec.*
    827. partiarius (*Say*).
    828. pauperculus (*Dej.*).
        consimilis (*Dej.*).
    829. indistinctus (*Dej.*).
    830. testaceus (*Dej.*).
    831. micros (*Lec.*).

Discoderus Lec.
    832. impotens (*Lec.*).
    833. amoenus *Lec.*
    834. parallelus (*Hald.*).
    835. tenebrosus (*Lec.*).

Anisodactylus Dej.
    Dichirus Mann.
    836. strenuus *Horn.*
    837. dilatatus (*Dej.*).
    838. hirsutus (*Mén.*).
    839. brunneus (*Dej.*).
    840. obtusus *Lec.*
    841. piceus (*Mén.*).

Triplectrus Lec.
    842. merula *Germ.*
    843. rusticus *Dej.*
    843a. tristis *Dej.*
    844. pinguis *Lec.*
    844a. crassus *Lec.*
    844b. gravidus *Lec.*
    845. dulcicollis (*Laf.*).
        ellipticus *Lec.*
    846. carbonarius (*Say*).
    846a. rufipennis *Lec.*
    847. haplomus *Chd.*

Anisodactylus Dej.
    848. nigerrimus (*Dej.*).
    849. punctulatus *Lec.*
    850. furvus *Lec.*
    851. Harrisii *Lec.*
    852. nigrita *Dej.*
        melanopus (*Hald.*).
    852a. interpunctatus (*Kirby*).
    853. Lecontei *Chd.*
        nigrita‡ *Lec.*
    854. puncticollis *Chd.*
    855. semipunctatus *Lec.*
    856. consobrinus *Lec.*
    857. californicus *Dej.*
    858. similis *Lec.*
    859. discoideus *Dej.*
    860. baltimorensis (*Say*).
    861. pitychrous *Lec.*
    862. chalceus *Lec.*
    863. viridescens *Lec.*
    864. sublaevis (*Motsch.*).
    865. alternans *Lec.*
    866. rudis *Lec.*

Haplocentrus Lec.
    867. laetus *Dej.*
    868. amaroides *Lec.*
    869. coenus (*Say*).
    869a. subaeneus *Lec.*
    870. obscurus *Lec.*
        §
    871. sericeus (*Harris*).

Xestonotus Lec.
    872. lugubris (*Dej.*).

Spongopus Lec.
    873. verticalis *Lec.*

Amphasia Newm.
    874. interstitialis (*Say*).

Anisotarsus Chd.
Eurytrichus Lec.
875. maculicornis (*Chaud.*).
876. flebilis (*Lec.*).
877. piceus (*Lec.*).
878. terminatus (*Say*).
879. agilis (*Dej.*).
880. nitidipennis (*Lec.*).

Agaosoma Mén.
881. californicum *Mén.*

Stenomorphus Dej.
882. rufipes *Lec.*

Gynandrotarsus Ferté.
883. harpaloides *Ferté.*
884. opaculus *Lec.*
885. elongatus *Chd.*

Gynandropus Dej.
886. hylacis (*Say*).
887. elongatus *Lec.*

Bradycellus Er.
888. dichrous (*Dej.*).
889. vulpeculus (*Say*).
890. autumnalis (*Say*).
891. badiipennis (*Hald.*).
892. atrimedius (*Say*).
893. nebulosus *Lec.*
894. nigrinus (*Dej.*).
895. tibialis (*Kirby*).
§
896. axillaris (*Mannh.*).
897. cognatus (*Gyll.*).
conflagratus (*Mannh.*).
898. cordicollis (*Lec.*).
899. congener (*Lec.*).
nubifer (*Lec.*).
ventralis *Lec.*
900. rupestris (*Say*).
901. parallelus *Chd.*
902. rivalis *Lec.*
903. nigriceps *Lec.*
904. tantillus *Chd.*
905. californicus (*Lec.*).
906. neglectus (*Lec.*).
907. nitidus (*Dej.*).
§
908. linearis *Lec.*

Selenophorus Dej.
909. stigmosus *Germ.*
910. subtinctus *Lec.*
911. laesus *Lec.*
912. fossulatus (*Dej.*).
913. opalinus *Lec.*
iripennis‡ (*Lec.*).
914. gagatinus (*Dej.*).
914a. viridescens *Lec.*
915. iripennis *Say.*
varicolor (*Lec.*).
916. pedicularius (*Dej.*).
917. troglodytes (*Dej.*).
918. æreus (*Lec.*).
918a. planipennis (*Lec.*).
919. parumpunctatus *Dej.*
fatuus *Lec.*
920. ovalis (*Dej.*).
921. ellipticus (*Dej.*).
922. granarius (*Dej.*).
923. pulicarius *Dej.*

Harpalus Latr.
924. erraticus *Say.*
925. retractus *Lec.*
§
926. amputatus *Say.*
927. viridiæneus *Beauv.*
§
928. caliginosus (*Fabr.*).
929. faunus *Say.*
930. convivus *Lec.*
931. vagans *Lec.*
932. pensylvanicus (*Deg.*).
933. compar *Lec.*
933a. longicollis *Lec.*
934. erythropus *Dej.*
935. megacephalus *Lec.*
936. spadiceus *Dej.*
937. fulvilabris *Mannh.*
938. fallax *Lec.*
939. pleuriticus *Kirby.*
940. herbivagus *Say.*
941. somnolentus *Dej.*
942. ventralis *Lec.*
943. opacipennis (*Hald.*).
944. nitidulus *Chd.*
945. ellipsis *Lec.*
946. cautus *Dej.*
947. innocuus *Lec.*
948. carbonatus *Lec.*
949. rufimanus *Lec.*
950. montanus *Lec.*
951. Lewisii *Lec.*

952. laticeps *Lec.*
953. viduus *Lec.*
    §
954. fraternus *Lec.*
955. funestus *Lec.*
956. oblitus *Lec.*
957. furtivus *Lec.*
958. stupidus *Lec.*
959. ochropus *Kirby.*
    desertus *Lec.*
960. lucidus *Lec.*
961. basilaris *Kirby.*
    obesulus *Lec.*
962. varicornis *Lec.*
963. testaceus *Lec.*
964. gravis *Lec.*
965. ? longior *Kirby.*
966. ? albionicus *Mannh.*
967. ? curtatus *Mannh.*
968. ? oodioides *Chd.*
969. ? occidentalis *Chd.*
970. ? liobasis *Chd.*

Stenolophus Dej.

971. carbonarius *Br.*
972. spretus *Dej.*
973. limbalis *Lec.*
974. fuliginosus *Dej.*
975. plebeius *Dej.*
    fuscatus *Dej.*
976. conjunctus (*Say*).
977. rotundatus *Lec.*
    §
978. anceps *Lec.*
979. cincticollis *Leo.*
980. unicolor *Dej.*
981. flavipes *Lec.*
982. ochropezus *Say.*
983. dissimilis *Dej.*
    §
984. hydropicus *Lec.*
985. carus *Lec.*
986. flavilimbus *Lec.*
987. longulus (*Dej.*).
988. rectangulus (*Chd.*).
    §
989. alternans (*Lec.*).
990. tener (*Lec.*).

Pogonus Dej.

991. texanus *Chd.*

Patrobus Dej.

992. longicornis (*Say*).

993. tenuis (*Lec.*).
994. hyperboreus *Dej.*
995. fossifrons *Dej.*
996. longiventris *Mann.*
997. rufipes *Lec.*
998. fulvus *Mann.*
999. angusticollis *Mann.*
1000. foveicollis *Dej.*
1001. angicollis *Randall.*
1002. aterrimus *Dej.*
1003. californicus *Motsch.*
1004. fulcratus *Lec.*
1005. trochantericus *Lec.*

Anophthalmus St.

1006. Tellkampfii *Er.*
1007. tenuis *Horn.*
1008. Menetriesii *Motsch.*
    angulatus *Lec.*
1009. eremita *Horn.*
1010. pusio *Horn.*
1011. pubescens *Horn.*

Trechus Cl.

1012. rubens (*Fabr.*).
1013. micans (*Lec.*).
1014. californicus *Motsch.*
1015. chalybeus *Mann.*
1016. ovipennis *Motsch.*
1017. laevigatus *Lec.*

Anillus Duval.

1018. debilis *Lec.*
1019. fortis *Horn.*

Lymnaeum Steph.

1020. laticeps *Lec.*

Amerizus Chd.

1021. spectabilis (*Mannh.*).
1022. oblongulus (*Mannh.*).

Bembidium Latr.

1023. punctatostriatum *Say.*
1024. impressum (*Fabr.*).
1025. paludosum *Sturm.*
1025a. lacustre *Lec.*
1026. inaequale *Say.*
    Odontium *Lec.*
1027. carinatum *Lec.*
1028. sculpturatum *Motsch.*

1029. coxendix *Say*.
1029a. nitidulum‖ *Dej*.
    Eudromus Kirby.
1030. nitidum (*Kirby*).
1031. obliquulum *Lec*.
1032. erasum *Lec*.
§
1033. bifossulatum (*Lec.*).
1034. americanum *Dej*.
1035. dilatatum (*Lec.*).
1036. antiquum *Dej*.
1037. chalceum *Dej*.
§
1038. concolor *Kirby*.
    salebratum *Lec*.
1039. longulum (*Lec.*).
1040. quadrulum *Lec*.
1041. recticolle *Lec*.
§
1042. nigrum *Say*.
§
1043. planatum (*Lec.*).
1044. simplex *Lec*.
1045. planiusculum *Mann*.
1046. complanulum (*Mann.*).
1047. incertum (*Motsch.*).
1048. tetraglyptum (*Mann.*).
1049. Kuprianovi *Mann*.
1050. biimpressum *Mann*.
1051. breve *Mann*.
1052. 4-foveolatum *Mann*.
1053. funereum *Lec*.
1054. Maeklini *Lec*.
1055. nebraskense *Lec*.
    Peryphus Meg.
1056. fugax (*Lec.*).
1057. planum (*Hald.*).
1058. perspicuum (*Lec.*).
1059. transversale *Dej*.
1060. Mannerheimii (*Lec.*).
1061. Wingatii *Bland*.
1062. lugubre *Lec*.
§
1063. striola *Lec*.
1064. nevadense *Ulke*.
1065. bimaculatum (*Kirby*).
    sordidum (*Kirby*).
1066. subinflatum (*Motsch.*).
1067. lucidum (*Lec.*).
1068. rupestre *Dej*.
1068a. rupicola *Kirby*.
1069. plagiatum *Zimm*.
1070. lacunarium *Zimm*.
1071. mixtum *Lec*.

1072. picipes (*Kirby*).
1073. scopulinum *Kirby*.
    gelidum (*Lec.*).
1074. postremum *Say*.
1075. aratum (*Lec.*).
1076. Grapii *Gyll*.
1077. nitens (*Lec.*).
1078. dyschirinum *Lec*.
    Notaphus Meg.
1079. insulatum (*Lec.*).
1080. cordatum (*Lec.*).
1081. platyderum *Gemm*.
    laticolle‖ (*Lec.*).
1082. undulatum *Sturm*.
1083. incrematum *Lec*.
1084. obtusangulum *Lec*.
1085. approximatum (*Lec.*).
1086. indistinctum *Dej*.
1087. fraternum *Lec*.
1088. viridicolle (*Laf.*).
1089. variolosum (*Motsch.*).
1090. dorsale *Say*.
1091. umbratum (*Lec.*).
1092. tesselatum (*Lec.*).
1093. xanthostictum *Gemm*.
    tessellatum ‖ (*Lec.*).
1094. aeneicolle (*Lec.*).
1095. patruele *Dej*.
1096. variegatum *Say*.
1097. intermedius (*Kirby*).
    rapidus (*Lec.*).
1098. nigripes (*Kirby*).
1099. versicolor (*Lec.*).
1100. pictum (*Lec.*).
1101. constrictum (*Lec.*).
1102. contractum *Say*.
1103. ephippiger (*Lec.*).
1104. morulum *Lec*.
1105. grandicolle (*Lec.*).
1106. vile (*Lec.*).
§
1107. sexpunctatum (*Lec.*).
§
1108. sulcatum (*Lec.*).
1109. fortistriatum *Mann*.
    Leia Meg.
1110. affine *Say*.
1111. dubitans (*Lec.*).
1112. crurale (*Lec.*).
1113. angulifer (*Lec.*).
1114. connivens (*Lec.*).
1115. cautum (*Lec.*).
1116. assimile (*Gyll.*).
    frontale (*Lec.*).

1117. mundum (*Lec.*).
  Lopha Meg.
1118. mutatum *Gemm.*
  axillare || (*Lec.*).
1119. quadrimaculatum (*Linn.*).
1120. pedicellatum *Lec.*
  §
1121. semistriatum (*Hald.*).
  Hydrium Lec.
1122. laevigatum *Say.*
  §
1123. trechiforme (*Lec.*).
1124. iridescens (*Lec.*).

Tachys Ziegler.

1125. vittiger *Lec.*
1126. mordax *Lec.*
1127. proximus (*Say*).
1128. virgo *Lec.*
1129. scitulus *Lec.*
1130. vorax *Lec.*
1131. umbripennis *Chd.*
  pumilus ‡ *Lec.*
1132. pumilus *Dej.*
1133. sequax *Lec.*
1134. corruscus *Lec.*
  æneipennis *Chd.*
1135. corax *Lec.*
1136. edax *Lec.*
1137. albipes *Lec.*
1138. ventricosus *Lec.*
1139. laevus (*Say*).
1140. misellus *Ferté.*
1141. oopterus *Chd.*
1142. pallidus *Chd.*

  Tachyta Kirby.
1143. nanus (*Gyll.*).
1144. rivularis *Mann.*
1145. flavicauda (*Say*).
1146. nigriceps (*Dej.*).
  Lymnastus Mots.
1147. aenescens (*Mots.*).
  §
  Barytachys Chd.
1148. tripunctatus (*Say*).
1149. vivax *Lec.*
1150. capax *Lec.*
1151. xanthopus (*Dej.*).
1152. anthrax *Lec.*
1153. obesulus *Lec.*
1154. . ferrugineus *Dej.*
  mendax *Lec.*
1155. truncorum *Hald.*
  ovipennis *Chd.*
1156. incurvus (*Say*).
  pulchellus *Lec.*
1157. granarius *Dej.*
1158. nebulosus *Chd.*
  incurvus ‡ *Lec.*
1159. fuscicornis *Chd.*
1160. dolosus *Lec.*
1161. audax *Lec.*
1162. rapax *Lec.*
1163. occultus *Lec.*

Pericompsus Lec.

1164. sellatus *Lec.*
1165. ephippiatus (*Say*).
1166. laetulus *Lec.*

PSEUDOMORPHIDÆ.

Pseudomorpha Kirby.
1167. excrucians *Kirby.*

1168. Cronkhitei *Horn.*
1169. Behrensii *Horn.*

AMPHIZOIDÆ.

Amphizoa Lec.
1170. insolens *Lec.*
  Sahlbergii *Mann.*

1170a. Josephi *Matth.*
1171. Lecontei *Matth.*

HALIPLIDÆ.

Brychius Thom.
1172. Hornii *Cr.*

Haliplus Latr.

1173. fasciatus *Aubé.*
1174. punctatus *Aubé.*
      pantherinus *Aubé.*
1175. triopsis *Say.*
1176. borealis *Lec.*
1177. concolor *Lec.*
1178. Lewisii *Cr.*
1179. cribrarius *Lec.*
      nitens *Lec.*
1180. ruficollis *Dej.*
      immaculicollis *Harr.*
1181. longulus *Lec.*

Cnemidotus Er.

1182. callosus *Lec.*
      simplex *Lec.*
1183. 12-punctatus (*Say*).
      muticus *Lec.*
1184. edentulus *Lec.*

DYTISCIDÆ.

Eretes Lap.

[*Eunectes* Er.]
1185. sticticus (*Linn.*).

Celina Aubé.

1186. angustata *Aubé.*
1187. grossula *Lec.*

Hydrovatus Mots.

1188. cuspidatus *Germ.*
1189. Hornii *Cr.*

Hydroporus Clv.

1190. inæqualis (*Fab.*).
      punctatus *Say.*
1191. hydropicus *Lec.*
1192. acaroides *Lec.*
1193. farctus *Lec.*
1194. convexus *Aubé.*
1195. granum *Lec.*
1196. latissimus *Lec.*
1197. dispersus *Cr.*
1198. plicipennis *Cr.*
      §
1199. picatus *Kirby.*
1200. impressopunctatus *Sch.*
      similis *Kirby.*
1201. dissimilis *Harr.*
      dispar ‖ *Lec.*
1202. turbidus *Lec.*
1203. medialis *Lec.*
1204. lutescens *Lec.*
1205. sellatus *Lec.*
1206. suturalis *Lec.*
1207. ovoideus *Lec.*
1208. patruelis *Lec.*
1209. fraternus *Lec.*
1210. nubilus *Lec.*
      §
1211. hybridus *Aubé.*
      venustus *Lec.*
1212. mellitus *Lec.*
      §
1213. granarius *Aubé.*
1214. cinctellus *Lec.*
1215. subtilis *Lec.*
1216. amundus *Lec.*
1217. lacustris *Say.*
1218. pullus *Lec.*
1219. macularis *Lec.*
1220. affinis *Say.*
1221. fusculus *Cr.*
1222. obscurellus *Lec.*
      erythrostomus *Mannh.*
1223. inconspicuus *Lec.*
1224. flavicollis *Lec.*
      §
1225. alpinus (*Payk.*).
      12-lineatus *Lec.*
1226. scitulus *Lec.*
1227. obesus *Lec.*
1228. rotundatus *Lec.*
1229. striatellus *Lec.*
1230. funereus *Cr.*
1231. eximius *Mots.*
1232. addendus *Cr.*
1233. griseostriatus (*Deg.*).
      §
1234. consimilis *Lec.*
1235. sericeus *Lec.*

1236. undulatus *Say*.
1236a. oppositus *Say*.
1237. spurius *Lec*.
1238. mixtus *Lec*.
1239. semirufus *Lec*.
1240. vittatus *Lec*.
1241. vitiosus *Lec*.
1242. lineolatus *Lec*.
1243. fortis *Lec*.
1244. axillaris *Lec*.
1245. subpubescens *Lec*.
      hirtellus *Lec*.
1246. modestus *Aubé*.
1247. dichrous *Mels*.
1248. americanus *Aubé*.
1249. signatus *Mannh*.
1250. humeralis *Aubé*.
1251. puberulus *Mannh*.
1252. tenebrosus *Lec*.
      lutulentus *Lec*.
1253. tartaricus *Lec*.
      nigellus *Mannh*.
1254. caliginosus *Lec*.
      puberulus *Lec*.
1255. tristis (*Payk.*).
      varians *Lec*.
      ruficapillus *Mannh*.
1256. subtonsus *Lec*.
1257. notabilis *Lec*.
      §
1258. collaris *Lec*.
1259. persimilis *Cr*.
1260. oblitus *Aubé*.
1261. vilis *Lec*.
      §
1262. concinnus *Lec*.
      pulcher *Lec*.
      §
1263. conoideus *Lec*.
1264. difformis *Lec*.
1265. aulicus *Aubé*.
      §
1266. striatopunctatus *Mels*.

Hydrocanthus Say.

1267. iricolor *Say*.

Suphis Aubé.

1268. bicolor (*Say*).
1269. lineatus *Horn*.
1270. puncticollis *Cr*.

Colpius Lec.

1271. inflatus *Lec*.

Agabinus Cr.

1272. glabrellus *Mots*.
      morulus *Lec*.

Cybister Curt.

1273. fimbriolatus *Say*.
1274. ellipticus *Lec*.
1275. explanatus *Lec*.
1276. Olivieri *Cr*.
      costalis ‡ *Oliv*.

Laccophilus Leach.

1277. maculosus *Germ*.
1278. fasciatus *Aubé*.
1279. proximus *Say*.
1280. atristernalis *Cr*.
1281. decipiens *Lec*.
1282. pictus *Lap*.
1283. 4-lineatus *Horn*.
1284. undatus *Aubé*.
1285. gentilis *Lec*.

Agabetes Cr.

1286. acuductus *Harris*.

Acilius Leach.

1287. semisulcatus *Aubé*.
      abbreviatus *Aubé*.
      simplex *Lec*.
      latiusculus *Lec*.
1288. mediatus (*Say*).
1289. fraternus (*Harr.*).

Thermonectes Esch.

1290. basilaris (*Harr.*).
1290a. intermedius *Cr*.
1290b. latecinctus *Lec*.
1291. ornaticollis *Aubé*.
1291a. nigrofasciatus *Aubé*.
1292. marmoratus (*Hope*).

Graphoderes Esch.

1293. cinereus (*Linn.*).
      fascicollis (*Harr.*).
1294. liberus (*Say*).

Hydaticus Leach.

1295. stagnalis (*Fab.*).
1296. piceus *Lec*.
1297. bimarginatus (*Say*).

Scutopterus Esch.
- 1298. angustus (*Lec.*).
- 1299. Hornii *Cr.*
  - coriaceus‡ *Horn.*

Colymbetes Clv.
- 1300. sculptilis *Harr.*
  - densus *Lec.*
- 1301. strigatus *Lec.*
- 1302. exaratus *Lec.*
- 1303. grœnlandicus *Aubé.*
  - Drewseni *Lec.*

Cymatopterus Esch.
- 1304. longulus (*Lec.*).
- 1305. obscuratus (*Mannh.*).
- 1306. seminiger (*Lec.*).
- 1307. inæqualis (*Horn.*).

Dytiscus Linn.
- 1308. Harrisii *Kirby.*
- 1309. latissimus (*Linn.*).
- 1310. confluens *Say.*
  - parvulus *Mann.*
- 1311. anxius *Mannh.*
- 1312. marginicollis *Lec.*
- 1313. Cordieri *Aubé.*
- 1314. verticalis *Say.*
- 1315. fasciventris *Say.*
- 1316. hybridus *Aubé.*

Rhantus Esch.
- 1317. binotatus (*Harr.*).
- 1318. divisus *Aubé.*
- 1319. anisonychus *Cr.*
- 1320. flavogriseus *Cr.*
- 1321. bistriatus *Bergst.*
  - agilis‡ *Aubé.*
- 1322. notatus (*Fab.*).
- 1323. tostus (*Lec.*).
- 1324. sinuatus (*Lec.*).
- 1325. atricolor (*Aubé.*).
- 1326. calidus (*Fab.*).
- 1327. consimilis *Mots.*

Ilybius Er.
- 1328. ater (*Deg.*).
  - ungularis (*Lec.*).
- 1329. confusus *Aubé.*
  - pleuriticus *Lec.*
- 1330. suffusus *Cr.*
- 1331. viridiæneus *Cr.*

- 1332. picipes (*Kirby*).
- 1333. 4-maculatus *Aubé.*
- 1334. biguttalus (*Germ.*).
- 1335. fraterculus *Lec.*
- 1336. ignarus *Lec.*

Matus Aubé.
- 1337. bicarinatus (*Say*).

Coptotomus Say.
- 1338. interrogatus (*Fab.*).
  - difficilis *Lec.*
- 1339. longulus *Lec.*

Copelatus Er.
- 1340. glyphicus (*Say*).
- .1341. Chevrolatii *Aubé.*

Ilybiosoma Cr.
- 1342. regularis (*Lec.*).
- 1343. bifarius (*Kirby*).

Agabus Leach.
- 1344. clavatus *Lec.*

Gaurodytes Thoms.
- 1345. erythropterus (*Say*).
- 1346. tæniolatus (*Harr.*).
- 1347. disintegratus *Cr.*
- 1348. lineellus (*Lec.*).
- 1349. semivittatus (*Lec.*).
- 1350. Lecontei *Cr.*
  - discolor‖ (*Lec.*).
- 1351. semipunctatus (*Kirby*).
- 1352. aeneolus *Cr.*
- 1353. confertus (*Lec.*).
  - §
- 1354. ovoideus (*Lec.*).
- 1355. obsoletus (*Lec.*).
- 1356. obliteratus (*Lec.*).
- 1357. griseipennis (*Lec.*).
- 1358. morosus (*Lec.*).
- 1359. discors (*Lec.*).
- 1360. lutosus *Cr.*
- 1361. Walsinghami *Cr.*
- 1362. brevicollis (*Lec.*).
- 1363. intersectus *Cr.*
- 1364. seriatus (*Say*).
- 1365. parallelus (*Lec.*).
- 1366. infuscatus (*Aubé*).
- 1367. scapularis (*Mannh.*).

1368. punctatus (*Mels.*).
1369. stagninus (*Say*).
1370. obtusatus (*Say*).
1371. punctulatus (*Aubé*).
1372. inscriptus *Cr.*
1373. strigulosus *Cr.*
1374. fimbriatus (*Lec.*).
1375. tristis (*Aubé*).
1376. arcticus (*Payk.*).
     subfasciatus (*Lec.*).
1377. gagates (*Aubé*).
1378. hypomelas (*Mannh.*).
1379. lugens (*Lec.*).
1380. suturalis *Cr.*

Anisomera Brullé.

1381. cordata *Lec.*
1382. recta *Lec.*

GYRINIDÆ.

Dineutus MacL.

1383. vittatus (*Germ.*).
1384. sublineatus *Aubé.*
1385. emarginatus *Say.*
     opacus *Mels.*
1386. carolinus *Lec.*
1387. serrulatus *Lec.*
1388. discolor *Aubé.*
     labratus *Mels.*
1389. assimilis *Aubé.*
     americanus‡ *Say.*

Gyrinus Linn.

1390. confinis *Lec.*
1391. fraternus *Coup.*
1392. limbatus *Say.*
1393. aeneolus *Lec.*
1394. dichrous *Lec.*
1395. elevatus *Lec.*
1396. consobrinus *Lec.*
1397. plicifer *Lec.*
     marginiventris *Mots.*

1398. ventralis *Kirby.*
1399. aquiris *Lec.*
1400. maculiventris *Lec.*
1401. affinis *Aubé.*
1402. parcus *Say.*
1403. picipes *Aubé.*
1404. opacus *Sahlb.*
1405. borealis *Aubé.*
1406. pernitidus *Lec.*
1407. Sayi *Aubé.*
1408. lugens *Lec.*
1409. analis *Say.*
     Aubei *Lec.*
1410. pectoralis *Lec.*
1411. gibber *Lec.*
1412. minutus *Fab.*
1413. rockinghamensis *Lec.*

Gyretes Br.

1414. sinuatus *Lec.*
1415. compressus *Lec.*

HYDROPHILIDÆ.

Helophorus Fabr.

1416. fortis *Lec.*
1417. oblongus *Lec.*
1418. lacustris *Lec.*
1419. obscurus *Lec.*
1420. nitidulus *Lec.*
1421. linearis *Lec.*
1422. angustulus *Mannh.*
     alternatus *Lec.*
1423. lineatus *Say.*
1424. inquinatus *Mannh.*
1425. tuberculatus *Gyll.*
     scaber *Lec.*

Hydrochus Leach.

1426. scabratus *Muls.*
1427. callosus *Lec.*
1428. foveatus *Hald.*
1429. rugosus *Muls.*
1430. inæqualis *Lec.*
1431. excavatus *Lec.*
1432. rufipes *Mels.*
1433. variolatus *Lec.*
1434. squamifer *Lec.*
1435. impressus *Zimm.*
1436. vagus *Lec.*
1437. simplex *Lec.*

Ochthebius Leach.
1438. puncticollis *Lec.*
1439. interruptus *Lec.*
1440. lineatus *Lec.*
1441. cribricollis *Lec.*
1442. nitidus *Lec.*
1443. fossatus *Lec.*
1444. Holmbergi *Mäkl.*

Hydraena Kug.
1445. pensylvanica *Kiesw.*
1446. punctata *Lec.*
1447. marginicollis *Kiesw.*

Hydrophilus Geoff.
1448. ovatus *H. & G.*
    ovalis ‖ *Ziegl.*
1449. triangularis *Say.*

Tropisternus Sol.
1450. nimbatus *Say.*
    lateralis ‡ *H b.*
1451. 4-striatus *Horn.*
1452. limbalis *Lec.*
1453. californicus *Lec.*
1454. sublævis *Lec.*
1455. glaber (*Hb.*).
1456. mixtus *Lec.*
1457. ellipticus *Lec.*
1458. striolatus *Lec.*

Hydrocharis Latr.
1459. glaucus *Lec.*
1460. substriatus *Lec.*
1461. obtusatus (*Say*).
    grandis *Zimm.*
1462. castus (*Say*).

Berosus Leach.
1463. maculosus *Mannh.*
1464. punctatissimus *Lec.*
1465. miles *Lec.*
1466. pugnax *Lec.*
1467. emarginatus *Horn.*
    §
1468. styliferus *Horn.*
1469. aculeatus *Lec.*
1470. subsignatus *Lec.*
1471. pantherinus *Lec.*
1472. peregrinus (*Hb.*).
1473. immaculatus *Zimm.*
1474. exilis *Lec.*
1475. exiguus *Say.*
1476. infuscatus *Lec.*
    punctulatus *Lec.*
    californicus *Mots.*
1477. striatus *Say.*
    ordinatus *Lec.*
    fraternus *Lec.*
1478. rugulosus *Horn.*
    §
1479. altus *Lec.*

Laccobius Er.
1480. agilis *Rand.*
1481. ellipticus *Lec.*

Limnocharis Horn.
1482. piceus *Horn.*

Chætarthria Steph.
1483. atra (*Lec.*).
1484. nigrella (*Lec.*).
1485. pallida (*Lec.*).
    nigriceps (*Lec.*).

Philhydrus Sol.
1486. normatus *Lec.*
1487. carinatus *Lec.*
1488. fucatus *Horn.*
1489. nebulosus (*Say*).
1490. pectoralis *Lec.*
1491. cristatus *Lec.*
1492. bifidus *Lec.*
1493. ochraceus *Mels.*
    simplex *Lec.*
1494. reflexipennis *Zimm.*
1495. consors *Lec.*
1496. cinctus (*Say*).
1497. diffusus *Lec.*
1498. fuscus *Mots.*
1499. perplexus *Lec.*
1500. latiusculus *Mots.*

Helochares Muls.
1501. maculicollis (*Muls.*).
1502. punctatostriatus *Horn.*
1503. imbellis *Lec.*
1504. fimbriatus *Mels.*
    semistriatus *Zimm.*
1505. lacustris *Lec.*
1506. rotundatus (*Say*).
    nitens *Zimm.*

Hydrobius Leach.
1507. fuscipes (*Linn.*).
　　　seriatus *Lec.*
　　　insculptus *Lec.*
　　　regularis *Lec.*
1508. globosus (*Say*).
1509. tumidus *Lec.*
1510. latus *Horn.*
1511. scabrosus *Horn.*
1512. tessellatus *Ziegl.*

Paracymus Th.
1513. rufiventris *Horn.*
1514. infuscatus *Mots.*
1515. digestus *Lec.*
1516. subcupreus (*Say*).
1517. despectus *Lec.*
1518. dissimilis *Horn.*
1519. suturalis (*Lec.*).

Helopeltis Horn.
1520. larvalis *Horn.*

Cyclonotum Er.
1521. estriatrum *Say.*
　　　semiglobosum *Zimm.*
1522. cacti *Lec.*

Sphaeridium Fab.
1523. scarabæoides (*Linn.*).

Cercyon Leach.
1524. pubescens *Lec.*
1525. fimbriatum *Mannh.*
1526. flavipes *Er.*
1527. nigricollis (*Say*).
1528. lunigerum *Mannh.*
1529. limbatum *Mannh.*
1530. fulvipenne *Mannh.*
1531. naviculare *Zimm.*
1532. melanocephalum (*Linn.*).
1533. centromaculatum *St.*
1534. prætextatum (*Say*).
1535. adumbratum *Mann.*
1536. ocellatum (*Say*).
1537. pygmæum (*Ill.*).
1538. unipunctatum (*Linn.*).
1539. anale *Er.*
1540. posticatum *Mann.*
1541. nanum *Mels.*
1542. minusculum *Mels.*

Pelosoma Muls.
1543. capillatum *Lec.*

Megasternum Muls.
1544. costatum *Lec.*

Cryptopleurum Muls.
1545. vagans *Lec.*

PLATYPSYLLIDÆ.

Platypsylla Ritsema.
1546. castoris *Ritsema.*

LEPTINIDÆ.

Leptinus Müll.
1547. testaceus *Müll.*
　　　americanus *Lec.*

1548. validus *Horn.*

MICROSPORIDÆ.

Microsporus Kol.
　[*Sphaerius* ‖ Waltl.]

1549. politus (*Horn*).

TRICHOPTERYGIDÆ.

Nossidium Er.
1550. americanum *Mots.*

Nanosella Mots.
1551. fungi *Mots.*

Motschulkium Matth.
1552. sinuatocolle *Matth.*

Ptenidium Er.
1553. evanescens *Msh.*
1554. atomaroides *Mots.*
1555. pullum *Mann.*
1556. Mannerheimii *Matth.*
1557. foveicolle *Lec.*

Ptilium Er.
1558. Sharpi *Matth.*
1559. Colluni *Mäkl.*

Nephanes Thoms.
1560. læviusculus *Matth.*

Smicrus Matth.
1561. filicornis *Fairm.*

Trichopteryx Kirby.
1562. ambigua *Matth.*
1563. aspera *Hald.*

1564. parallela *Mots.*
1565. sericans *Heer.*
1566. Hornii *Matth.*
1567. diffinis *Matth.*
1568. Josephi *Matth.*
1569. fascicularis *Hb.*
1570. abrupta *Hald.*
1571. Henrici *Matth.*
1572. sitkaensis *Mots.*
1573. crassicollis *Matth.*
1574. laticollis *Mann.*
1575. atomaria *DeG.*
1576. discolor *Hald.*
1577. Dohrnii *Matth.*
1578. glabricollis *Matth.*
1579. Haldemanni *Lec.*
1580. Schaumii *Matth.*

Limulodes Matth.
1581. paradoxus *Matth.*

Ptinellodes Matth.
1582. Lecontei *Matth.*

Pteryx Matth.
1583. brunnea (*Lec.*).
1584. balteata (*Lec.*).
1585. Duvalii *Matth.*

Ptinella Mots.
1586. quercus *Lec.*
1587. pini *Lec.*

STAPHYLINIDÆ.

Falagria Leach.
1588. scutellaris *Lec.*
1589. cingulata *Lec.*
1590. laeviuscula *Lec.*
1591. quadriceps *Lec.*
1592. partita *Lec.*
1593. vaga *Lec.*
1594. cavipennis *Lec.*
1595. bilobata (*Say*).
1596. dissecta *Er.*
1597. venustula *Er.*

Phytosus Curtis.
1598. littoralis *Horn.*

Hoplandria Kraatz.
1599. pulchra *Kraatz.*
1600. lateralis *Mels.*
ochracea *Kraatz.*

Homalota Mann.
1601. opaca (*Lec.*).
1602. plana (*Gyll.*).
1603. trimaculata *Er.*
1604. aemula *Er.*
1605. dichroa (*Grav.*).
1606. vestigialis *Er.*
1607. festinans *Er.*
1608. luteola *Er.*

1609. flaveola *Mels.*
1610. silacea *Er.*
1611. recondita *Er.*
1612. ambigua *Er.*
1613. polita *Mels.*
1614. coriaria *Kraatz.*
1615. modesta *Mels.*
1616. analis *Grav.*
1617. lividipennis *Mann.*
1618. pedicularis *Mels.*
1619. plana *Gyll.*
1620. granularis *Mann.*
1621. maritima *Mann.*
1622. picipennis *Mann.*
1623. laevicollis *Mäkl.*
1624. cursor *Mäkl.*
1625. nitens *Mäkl.*
1626. moesta *Mäkl.*
1627. pratensis *Mäkl.*
1628. geniculata *Mäkl.*
1629. planaris *Mäkl.*
1630. breviuscula *Mäkl.*
1631. comparabilis *Mäkl.*
1632. littoralis *Mäkl.*
1633. vasta *Mäkl.*
1634. fucicola (*Mäkl.*).
1635. ? indenta (*Say*).
1636. ? propera (*Say*).
1637. ? falsifica (*Say*).
1638. ? simplicicollis (*Say*).
1639. ? minima (*Say*).
1640. ? quadripunctata (*Say*).
1641. ? pallitarsis (*Kirby*).

Stenusa Kraatz.

1642. alternans (*Sachse*).
1643. gracilis (*Sachse*).

Placusa Er.

1644. despecta *Er.*

Tachyusa Er.

1645. pygmaea (*Sachse*).
1646. cavicollis *Lec.*
1647. nigrella *Lec.*
1648. baltifera *Lec.*
1649. gracillima *Lec.*

Bolitochara Mann.

1650. notata *Mäkl.*

Philotermes Kraatz.

1651. pilosus *Kraatz.*

1652. pensylvanicus *Kraatz.*
1653. Fuchsii *Kraatz.*

Myrmedonia Er.

1654. angularis *Mäkl.*
1655. rudis *Lec.*

Atemeles Steph.

1656. cavus *Lec.*

Euryusa Er.

1657. obtusa *Lec.*

Homoeusa Kr.

1658. expansa *Lec.*

Aleochara Grav.

1659. valida *Lec.*
1660. lata *Grav.*
1661. brachypterus (*Fourc.*).
   fuscipes‡ *Fab.*
1662. bimaculata *Grav.*
1663. castaneipennis *Mann.*
1664. sulcicollis *Mann.*
1665. cognata *Mäkl.*
1666. nitida *Grav.*
   languida *Sachse.*
1667. anthomyiæ *Sprague.*

Oxypoda Mann.

1668. sagulata *Er.*
1669. irrasa *Mäkl.*
1670. minuta *Sachse.*

Myrmecochara Kraatz.

1671. pictipennis *Kraatz.*

Phloeopora Er.

1672. latens *Er.*

Oligota Kraatz.

1673. pedalis *Lec.*

Gyrophaena Mann.

1674. vinula *Er.*
1675. dissimilis *Er.*
1676. flavicornis *Mels.*
1677. geniculata *Mäkl.*
1678. corruscula *Er.*
1679. socia *Er.*

Myllaena Er.
1680. fuscipennis *Kraatz*.
1681. dubia *Er*.

Gymnusa Grav.
1682. brevicollis *Grav*.

Dinopsis Matthews.
1683. americanus *Kraatz*.
1684. myllaenoides *Kraatz*.

Hypocyptus Mann.
1685. Ziegleri *Lec*.
1686. testaceus *Lec*.
1687. ?depressus *Lec*.

Leucoparyphus Kraatz.
1688. silphoides (*Linn.*).
1689. discoideus (*Mels.*).

Coproporus Kraatz.
1690. grossulus *Lec*.
1691. punctipennis *Lec*.
1692. ventriculus *Er*.
acuductus *Kirby*.
1693. laevis *Lec*.

Tachinus Grav.
1694. luridus *Er*.
1695. memnonius *Grav*.
rufus *Sachse*.
1696. fumipennis (*Say*).
colonus *Sachse*.
1697. maculicollis *Mäkl*
1698. propinquus *Mann*.
1699. nigricornis *Mann*.
1700. instabilis *Mäkl*.
1701. frigidus *Er*.
1702. picipes *Er*.
1703. fimbriatus *Grav*.
1704. circumcinctus *Mäkl*.
1705. limbatus *Mels*.
1706. apterus *Mäkl*.

Tachyporus Grav.
1707. acaudus *Say*.
1708. jocosus *Say*.
1709. brunneus (*Fabr.*).
1710. nanus *Er*.
1711. affinis *Kirby*.

1712. chrysomelinus *Linn*.
maculicollis *Lec*.
1713. maculipennis *Lec*.

Conosoma Kraatz.
1714. crassum (*Grav.*).
1715. basale *Er*.
opicum (*Say*).
1716. Knoxii *Lec*.

Boletobius Leach.
1717. niger (*Grav.*).
1718. axillaris (*Grav.*).
1719. poecilus *Mann*.
1720. biseriatus *Mann*.
1721. pygmaeus (*Fabr.*).
1722. cincticollis (*Say*).
1723. dimidiatus *Er*.
1724. obsoletus (*Say*).
1725. sellatus *Sachse*.
1726. cinctus (*Grav.*).
1727. cingulatus *Mann*.
1728. angularis *Sachse*.
1729. gentilis *Lec*.
1730. rostratus *Lec*.
1731. longiceps *Lec*.

Bryoporus Kraatz.
1732. flavipes *Lec*.
1733. rubidus *Lec*.
1734. rufescens *Lec*.
1735. testaceus *Lec*.

Mycetoporus Mann.
1736. lepidus (*Grav.*).
1737. americanus *Er*.
1738. insignis *Mäkl*.
1739. nigrans *Mäkl*.
1740. flavicollis *Lec*.
1741. lucidulus *Lec*.
1742. consors *Lec*.

Acylophorus Nordm.
1743. flavicollis *Sachse*.
1744. pronus *Er*.
1745. gilensis *Lec*.
1746. pratensis *Lec*.

Euryporus Er.
1747. puncticollis *Er*.

Heterothops Steph.
1748. fusculus *Lec.*
1749. fumigatus *Lec.*
1750. californicus *Lec.*
1751. pusio *Lec.*

Quedius Stephens.
1752. explanatus *Lec.*
1753. spelœus *Horn.*
1754. fulgidus (*Fabr.*).
1755. lævigatus *Gyll.*
plagiatus *Mann.*
longipennis *Mann.*
1756. rufipennis (*Mäkl.*).
1757. marginalis *Mäkl.*
1758. melanocephalus *Man.*
1759. brunneus *Mann.*
1760. hyperboreus *Er.*
1761. transparens *Motsch.*
1762. bardus *Mels.*
1763. capucinus (*Grav.*).
1764. pediculus (*Nordm.*).
1765. terminatus *Mels.*
1766. molochinus (*Grav.*).
1767. aenescens *Mäkl.*
1768. sublimbatus *Motsch.*

Thinopinus Lec.
1769. pictus *Lec.*
1770. variegatus (*Motsch.*).

Creophilus Kirby.
1771. villosus (*Grav.*).
1772. bicinctus (*Mann.*).

Leistotrophus Perty.
1773. cingulatus (*Grav.*).

Hadrotes Mén.
1774. crassus (*Mann.*).
extensus *Lec.*

Trigonophorus Nordm.
1775. subcoeruleus *Lec.*

Staphylinus Linn.
1776. capitatus *Bland.*
1777. maculosus *Grav.*
1778. mysticus *Er.*
1779. comes *Lec.*
1780. exulans *Er.*

1781. vulpinus *Nordm.*
1782. fossator *Grav.*
1783. submetallicus *Lec.*
1784. tomentosus *Grav.*
1785. carbonatus *Lec.*
1786. badipes *Lec.*
1787. cinnamopterus *Grav.*
1788. saphyrinus *Lec.*
1789. luteipes *Lec.*
1790. praelongus *Mann.*
1791. violaceus *Grav.*
1792. cicatricosus *Lec.*
1793. femoratus *Grav.*
1794. varipes *Sachse.*
1795. ornaticauda *Lec.*
1796. pleuralis *Lec.*
1797. tarsalis *Mann.*

Xanthopygus Kr.
1798. cacti *Horn.*

Ocypus Kirby.
1799. ater (*Grav.*).

Belonuchus Nordm.
1800. ephippiatus (*Say*).
1801. formosus (*Grav.*).

Philonthus Leach.
1802. cyanipennis (*Fabr.*).
1803. aeneus (*Rossi*).
1804. californicus *Mann.*
1805. umbratilis (*Grav.*).
1806. cautus *Er.*
1807. hepaticus *Er.*
1808. inquietus *Er.*
1809. blandus (*Grav.*).
1810. niger *Mels.*
1811. ventralis (*Grav.*).
1812. brevis *Mels.*
1813. umbrinus (*Grav.*).
1814. niger *Mels.*
1815. scybalarius *Nord.*
promptus *Er.*
1816. debilis (*Grav.*).
1817. cinctutus *Mels.*
1818. palliatus (*Grav.*).
1819. flavolimbatus *Er.*
1820. thoracicus (*Grav.*).
1821. lomatus *Er.*
1822. micans (*Grav.*).
1823. fulvipes (*Fabr.*).
1824. brunneus (*Grav.*).

1825. Siegwaldii *Mann.*
1826. georgianus *Sachse.*
1827. aterrimus (*Grav.*).
1828. albionicus *Mann.*
1829. picipennis *Mäklin.*
1830. canescens *Mann.*
1831. confertus *Lec.*
1832. lepidulus *Lec.*
1833. baltimorensis (*Grav.*).
1834. apicalis (*Say*).
1835. sobrinus *Er.*
1836. terminalis *Lec.*
1837. paederoides *Lec.*
1838. gratus *Lec.*
1839. umbripennis *Lec.*
1840. femoralis *Mäklin.*
1841. lithocharinus *Lec.*
1842. dubius *Lec.*
1843. opacus *Lec.*
1844. decipiens *Lec.*
1845. bistriatus *Er.*
1846. sulcicollis *Lec.*
1847. varicolor *Boh.*

Gyrohypnus Leach.

[*Xantholinus* Serv.]

1848. fulgidus (*Fabr.*).
1849. cephalus *Say.*
1850. emmesus (*Grav.*).
1851. obsidianus *Mels.*
1852. hamatus *Say.*
1853. obscurus *Er.*
1854. pusillus *Sachse.*

Leptacinus Er.

1855. flavipes *Lec.*
1856. parumpunctatus *Gyll.*

Leptolinus Kraatz.

1857. parcus *Lec.*
1858. grandiceps *Lec.*
1859. longicollis *Lec.*
1860. ruficollis *Lec.*
1861. nigripennis *Lec.*

Othius Stephens.

1862. californicus *Mann.*

Baptolinus Kraatz.

1863. melanocephalus (*Nord.*).

Diochus Er.

1864. Schaumii *Kraatz.*

Lathrobium Grav.

1865. grande *Lec.*
1866. punctulatum *Lec.*
1867. angulare *Lec.*
1868. jacobinum *Lec.*
1869. puncticolle *Kirby.*
1870. pedale *Lec.*
1871. simile *Lec.*
1872. concolor *Lec.*
1873. brevipenne *Lec.*
1874. armatum *Say.*
1875. nigrum *Lec.*
1876. californicum *Lec.*
1877. tenue *Lec.*
1878. seriatum *Lec.*
1879. longiusculum *Grav.*
1880. collare *Er.*
1881. dimidiatum *Say.*

Cryptobium Mann.

1882. badium (*Grav.*).
1883. pimerianum *Lec.*
1884. bicolor (*Grav.*).
1885. melanocephalum *Er.*
1886. carolinum *Er.*
1887. sellatum *Lec.*
1888. despectum *Lec.*
1889. pallipes (*Grav.*).
1890. latebricola *Nordm.*
1891. pusillum *Lec.*
1892. cribratum *Lec.*
1893. serpentinum *Lec.*

Rugilus Leach.

[*Stilicus* Latr.]

1894. tristis *Mels.*
1895. rudis *Lec.*
1896. angularis *Er.*
1897. dentatus (*Say*).

Scopaeus Er.

1898. opacus (*Lec.*).
1899. nitidus (*Lec.*).
1900. exiguus *Er.*

Lithocharis Er.

1901. corticina (*Grav.*).
1902. confluens (*Say*).

Dacnochilus Lec.
1903. angularis *Er.*
    laetus *Lec.*

Liparocephalus Mäklin.
1904. brevipennis *Mäklin.*

Sunius Steph.
1905. prolixus *Er.*
1906. linearis *Er.*
1907. binotatus *Say.*
1908. longiusculus *Mann.*
1909. trinotatus *Boh.*
    §
1910. monstrosus *Lec.*

Stilicopsis Sachse.
1911. paradoxa *Sachse.*

Paederus Grav.
1912. riparius *Fabr.*
1913. femoralis *Lec.*
1914. littorarius *Grav.*
    compotens *Lec.*
1915. coeruleipennis *Boh.*
1916. ustus *Lec.*

Pinophilus Grav.
1917. picipes *Er.*
1918. latipes *Er.*
1919. parcus *Lec.*
1920 densus *Lec.*
1921. opacus *Lec.*

Palaminus Er.
1922. pallipes *Lec.*
1923. lividus *Lec.*
1924. testaceus *Er.*
1925. larvalis *Lec.*

Dianous Leach.
1926. chalybeus *Lec.*

Stenus Latr.
1927. colon *Say.*
1928. renifer *Lec.*
1929. semicolon *Lec.*
1930. comma *Lec.*
    §
1931. juno *Fabr.*

1932. stygicus *Say.*
1933. colonus *Er.*
1934. egenus *Er.*
1935. canaliculatus *Gyll.*
    congener *Mäk.*
1936. maritimus *Motsch.*
1937. erythropus *Mels.*
1938. femoratus *Say.*
1939. adspector *Mäkl.*
1940. parallelopipedus *Mäk.*
1941. chalybaeus *Boh.*
1942. cariniceps *Mäkl.*
1943. immarginatus *Mäkl.*
1944. brevipennis *Mäkl.*
1945. flavicornis *Er.*
1946. annularis *Er.*
1947. punctatus *Er.*
1948. arculus *Er.*
1949. callosus *Er.*
1950. ? quadripunctatus *Say.*

Euaesthetus Grav.
1951. americanus *Er.*

Stictocranius Lec.
1952. puncticeps *Lec.*

Edaphus Lec.
1953. nitidus *Lec.*

Megalops Er.
1954. caelatus (*Grav.*).
1955. rufipes *Lec.*

Oxyporus Fabr.
1956. major *Grav.*
1957. rufipennis *Lec.*
1958. femoralis *Grav.*
1959. stygicus *Say.*
1960. vittatus *Grav.*
1961. 5-maculatus *Lec.*
1962. lateralis *Grav.*

Osorius Latr.
1963. latipes (*Grav.*).

Bledius Leach.
1964. pallipennis (*Er.*).
1965. armatus *Er.* (*Say*).
1966. fumatus *Lec.*
1967. semiferrugineus *Lec.*

1968. rubiginosus *Er.*
1969. politus *Er.*
1970. nitidicollis *Lec.*
1971. diagonalis *Lec.*
1972. ornatus *Lec.*
1973. divisus *Lec.*
1974. cordatus (*Say*).
1975. flavipennis *Lec.*
1976. annularis *Lec.*
1977. ruficornis *Lec.*
1978. suturalis *Lec.*
1979. troglodytes *Er.*
1980. basalis *Lec.*
1981. opaculus *Lec.*
1982. forcipatus *Lec.*
1983. emarginatus (*Say*).
1984. longipennis *Mäkl.*
1985. albonotatus *Mäkl.*
1986. fasciatus (*Say*).
1987. melanocephalus (*Say*).

Platystethus Mann.

1988. americanus *Er.*

Oxytelus Grav.

1989. rugosus (*Grav.*).
1990. incolumis *Er.*
1991. fuscipennis *Mann.*
1992. sculptus *Grav.*
1993. insignitus *Grav.*
1994. pensylvanicus *Er.*
1995. nitidulus *Grav.*
1996. exiguus *Er.*
1997. nanus *Er.*

Haploderus Steph.

1998. linearis *Lec.*
1999. laticollis *Lec.*

Apocellus Er.

2000. longicornis (*Sachse*).
2001. sphaericollis (*Say*).

Trogophloeus Mann.

2002. morio *Er.*
2003. fulvipes *Er.*
2004. pusillus (*Grav.*).

Ancyrophorus Kraatz.

2005. planus (*Lec.*).
2006. biimpressus *Mäkl.*

Distemmus Lec.

2007. argus (*Lec.*).

Syntomium Er.

2008. confragosum *Mäkl.*

Deleaster Er.

2009. concolor *Lec.*

Anthophagus Grav.

2010. caesus *Er.*
2011. brunneus *Say.*
2012. verticalis *Say.*
2013. laticollis *Mann.*

Lesteva Latr.

2014. biguttula *Lec.*
2015. pallipes *Lec.*
2016. picescens *Lec.*
2017. fuscouigra (*Motsch.*).

Acidota Steph.

2018. seriata *Lec.*
2019. subcarinata *Er.*
2020. tenuis *Lec.*
2021. patruelis *Lec.*
2022. Frankenhauseri *Mäkl.*

Olophrum Er.

2023. rotundicolle *Say.*
 emarginatum *Say.*
2024. marginatum *Mäkl.*
2025. convexum *Mäkl.*
2026. convexicolle (*Lec.*).
2027. parvulum *Mäkl.*
2028. latum *Mäkl.*
2029. marginatum || (*Kirby*).

Lathrimaeum Er.

2030. sordidum *Er.*
2031. subcostatum *Mäkl.*
2032. fimetarium *Mäkl.*

Amphichroum Kraatz.

2033. testaceum (*Mann.*).
2034. floribundum *Lec.*
2035. maculicolle (*Mann.*).
2036. laevicolle *Lec.*

Porrhodites Krantz.
2037. brevicollis *Mäkl.*

Trigonodemus Lec.
2038. striatus *Lec.*

Coryphium Steph.
2039. pallidum *Lec.*
2040. guttatum *Lec.*
2041. notatum *Lec.*

Omalium Grav.
2042. strigipenne *Mäkl.*
2043. longulum *Mäkl.*
2044. lapponicum (*Zett.*). planipenne *Mäkl.*
2045. laesicolle *Mäkl.*
2046. repandum *Er.*
2047. foraminosum *Mäkl.*
2048. plagiatum *Mann.*
2049. exculptum *Mäkl.*
2050. segmentarium *Mäkl.*
2051. callosum *Mäkl.*
2052. humile *Mäkl.*
2053. flavipenne *Mäkl.*
2054. tumidulum *Mäkl.*
2055. marginatum *Say.*

Anthobium Leach.
2056. dimidiatum *Mels.*
2057. fimetarium *Er.*
2058. sorbi *Gyll.*
2059. pothos *Mann.*
2060. rugulosum *Mäkl.*

Micralymma Westw.
2061. Stimpsonii *Lec.*
2062. brevilingue *Schiödte.*

Protinus Latr.
2063. limbalis *Mäkl.*
2064. parvulus *Lec.*
2065. basalis *Mäkl.*

Megarthrus Steph.
2066. pictus *Motsch.*
2067. americanus *Sachse.*
2068. excisus *Lec.*
2069. angulicollis *Mäkl.*
2070. atratus *Mäkl.*

Siagonium Kirby.
2071. americanum (*Mels.*).
2072. punctatum (*Lec.*).

Eleusis Lap.
2073. pallidus (*Lec.*).
2074. fasciatus (*Lec.*).
2075. nigrellus (*Lec.*).
2076. canadensis *Horn.*
2077. picipennis (*Lec.*).

Glyptoma Er.
2078. costale *Er.*
2079. brevicristatum *Horn.*

Pseudopsis Newm.
2080. sulcata *Newm.*

Ancæus Fauvel.
2081. rufescens (*Lec.*).

Lispinus Er.
2082. obscurus *Lec.*
2083. californicus *Lec.*
2084. tenuis *Lec.*
2085. lævicauda *Lec.*
2086. aequipunctatus *Lec.*

PSELAPHIDÆ.

Adranes Lec.
2087. coecus *Lec.*
2088. Lecontei *Brend.*

Fustiger Lec.
2089. Fuchsii *Brend.*

Ceophyllus Lec.
2090. monilis *Lec.*

Cedius Lec.
2091. Ziegleri *Lec.*
2092. spinosus *Lec.*

Tmesiphorus Lec.
  2093. costalis *Lec.*
  2094. carinatus (*Say*).

Ctenistes Reichenb.
  2095. piceus *Lec.*
  2096. pulvereus *Lec.*
  2097. Zimmermanni *Lec.*
  2098. consobrinus *Lec.*

Atinus Horn.
  2099. monilicornis *Brend.*

Tyrus Aubé.
  2100. humeralis (*Aubé*).

Cercocerus Lec.
  2101. batrisioides *Lec.*

Pselaphus Hbst.
  2102. Erichsonii *Lec.*
  2102a. longiclavus *Lec.*

Tychus Leach.
  2103. longipalpus *Lec.*
  2104. minor *Lec.*
  2105. puberulus *Lec.*
  2106. tenellus *Lec.*
  2107. bythinioides *Brend.*

Bythinus Aubé.
  2108. carinatus *Brend.*
  2109. zonatus *Brend.*

Bryaxis Leach.
  2110. conjuncta *Lec.*
  2111. Brendelii *Horn.*
      clavata|| *Brend.*
  2112. foveata *L. c.*
  2113. perforata *Brend.*
  2114. dentata *Say.*
  2115. illinoiensis *Brend.*
  2116. Ulkei *Brend.*
  2117. abdominalis *Aubé.*
  2117a. intermedia *Brend.*
  2117b. floridana *Brend.*
  2118. luniger *Lec.*
  2119. cavicornis *Brend.*
  2120. puncticollis *Lec.*
  2120a. propinqua *Lec.*
  2121. compar *Lec.*
  2122. subtilis *Lec.*
  2123. congener *Brend.*
  2124. rubicunda *Aubé.*
  2125. atlantica *Brend.*
  2126. scabra *Brend.*
  2127. tomentosa *Lec.*
  2128. inornata *Brend.*
  2129. albionica *Motsch.*

Decarthron Brend.
  2130. abnorme (*Lec.*).
  2131. exsectum *Brend.*
  2132. stigmosum *Brend.*
  2133. longulum *Brend.*
  2134. formiceti (*Lec.*).
  2135. strenuum *Brend.*
  2136. cornutum *Brend.*

Eupsenius Lec.
  2137. glaber *Lec.*
  2138. rufus *Lec.*

Arthmius Lec.
  2139. globicollis *Lec.*

Batrisus Aubé.
  2140. Ionæ *Lec.*
  2141. juvencus *Brend.*
  2142. confinis *Lec.*
  2143. armiger *Lec.*
  2144. monstrosus *Lec.*
  2144a. ferox *Lec.*
  2144b. cristatus *Lec.*
  2145. frontalis *Lec.*
  2146. scabriceps *Lec.*
  2147. Schaumii *Aubé.*
      punctatus *Lec.*
  2148. riparius *Say.*
  2149. globosus *Lec.*
  2150. nigricans *Lec.*
  2151. albionicus *Aubé.*
  2152. spretus *Lec.*
  2153. bistriatus *Lec.*
  2154. lineaticollis *Aubé.*

Rhexius Lec.
  2155. insculptus *Lec.*

Trimium Aubé.
  2156. clavicorne *Mäklin.*
  2157. globifer (*Lec.*).

2158. dubium (*Lec.*).
2159. parvulum (*Lec.*).
2160. americanum *Lec.*
2161. impunctatum *Brend.*

Euplectus Leach.
2162. linearis *Lec.*
2163. confluens *Lec.*
2164. interruptus *Lec.*
2165. difficilis *Lec.*
2166. cavifrons *Lec.*

2167. pumilus *Lec.*
2168. arcuatus *Lec.*
2169. ruficeps *Lec.*
2170. canaliculatus *Lec.*
2171. crinitus *Brend.*

Faronus Aubé.
2172. tolulæ *Lec.*
2173. isabellae *Lec.*
2174. parviceps (*Mäkl.*).

SILPHIDÆ.

Silpha Linn.

[*Necrophorus* Fab.]
2175. carolina *Linn.*
 mediata (*Fab.*).
2176. marginata (*Fab.*).
2177. obscura (*Kirby*).
 Melsheimeri ‡ (*Lec.*).
2178. guttula (*Mots.*).
2178a. Hecate (*Bland*).
 §
2179. Sayi (*Lap.*).
 lunata (*Lec.*).
2180. Melsheimeri (*Kirby*).
 maritima (*Mannh.*).
 confossor (*Lec.*)
2181. pustulata (*Hersch.*).
 tarda (*Mannh.*).
2182. nigrita (*Mannh.*).
2183. americana (*Oliv.*).
2184. orbicollis (*Say*).
 §
2185. tomentosa (*Web.*).
 velutina (*Fab.*).
2186. vespilloides (*Hb.*).
 mortuorum (*Fab.*).
 pygmæus (*Kirby*).
 pollinctor (*Lec.*)
2186a. hebes (*Kirby*).
2186b. defodiens (*Mannh.*).

Peltis Geoff.

[*Silpha* ‡ Fabr.]
 Asbolus Voet.
2187. surinamensis (*Fab.*).
 Pseudopelta Voet.
2188. lapponica *Hb.*
2189. trituberculata (*Kirby*).
2190. opaca (*Linn.*).

2191. bituberosa (*Lec.*).
2192. noveboracensis (*Forst.*).
 marginalis (*Fab.*).
2193. inæqualis (*Fab.*).
2194. truncata (*Say*).
 §
2195. ramosa (*Say*).
 Necrobora Hope.
2196. americana (*Linn.*).
 peltata (*Lec.*).
 Phosphyga Leach.
2197. atrata *Fab.*

Necrophilus Latr.
2198. subterraneus *Dahl.*
2199. hydrophiloides *Mannh.*

Agyrtes Fröhl.
2200. latus (*Mannh.*).
2201. longulus (*Lec.*).
2202. tenuicornis (*Lec.*).

Pteroloma Gyll.
2203. Forstroemii *Gyll.*

Lyrosoma Mannh.
2204. opaca *Mannh.*

Catoptrichus Murr.
2205. Frankenhauseri (*Mann.*).

Choleva Latr.
2206. opaca (*Say*).

Ptomaphagus Ill.
2207. leptinoides *Cr.*

2208. consobrinus (*Lec.*).
§ strigosus (*Lec.*).
2209. oblitus (*Lec.*).
2210. californicus (*Lec.*).
2211. pusio (*Lec.*).
2212. cryptophagoides(*Mann.*). §

Adelops Tellk.

2213. hirtus *Tellk.*

Catops Payk.

2214. luridipennis *Mannh.*
2215. simplex *Say.*
2216. basalis *Cr.*
2217. Spenclanus (*Kirby*).
2218. brunneipennis *Mannh.*
    clavicornis *Lec.*
2219. basillaris *Say.*
2220. terminans *Lec.*

Catopomorphus Aubé.

2221. parasitus (*Lec.*).
2222. brachyderus (*Lec.*).

Colon Hb.

2223. dentatus *Lec.*
2224. inermis *Mäkl.*
2225. magnicollis *Mäkl.*
2226. clavatus *Mäkl.*

Sphaerites Duft.

2227. politus *Mannh.*

Triarthron Maerk.

2228. Lecontei *Horn.*

Hydnobius Schm.

2229. substriatus *Lec.*

Liodes Latr.

[*Anisotoma* ‡ Er.]
2230. alternata *Mels.*
2231. assimilis *Lec.*
2232. punctostriatus *Kirby.*
    indistincta (*Lec.*).
2233. collaris (*Lec.*).
2234. strigata (*Lec.*).
2235. obsoleta (*Mels.*).
2236. morula *Lec.*

2237. lateritia (*Mannh.*).
2238. læta (*Mannh*).
2239. curvata (*Mannh.*).
2240. pallida (*Say*).

Anogdus Lec.

2241. capitatus *Lec.*

Cyrtusa Er.

2242. blandissima *Zimm.*
2243. impubis *Zimm.*
2244. egena *Lec.*
2245. picipennis (*Lec.*).

Colenis Er.

2246. impunctata *Lec.*

Aglyptus Lec.

2247. lævis (*Lec.*).

Anisotoma Ill.

[*Liodes* Er.]
2248. globosa (*Lec.*).
2249. polita (*Lec.*).
2250. discolor (*Mels.*).
2251. basalis (*Lec.*).
2252. dichroa (*Lec.*).

Agathidium Ill.

2253. oniscoides *Beauv.*
2254. exiguum *Mels.*
2255. revolvens *Lec.*
2256. angulare *Mann.*
2257. concinnum *Mann.*
2258. pulchrum *Lec.*
2259. politum *Lec.*
2260. effluens *Mann.*
2261. difforme *Lec.*
2262. rotundulum *Mann.*
2263. mandibulatum *Mann.*

Empelus Lec.

2264. brunneipennis (*Mann.*).

Calyptomerus Redt.

2265. oblongulus (*Mann.*).

Clambus Fisch.

2266. puberulus *Lec.*
2267. gibbulus (*Lec.*).

BRATHINIDÆ.

Brathinus Lec.
2268. nitidus *Lec.*
2269. varicornis *Lec.*

SCYDMÆNIDÆ.

Microstemma Motsc.
2270. grossa *Lec.*
2271. Motschulskii *Lec.*

Eumicrus Lap.
2272. Zimmermanni (*Schaum.*).

Scydmænus Latr.
2273. subpunctatus *Lec.*
2274. mariae *Lec.*
2275. cribrarius *Lec.*
2276. perforatus *Schaum.*
2277. sparsus *Lec.*
2278. angustus *Lec.*
2279. cautus *Lec.*
2280. magister *Lec.*
2281. mississippicus *Zimm.*
2282. flavitarsis *Lec.*
2283. fossiger *Lec.*
2284. capillosulus *Lec.*
2285. basalis *Lec.*
2286. hirtellus *Lec.*
2287. analis *Lec.*
2288. brevicornis *Say.*
2289. rasus *Lec.*
2290. obscurellus *Lec.*
2291. clavatus *Lec.*
2292. pyramidalis *Lec.*
2293. clavipes *Say.*
2294. consobrinus *Lec.*
2295. bicolor *Lec.*
2296. salinator *Lec.*
2297. fatuus *Lec.*
2298. misellus *Lec.*
2299. gravidus *Lec.*
2300. fulvus *Lec.*
2301. gracilis *Lec.*
2302. biformis *Mäklin.*
2303. californicus *Motsch.*

Eutheia Stephens.
2304. scitula *Mäklin.*
2305. colon *Horn.*

Cephennium Müller.
2306. corporosum *Lec.*

Chevrolatia Duv.
2307. amœna *Lec.*

CORYLOPHIDÆ.

Rypobius Lec.
2308. marinus *Lec.*

Orthoperus Steph.
2309. glaber *Lec.*

Corylophus Steph.
2310. marginicollis *Lec.*
2311. truncatus *Lec.*

Sericoderus Steph.
2312. flavidus *Lec.*

2313. obscurus *Lec.*
2314. subtilis *Lec.*

Sacium Lec.
2315. lugubre *Lec.*
2316. obscurum *Lec.*
2317. amabile *Lec.*
2318. fasciatum (*Say*).
2319. lepidum *Lec.*
2320. lunatum *Lec.*
2321. decolor *Lec.*
2322. misellum *Lec.*
2323. scitulum *Lec.*

SCAPHIDIIDÆ.

Scaphidium Oliv.
2324. obliteratum *Lec.*
2325. quadriguttatum *Say.*
2326. quadripustulatum *Say.*
2327. piceum *Mels.*

Scaphium Kirby.
2328. castanipes *Kirby.*

Cyparium Er.
2329. flavipes *Lec.*

Baeocera Er.
2330. concolor (*Fabr.*).

2331. apicalis *Lec.*

Scaphisoma Leach.
2332. castaneum (*Mots.*).
2333. convexum *Say.*
2334. punctulatum *Lec.*
2335. suturale *Lec.*
2336. terminatum *Mels.*
2337. rufulum *Lec.*
2338. pusillum *Lec.*

Toxidium Lec.
2339. gammaroides *Lec.*
2340. compressum *Zimm.*

DERODONTIDÆ.

Derodontus Lec.
2341. maculatus (*Mels.*).
2342. trisignatus (*Mann.*).

Peltastica Mann.
2343. tuberculata *Mann.*

LATRIDIIDÆ.

Holoparamecus Curt.
2344. pacificus *Lec.*

Bonvouloiria Duv.
2345. parviceps (*Lec.*).

Conithassa Thoms.
(*Lathridius* ||.)
2346. fulvipennis (*Mann.*).
    costicollis (*Lec.*).
2347. lirata (*Lec.*).
§
2348. carinatus (*Gyll.*).
    sculptilis (*Lec.*).
§
2349. protensicollis (*Mannh.*).
    sobrina (*Mnnh.*).
    quadraticollis (*Mannh.*).
2350. minuta (*Linn.*).
    reflexa (*Lec.*).
2351. parallelocollis *Mann.*
2352. filiformis (*Aubé*).
2353. cordicollis *Mann.*
2354. crenata (*Lec.*).

2355. ruficollis (*Msh.*).
    pulicaria (*Mels.*).
2356. cinnamopterus *Mannh.*
2357. strangulatus *Mannh.*
2358. curtulus *Mannh.*

Latridius Hb.
[*Corticaria* ‡ Steph.]
2359. grossus (*Lec.*).
2360. serricollis (*Lec.*).
2361. dentiger (*Lec.*).
2362. spinulosus (*Mann.*).
2363. canaliculatus (*Mann.*).
2364. orbicollis (*Mann.*).
2365. obtusus (*Lec.*).
2366. deletus (*Mann.*).
    Kirbyi (*Lec.*).
2367. rugulosus (*Lec.*).
2368. serratus (*Payk.*).
    prionoderus (*Lec.*).
    8-dentatus *Say.*
2369. elongatus *Gyll.*
2370. villosus (*Zimm.*).
2371. obtusus (*Lec.*).
2372. longipennis (*Lec.*).

2373. scissus (*Lec.*).
2374. americanus (*Mannh.*).
2375. expansus (*Lec.*).
2376. tenellus (*Lec.*).
2377. pusillus (*Mannh.*).
2378. exiguus (*Mannh.*).
2379. comptus (*Lec.*).
2380. gratus (*Lec.*).
2381. angularis (*Lec.*):
2382. cavicollis (*Lec.*).

2383. regularis (*Lec.*).
2384. lævis (*Lec.*).
2385. herbivagans (*Lec.*).
2386. morsus (*Lec.*).
2387. pumilus (*Mels.*).
2388. subimpressus *Zimm*.
2389. rufulus *Lec.*
§
2390. pictus *Lec.*
2391. simplex *Lec.*

DERMESTIDÆ.

Dermestes Linn.

2392. marmoratus *Say*.
2393. Mannerheimii *Lec.*
2394. fasciatus *Lec.*
2395. nubilus *Say.*
2396. talpinus *Mann.*
2397. rattus *Lec.*
2398. mucoreus *Lec.*
2399. sobrinus *Lec.*
2400. pulcher *Lec.*
2401. lardarius *Linn.*
2402. persimilis *Cr.*
2403. bicolor *Fab.*
  elongatus *Lec.*
§
2404. maculatus *Deg.*
  vulpinus *Fab.*

Attagenus Latr.

2405. pellio (*Linn.*).
2406. megatoma (*Fab.*).
2407. dichrous *Lec.*
  spurcus *Lec.*
2408. rufipennis *Lec.*
2409. varicolor *Cr.*
2410. Hornii *Cr.*
2411. byturoides *Cr.*
2412. longulus (*Lec.*).

Megatoma (Hb.) Latr.

2413. cylindrica (*Kirby*).
2414. angularis (*Mann.*).

Trogoderma Latr.

2415. ornata (*Say*).
2416. inclusa *Lec.*
2417. pallipes *Ziegl.*
2418. tarsalis *Mels.*
2419. pusilla *Lec.*

Cryptorhopalum Guér.

2420. balteatum *Lec.*
2421. triste *Lec.*
2422. apicale (*Mann.*).
2423. nigricorne *Lec.*
2424. picicorne *Lec.*
2425. ruficorne *Lec.*
2426. hæmorrhoidale (*Lec.*).
2427. fusculum *Lec.*

Anthrenus Geoff.

2428. thoracicus *Mels.*
2429. lepidus *Lec.*
2430. varius *Fab.*
2431. flavipes *Lec.*
2432. musæorum (*Linn.*).
  castaneæ *Mels.*

Apsectus Lec.

2433. hispidus (*Mels.*).

Orphilus Er.

2434. glabratus *Er.*
2434a. subnitidus *Lec.*
2434b. ater *Er.*

ENDOMYCHIDÆ.

Lycoperdina Latr.

2435. ferruginea *Lec.*

Mycetina Muls.

2436. perpulchra *Newm.*

2437. Hornii *Cr.*
2438. testacea *Lec.*
2439. vittata (*Fab.*).
2440. læta (*Lec.*).
2441. morosa *Lec.*
2442. pallida *Horn.*
2443. limbata *Horn.*

Epipocus Germ.

2444. cinctus *Lec.*
2445. mutilatus *Gerst.*
2446. punctatus *Lec.*
2447. discoidalis *Lec.*
2448. bivittatus *Gerst.*
2449. unicolor *Horn.*

Stenotarsus Perty.

2450. hispidus (*Hb.*).

Endomychus Hellw.

2451. biguttatus *Say.*

Rhanis Lec.

2452. unicolor *Ziegl.*

Phymaphora Newm.

2453. pulchella *Newm.*

Mycetæa Steph.

2454. hirta (*Msh.*).

Alexia Steph.

2455. Ulkei *Cr.*
2456. minor *Cr.*

TRITOMIDÆ.

Tritoma Geoff.

[*Mycetophagus* Hellw.]

2457. punctatus (*Say*).
2458. flexuosus (*Say*).
2459. pluriguttatus (*Lec.*).
2460. obsoletus (*Mels.*).
2461. bipustulatus (*Mels.*).

§
2462. Melsheimeri (*Lec.*).
2462a. obscurus (*Lec.*).
2463. pluripunctatus (*Lec.*).
2464. pini (*Ziegl.*).

Cryptophagus (Hb.) Payk.

[*Triphyllus* Dej.]

2465. humeralis (*Kirby*).
   ruficornis (*Lec.*).
2466. Mannerheimii *Cr.*

Litargus Er.

2467. tetraspilotus *Lec.*
2468. 6-punctatus (*Say*).
2469. transversus *Lec.*
2470. infulatus *Lec.*
2471. balteatus *Lec.*
2472. didesmus (*Say*).
2473. nebulosus *Lec.*

Typhœa Curt.

2474. fumata (*Linn.*).

Berginus Er.

2475. pumilus *Lec.*

SPHINDIDÆ.

Sphindus Chev.

2476. americanus *Lec.*

CIOIDÆ.

Cis Latr.

2477. dichrous *Lec.*
2478. creberrimus *Mell.*
2479. brevisetosus *Cr.*
2480. oregonensis *Cr.*
2481. fuscipes *Mell.*
2482. eximius *Cr.*
2483. Matthewsii *Cr.*

2484. americanus *Mann.*
        biarmatus *Mann.*
2485. tridentatus *Mann.*
2486. californicus *Cr.*
2487. Lecontei *Cr.*
2488. lepidus *Cr.*
2489. § pensylvanicus *Cr.*
2490. § Chevrolatii *Mell.*
2491. setulosus *Mell.*
2492. atripennis *Mell.*
2493. dubius *Mell.*
2494. pumicatus *Mell.*
2495. minutissimus *Mell.*

2496. obesus *Mell.*
2497. punctatus *Mell.*
2498. tristis *Mell.*
2499. subtilis *Mell.*

Ennearthron Mell.

2500. vitulus (*Mann.*).
2501. Mellyi *Mell.*
2502. aurisquamosus *Cr.*
2503. Zimmermanni *Cr.*

Ceracis Mell.

2504. Sallei *Mell.*
         militaris *Mell.*

EROTYLIDÆ.

Languria Latr.

2505. bicolor (*Fab.*).
2506. Mozardi *Latr.*
2507. discoidea *Lec.*
2508. tædata *Lec.*
2509. angustata (*Beauv.*).
2509a. trifasciata *Say.*
2509b. Uhlerii *Horn.*
2510. convexicollis *Horn.*
2511. læta *Lec.*
2512. Lecontei *Cr.*
2513. collaris *Lec.*
2514. gracilis *Newm.*
2514a. inornata *Rand.*

Dacne Latr.

[*Engis* Payk.]

2515. 4-maculata (*Say*).
2516. californica (*Horn*).

Megalodacne Cr.

[*Dacne*‡ Lac.]

2517. fasciata (*Fab.*).
2518. heros (*Say*).
2519. Ulkei *Cr.*

Ischyrus Lac.

2520. 4-punctatus (*Oliv.*).
2521. nigrans *Cr.*
2522. extricatus *Cr.*

Mycotretus Lac.

2523. sanguinipennis (*Say*).
2524. pulchra (*Say*).
2524a. dimidiata (*Lac.*).
2525. dissimulator *Cr.*

Cyrtotriplax Cr.

2526. humeralis (*Fab.*).
2526a. ruficeps (*Lec.*).
2526b. vittata (*Lec.*).
2526c. aulica (*Horn*).
2527. biguttata (*Say*).
2528. mimetica *Cr.*
2529. erythrocephala (*Lac.*).
2530. atriventris (*Lec.*).
2531. angulata (*Say*).
2532. unicolor (*Say*).
2533. affinis (*Lac.*).

Triplax Hb.

2534. frontalis *Horn.*
2535. festiva *Lec.*
2536. macra *Lec.*
2537. thoracica *Say.*
2538. antica *Lec.*
2539. californica *Lec.*
2540. flavicollis *Lac.*

Cypherotylus Cr.

2541. Boisduvali (*Chev.*).

ATOMARIIDÆ.

Antherophagus Latr.

2542. ochraceus *Mels.*

2543. convexulus *Lec.*
2544. suturalis *Mann.*

Cryptophagistes Cr.

[*Cryptophagus*‡ Gyll.]
2545. cellaris (*Scop.*).
2546. 8-dentatus *Mäkl.*
2547. 4-dentatus *Mann.*
2548. bidentatus *Mäkl.*
2549. difficilis *Lec.*
2550. debilis *Lec.*
2551. Lecontei *H.* and *G.*
    hirsutus ‖ *Lec.*
2552. saginatus *St.?*
2553. croceus *Zimm.*
2554. crinitus *Zimm.*
2555. fungicola *Zimm.*
2556. nodangulus *Zimm.*
2557. tuberculosus *Mäkl.*
2558. bihamatus *Mäkl.*
2559. punctatissimus *Mäkl.*
2560. californicus *Mann.*

Paramecosoma Curt.

2561. serrata (*Gyll.*).
    denticulata (*Lec.*).
    inconspicua (*Lec.*).

Tomarus Lec.

2562. pulchellus *Lec.*

Atomaria Steph.

2563. ferruginea (*Sahlb.*).
2564. testacea *Zimm.*
2565. vespertina *Mäkl.*
2566. planulata *Mäkl.*
2567. fuscicollis *Mann.*
    §
2568. kamtschatica *Mots.*
2569. fulvipennis *Mann.*
2570. lepidula *Mäkl.*
2571. laetula *Lec.*
2572. ochracea *Zimm.*
2573. ephippiata *Zimm.*

Ephistemus Steph.

2574. apicalis *Lec.*

Telmatophilus Heer.

2575. americanus *Lec.*

Loberus Lec.

2576. impressus *Lec.*

Marginus Lec.

2577. rudis *Lec.*

Diplocoelus Guér.

2578. brunneus *Lec.*

Silvanus Latr.

2579. advena (*Waltl*).
2580. surinamensis (*Linn.*).
2580a. bicornis *Er.*
2581. bidentatus (*Fabr.*).
2582. planatus *Germ.*
    cognatus *Lec.*
2583. imbellis *Lec.*
2584. nitidulus *Lec.*
2585. opaculus *Lec.*
2586. rectus *Lec.*
2587. quadricollis *Guér.*

Nausibius Redt.

2588. dentatus (*Msh.*).
2588a. major *Zimm.*
2589. repandus *Lec.*

Telephanus Er.

2590. velox (*Hald.*).

Cryptamorpha Woll.

    Pseudophanus Lec.
2591. musae *Woll.*
    signatus (*Lec.*).

CUCUJIDÆ.

Catogenus Westw.

2592. rufus (*Fabr.*).

Taphroscelidia Cr.

2593. linearis (*Lec.*).

Cucujus Fabr.

2594. clavipes *Fabr.*
2594a. puniceus *Mann.*

Pediacus Shuck.
    2595. fuscus *Er.*
          planus *Lec.*
    2596. depressus (*Hb.*).
          subglaber *Lec.*

Lathropus Er.
    2597. vernalis *Lec.*

Læmophlæus Lap.
    2598. biguttatus (*Say*).
    2599. fasciatus *Mels.*
    2600. modestus (*Say*).
    2601. testaceus (*Fab.*).
          Zimmermanni *Lec.*
          bullatus *Lec.*
          nitens *Lec.*
    2602. punctatus *Lec.*
          geminatus *Lec.*
    2603. pusillus (*Schön.*).
          puberulus *Lec.*
    2604. ferrugineus (*Crtz.*).

    2605. adustus *Lec.*
    2606. cephalotes *Lec.*
    2607. angustulus *Lec.*

Narthecius Lec.
    2608. grandiceps *Lec.*

Dendrophagus Schön.
    2609. glaber *Lec.*
          americanus *Mann.*
    2609a. ?cygnæi *Mann.*

Uliota Latr.
          [*Brontes*‖ Fab.]
    2610. dubius (*Fab.*).
    2611. debilis *Lec.*
    2612. truncatus *Mots.*

Hemipeplus Lec.
    2613. marginipennis *Lec.*

BITOMIDÆ.

Bitoma Hb.
          [*Lyctus* Latr.]
    2614. striatus (*Mels.*).
          cavicollis *Lec.*
    2615. opaculus *Lec.*
    2616. planicollis *Lec.*

Trogoxylon Lec.
    2617. californicum *Cr.*
    2618. parallelopipedum (*Mels.*).
    2619. punctatum *Lec.*

COLYDIIDÆ.

Anchomma Lec.
    2620. costatum *Lec.*

Rhagodera Er.
    2621. tuberculata *Mann.*
    2622. costata *Horn.*

Coxelus Latr.
    2623. guttulatus *Lec.*

Synchytodes Cr.
          [*Ditoma*‡ Er.]
    2624. ornata *Lec.*
          sulcata *Lec.*
    2625. carinata *Lec.*
    2626. quadriguttata (*Say*).

Eudesma Lec.
    2627. undulata (*Mels.*).

Synchita Hellw.
    2628. granulata *Say.*
    2629. nigripennis *Lec.*
    2630. parvula *Guér.*
    2631. variegata *Lec.*
    2632. laticollis *Lec.*

Cicones Curt.
    2633. marginalis *Mels.*

Lasconotus Er.
    2634. complex *Lec.*
    2635. pusillus *Lec.*
          laqueatus *Lec.*

2636. referendarius *Zimm.*
2637. simplex *Lec.*

Aulonium Er.
2638. parallelopipedum (*Say*).
2638a. æquicolle *Lec.*
2639. tuberculatum *Lec.*
2640. longum *Lec.*
2641. ferrugineum *Lec.*

Colydium Fabr.
2642. lineola *Say.*
2642a. nigripenne *Lec.*

Nematidium Er.
2643. filiforme *Lec.*

Sosylus Er.
2644. costatus *Lec.*

Oxylæmus Er.
2645. americanus *Lec.*

Bothrideres Er.
2646. geminatus *Say.*
2647. exaratus *Mels.*

Deretaphrus Er.
2648. oregonensis *Horn.*

Endectus Lec.
2649. hæmatodes (*Fab.*).
2650. reflexus (*Say*).
2650a. nitidus *Lec.*

Pycnomerus Er.
2651. sulcicollis *Lec.*

Philothermus Aubé.
2652. glabriculus *Lec.*

Cerylon Latr.
2653. simplex *Lec.*
2654. castaneum *Say.*
2654a. unicolor *Ziegl.*
   angustulum *Lec.*

Murmidius Leach.
2655. ovalis (*Beck*).

Mychocerus Er.
2656. depressus *Lec.*

RHYSSODIDÆ.

Rhyssodes Dalm.
2657. exaratus *Ill.*

Clinidium Kirby.
2658. conjungens *Germ.*

RHIZOPHAGIDÆ.

Rhizophagus Hb.
2659. dimidiatus *Mann.*
2660. cylindricus *Lec.*
2661. remotus *Lec.*
2662. approximatus *Lec.*
2663. bipunctatus (*Say*).
2664. scalpturatus *Mann.*
2665. minutus *Mann.*

Bactridium Lec.
2666. nanum (*Er.*).
2667. striatum (*Lec.*).

Nomophloeus Lec.
2668. pallipennis *Lec.*

Hesperobænus Lec.
2669. abbreviatus (*Mots.*).
   rufipennis *Lec.*
2670. rufipes *Lec.*

Phyconomus Lec.
2671. marinus (*Lec.*).

Monotoma (Hb.) Dej.
2672. producta *Lec.*
2673. fulvipes *Mels.*
2674. picipes *Hb.*
   foveata *Lec.*
2675. americana *Aubé.*
2676. 4-foveolata *Aubé.*
2677. parallela *Lec.*
2678. mucida *Lec.*
2679. punctulata *Cr.*

TROGOSITIDÆ.

Nemosoma Latr.
2680. parallelum (*Mels.*).
2681. cylindricum *Lec.*

Trogosita Oliv.
2682. virescens (*Fab.*).
2683. barbata *Lec.*

Alindria Er.
2684. cylindrica (*Serv.*).
2685. teres (*Mels.*).

Tenebrioides Pall.
[*Trogosita* Er.]
2686. mauritanica (*Linn.*).
2686a. nitida (*Horn*).
2686b. crassicornis (*Horn*).
2687. pleuralis (*Horn*).
2688. corticalis (*Mels.*).
2688a. intermedia (*Horn*).
2688b. dubia (*Horn*).
2688c. limbalis (*Mels.*).
2689. nana (*Mels.*).
2690. collaris (*Sturm*).
2691. sinuata (*Lec.*).
2691a. californica (*Horn*).
2692. marginata (*Beauv.*).
2692a. cucujiformis (*Horn*).
2693. castanea (*Mels.*).

2693a. laticollis (*Horn*).
2693b. obscura (*Horn*).
2693c. nigrita (*Horn*).
2694. rugosipennis (*Horn*).
2695. bimaculata (*Mels.*).
2696. obtusa (*Horn*).
2697. § semicylindrica (*Horn*).

Ostoma Laich.
[*Peltis* ‖ Ill.]
2698. Pippingskoeldi (*Mann.*).
2699. ferruginea (*Linn.*).
fraterna (*Rand.*).

Grynocharis Th.
2700. 4-lineata (*Mels.*).
2701. oregonensis *Cr.*
2702. pilosula *Cr.*

Calitys Thoms.
[*Nosodes* Lec.]
2703. scabra (*Thunb.*).
dentata (*Fab.*).
silphides (*Newm.*).
serrata (*Lec.*).

Thymalus Duft.
2704. fulgidus *Er.*

NITIDULIDÆ.

Trixagus Kug.
[*Byturus* Latr.]
2705. unicolor *Say.*
2706. grisescens *Lec.*

Cercus Latr.
2707. bipustulatus (*Pk.*).
2708. § crinitus *Murr.*
2709. sericans *Lec.*
2710. § abdominalis *Er.*
2711. pennatus *Murr.*

Brachypterus Er.
2712. urticæ (*Fab.*).

2713. tinctus (*Mann.*).
2713a. ferrugatus *Murr.*

Amartus Lec.
2714. rufipes *Lec.*

Colastus Er.
2715. maculatus *Er.*
2716. morio *Er.*
2717. semitecta (*Say*).
2718. unicolor (*Say*).
2719. truncatus (*Rand.*).
infima *Er.*
2719a. obliquus *Lec.*
2719b. limbatus *Lec.*

Conotelus Er.
2720. obscurus *Er.*
2721. stenoides *Murr.*

Carpophilus Steph.
2722. antiquus *Mels.*
2723. marginatus *Er.*
2724. corticinus *Er.*
2725. niger *Say.*
2725a. lugubris *Murr.*
2726. hemipterus (*Linn.*).
2727. melanopterus *Er.*
2728. rufus *Murr.*
2729. pallipennis *Say.*
2730. mutilatus (*Fabr.*).
2731. brachypterus *Say.*
2732. discoideus (*Lec.*).
caudicalis (*Lec.*).

Epuræa Er.
§
Dadopora Th.
2733. texana *Cr.*
§
2734. Hornii *Cr.*
2735. corticina *Er.*
2736. rufida (*Mels.*).
2737. badia (*Mels.*).
2738. infuscata *Mäkl.*
2739. convexiuscula *Mann.*
2740. placida *Mäkl.*
2741. flavomaculata *Mäkl.*
2742. ambigua *Mäkl.*
2743. labilis *Er.*
2744. adumbrata *Mäkl.*
2745. borealis *Er.*
2746. nigra *Mäkl.*
2747. linearis *Mäkl.*
2748. planulata *Er.*
2749. truncatella *Mann.*
2750. nubila *Lec.*
2751. avara (*Rand.*).
§
Epurwanella Cr.
2752. rufa (*Say*).
helvola *Er.*

Nitidula Fabr.
2753. bipustulata (*Linn.*).
2754. ruflpes (*Linn.*).
obscura *Fab.*
2755. zlczac *Say.*
2755a. uniguttata *Mels.*
2755b. humeralis *Lec.*

Prometopia Er.
2756. 6-maculata (*Say*).

Lobiopa Er.
2757. undulata (*Say*).
setulosa *Lec.*

Soronia Er.
2758. grisea (*Linn.*).
guttulata (*Lec.*).

Amphotis Er.
2759. Ulkei *Lec.*

Omosita Er.
2760. colon (*Linn.*).
2761. discoidea (*Fab.*).
inversa *Lec.*

Phenolia Er.
2762. grossa (*Fab.*).

Stelidota Er.
2763. geminata (*Say*).
2764. 8-maculata (*Say*).
2765. strigosa (*Schön.*).

Meligethes Steph.
2766. sævus *Lec.*
2767. ruficornis *Lec.*
2768. rufimanus *Lec.*
2769. moerens *Lec.*
2770. obsoletus *Lec.*
2771. seminulum *Lec.*

Perthalycra Cr.
2772. Murrayi *Cr.*

Thalycra Er.
2773. concolor (*Lec.*).

Pocadius Er.
2774. helvolus *Er.*

Psilopyga Lec.
2775. histrina *Lec.*
2776. nigripennis *Lec.*

Cyllodes Er.
2777. biplagiatus *Lec.*

Cychramus Er.
2778. adustus *Er.*
2779. bicolor *Cr.*
2780. substriatus *Cr.*

Amphicrossus Er.
2781. ciliatus (*Ol.*).
2782. arizonæ *Cr.*

Pallodes Er.
2783. silaceus *Er.*

Cybocephalus Er.
2784. nigritulus *Lec.*

Cryptarcha Shuck.
2785. ampla *Er.*
2786. strigata (*Fab.*).
2787. liturata *Lec.*

Pityophagus Shuck.
2788. 4-guttatus (*Fab.*).
    fasciatus (*Oliv.*).
2789. obtusus (*Say*).
2790. sanguinolentus (*Oliv.*).
2791. cylindricus (*Lec.*).
2792. confluens (*Say*).
2793. vittatus (*Say*).
    Dejeani (*Kirby*).
2794. cephalotes *Lec.*
2795. rufipennis *Horn.*

MICROPEPLIDÆ.

Micropeplus Latr.
2796. cribratus *Lec.*
2797. sculptus *Lec.*
2798. costipennis *Mäkl.*

2799. costatus *Lec.*
2800. laticollis *Mäkl.*
2801. punctatus *Lec.*
    costatus || *Mäkl.*
2802. brunneus *Mäkl.*

PHALACRIDÆ.

Phalacrus Payk.
2803. seriatus *Lec.*
2804. ovalis *Lec.*
2805. penicillatus *Say.*
2806. politus *Mels.*
2807. pumilio *Lec.*
2808. simplex *Lec.*

Olibrus Er.
2809. vittatus *Lec.*
2809a. nigricollis *Lec.*
2810. bicolor *Gyll.*
2811. striatulus *Lec.*
2812. rufipes *Lec.*

2813. semistriatus *Lec.*
2814. rubens *Lec.*
2815. pallipes (*Say*).
2816. obtusus *Lec.*
2817. consimilis (*Msh.*).
    apicalis *Mels.*
2818. aquatilis *Lec.*
2819. nitidus (*Mels.*).
2820. pusillus *Lec.*

Litochrus Er.
2821. pulchellus *Lec.*
2822. immaculatus *Zimm.*

COCCINELLIDÆ.

Megilla Muls.
2823. maculata (*DeG.*).
2824. vittigera (*Mann.*).

Ceratomegilla Cr.
2825. Ulkei *Cr.*

Eriopis Muls.
2826. connexa (*Germ.*).

Hippodamia Cher.
2827. 5-signata (*Kirby*).
2828. ambigua *Lec.*

2829. Lecontei *Muls.*
2829a. moesta *Lec.*
2830. glacialis (*Fab.*).
2831. 15-maculata *Muls.*
2832. convergens *Guér.*
2833. spuria *Lec.*
2834. oregonensis *Cr.*
2835. sinuata *Muls.*
2836. 13-punctata (*Linn.*).
2837. parenthesis (*Say*).
2838. falcigera *Cr.*
2839. americana *Cr.*

Adonia Muls.

2840. constellata *Laich.*

Anisosticta Chev.

2841. strigata (*Th.*).
2842. episcopalis (*Kirby*).
2843. seriata (*Mels.*).

Coccinella Linn.

2844. affinis *Rand.*
2844a. venusta *Mels.*
2845. trifasciata *Linn.*
2845a. juliana *Muls.*
2845b. subversa *Lec.*
2846. difficilis *Cr.*
2847. 9-notata *Hb.*
2847a. franciscana *Muls.*
2848. 5-notata *Kirby.*
2848a. transversalis *Muls.*
2848b. californica *Mann.*
2849. monticola *Muls.*
2850. prolongata *Cr.*
2851. tricuspis *Kirby.*
2852. annectans *Cr.*

Cycloneda Cr.

2853. sanguinea (*Linn.*).
2854. oculata (*Fab.*).
2854a. abdominalis(*Say*).

Adalia Muls.

2855. frigida (*Schn.*).
2856. bipunctata (*Linn.*).
2857. ? Ludovicæ *Muls.*

Harmonia Muls.

2858. picta (*Rand*).
2859. cyanoptera *Muls.*

Anisocalvia Cr.

2860. 14-guttata (*Linn.*).
2860a. similis *Rand.*
2860b. ? hesperica *Cr.*
2861. 12-maculata (*Gebl.*).

Anatis Muls.

2862. 15-punctata (*Oliv.*).
2863. Rathvoni (*Lec.*).
2864. subvittata (*Muls.*).

Mysia Muls.

2865. pullata *Say.*
2866. Hornii *Cr.*

Psyllobora Chev.

2867. 20-maculata (*Say*).
2867a. tædata *Lec.*
2868. nana *Muls.*

Chilocorus Leach.

2869. bivulnerus *Muls.*
2870. cacti (*Linn.*).

Exochomus Redt.

2871. Pilatii *Muls.*
2872. marginipennis (*Lec.*).
2872a. æthiops (*Bland*).
2873. contristatus *Muls.*
Guexi *Lec.*

Oeneis Muls.

2874. pusilla *Lec.*

Brachyacantha Muls.

2875. lepida *Muls.*
2876. dentipes (*Fab.*).
2876a. tau *Lec.*
2876b. quadrillum *Lec.*
2877. ursina (*Fab.*).
2877a. 10-pustulata (*Mels.*).
2877b. flavifrons (*Muls.*).
2877c. basalis (*Mels.*).
2877d. albifrons (*Say*).
2878. 4-punctata *Mels.*
2879. indubitabilis *Cr.*
2880. Bollii *Cr.*

Hyperaspis Chev.
2881. lateralis *Muls.*
2882. fimbriolata *Mels.*
2883. dissoluta *Cr.*
2884. Lewisii *Cr.*
2885. tæniata *Lec.*
2886. disconotata *Lec.*
2887. signata (*Oliv.*).
2888. inedita *Muls.*
§
2889. proba *Say.*
2890. bigeminata (*Rand.*).
2891. pratensis *Lec.*
2892. lugubris (*Rand.*).
jucunda *Lec.*
2893. Hornii *Cr.*
2894. undulata (*Say*).
2894a. 4-oculata *Mots.*
2895. moerens *Lec.*
2896. annexa *Lec.*

Hyperaspidus Cr.
2897. trimaculata (*Linn.*).
vittigera (*Lec.*).
2898. militaris (*Lec.*).
2899. arcuata (*Lec.*).

Scymnus Kug.
2900. amabilis *Lec.*
2901. ornatus *Lec.*
2902. myrmidon *Muls.*
2903. guttulatus *Lec.*
2904. flavifrons *Mels.*
2905. bioculatus *Muls.*
2906. terminatus *Say.*

2907. xanthaspis *Muls.*
2908. femoralis *Lec.*
§
2909. americanus *Muls.*
2910. nebulosus *Lec.*
§
2911. pallens *Lec.*
2912. debilis *Lec.*
2913. cinctus *Lec.*
2914. suturalis *Lec.*
2915. arcuatus (*Rossi*).
2916. fraternus *Lec.*
2917. hæmorrhous *Lec.*
2918. Brullei *Muls.*
2919. collaris *Mels.*
chathas *Muls.*
2920. caudalis *Lec.*
2921. consobrinus *Lec.*
2922. fastigiatus *Muls.*
2923. puncticollis *Lec.*
2924. cervicalis *Muls.*
2925. socer *Lec.*
2926. marginicollis *Mann.*
2927. tenebrosus *Muls.*
2928. lacustris *Lec.*
2929. abbreviatus *Lec.*
2930. nanus *Lec.*
2931. punctum *Lec.*
2932. icteratus *Muls.*

Cephaloscymnus Cr.
2933. Zimmermanni *Cr.*

Coccidula Kug.
2934. lepida *Lec.*

GEORYSSIDÆ.

Georyssus Latr.
2935. pusillus *Lec.*

2936. californicus *Cr.*

CISTELIDÆ.

Nosodendron Latr.
2937. unicolor *Say.*

Amphicyrta Er.
2938. chrysomelina *Er.*
2939. dentipes *Er.*
2940. simplicipes *Mann.*

Simplocaria Dillw.
2941. metallica *St.*
2942. tessellata *Lec.*
2943. nitida *Mots.*
2944. inflata *Lec.*

Pedilophorus Steff.
2945. oblongus *Lec.*
2946. acuminatus (*Mann.*).
2947. æneolus *Lec.*

Cytilus Er.
2948. sericeus (*Forst.*).
    varius (*Fab.*).
2949. trivittatus (*Mels.*).

Cistela Geoff.
    [*Byrrhus* ‡ Fab.]
2950. americanus *Lec.*
2951. cyclophorus *Kirby.*
2952. geminatus *Lec.*
2953. Pettitii *Horn.*
2954. Kirbyi *Lec.*
2955. eximius *Lec.*
2956. murinus *Fab.*

2957. concolor *Kirby.*

Syncalypta Steph.
2958. strigosa (*Mels.*).
2959. echinata *Lec.*
2960. setulosa *Mann.*
2961. albonotata *Lec.*

Limnichus Latr.
2962. olivaceus *Lec.*
2963. punctatus *Lec.*
2964. obscurus *Lec.*
2965. ater *Lec.*
2966. nitidulus *Lec.*
2967. ovatus *Lec.*

Physemus Lec.
2968. minutus *Lec.*

PSEPHENIDÆ.

Psephenus Hald.
2969. Lecontei *Lec.*

2970. Haldemanni *Horn.*

PARNIDÆ.

Lara Lec.
2971. avara *Lec.*

Lutrochus Er.
2972. luteus *Lec.*

Pelonomus Er.
2973. obscurus *Lec.*

Helichus Er.
2974. productus *Lec.*
2975. lithophilus (*Germ.*).
2976. fastigiatus *Say.*
2977. striatus *Lec.*
    foveatus *Lec.*
2978. suturalis *Lec.*
    gilensis *Lec.*
    aequalis *Lec.*

ELMIDÆ.

Elmis Latr.
2979. vittatus *Mels.*
2980. bivittatus *Lec.*
2981. 4-notatus *Say.*
    §
2982. elegans *Lec.*
2983. fastiditus (*Lec.*).
2984. ovalis (*Lec.*).
2985. 4-maculatus *Horn.*
2986. glaber *Horn.*

2987. nitidulus *Lec.*
2988. latiusculus *Lec.*
2989. moestus *Horn.*
2990. abnormis *Horn.*
    §
2991. pusillus (*Lec.*).
2992. similis *Horn.*
2993. ferrugineus *Horn.*
    Stenelmis Duf.
2994. linearis *Zimm.*

2995. sinuatus *Lec.*
2996. crenatus (*Say*).
2997. bicarinatus (*Lec.*).
2998. 4-maculatus *Horn.*
2999. vittipennis *Zimm.*

Macronychus Müll.
3000. glabratus *Say.*
3001. parvulus *Horn.*

Ancyronyx Er.
3002. variegatus (*Germ.*).

HETEROCERIDÆ.

Heterocerus Fabr.
3003. gnatho *Lec.*
3004. labratus *Lec.*
3005. ventralis *Mels.*
    labiatus *Kies.*
3006. auromicans *Kies.*
3007. cuniculus *Kies.*
3008. tristis *Mann.*
3009. fatuus *Kies.*
3010. substriatus *Kies.*
3011. miser *Kies.*
3012. mollinus *Kies.*
3013. collaris *Kies.*
3014. limbatus *Kies.*
3015. luteolus *Lec.*
3016. pallidus *Say.*
3017. pusillus *Say.*

HISTERIDÆ.

Hololepta Payk.
3018. yucateca *Mars.*
    princeps *Lec.*
3019. cacti *Lec.*
3020. quadridentata (*Fab.*).
    platysma *Er.*
3021. vicina *Lec.*
3022. lucida *Lec.*
3023. fossularis *Say.*
3024. populnea *Lec.*

Hister Linn.
    Psiloscelis.
3025. planipes *Lec.*
3026. subopacus *Lec.*
    Margarinotus.
3027. guttifer *Horn.*
    Hister.
3028. arcuatus *Say.*
3029. sellatus *Lec.*
3030. Gloveri *Horn.*
3031. instratus *Lec.*
3032. biplagiatus *Lec.*
3033. Ulkei *Horn.*
    arizonæ *Horn.*
3034. lucanus *Horn.*
§
3035. lævipes *Germ.*

§
3036. sexstriatus *Lec.*
§
3037. Harrisii *Kby.*
3038. merdarius *Hoffm.*
    memnonius *Say.*
3039. interruptus *Beauv.*
3040. stygicus *Lec.*
3041. immunis *Er.*
§
3042. marginicollis *Lec.*
3043. cognatus *Lec.*
3044. remotus *Lec.*
3045. foedatus *Lec.*
3046. coenosus *Er.*
§
3047. punctifer *Payk.*
3048. thoracicus *Payk.*
3049. abbreviatus *Fab.*
    bifidus *Say.*
3050. civilis *Lec.*
§
3051. semisculptus *Lec.*
3052. dispar *Lec.*
    hospitus *Lec.*
3053. depurator *Say.*
    spretus *Lec.*
3054. furtivus *Lec.*
3055. incertus *Mars.*
3056. militaris *Horn.*

3057. curtatus *Lec.*
3058. Haldemanni *Mars.*
3059. defectus *Lec.*
  permixtus *Zimm.*
3060. indistinctus *Say.*
3061. servus *Er.*
  §
3062. bimaculatus *Linn.*
  §
3063. sedecimistriatus *Say.*
3064. ambigena *Lec.*
3065. americanus *Payk.*
3066. perplexus *Lec.*
3067. exaratus *Lec.*
3068. nubilus *Lec.*
3069. pollutus *Lec.*
3070. relictus *Mars.*

Phelister.

3071. aeneomicans *Horn.*
3072. venustus *Lec.*
3073. subrotundus *Say.*
3074. vernus *Say.*
3075. Saunieri *Mars.*

Platysoma.

3076. carolinus *Payk.*
3077. Lecontei *Mars.*
3078. aurelianus *Horn.*
3079. parallelus *Say.*
3080. aequus *Lec.*
  frontalis ∥ *Say.*
3081. coarctatus *Lec.*
3082. punctiger *Lec.*
3083. basalis *Lec.*

Cylistix.

3084. cylindricus *Payk.*
3085. attenuatus *Lec.*
  ? elongatus *Beauv.*
3086. gracilis *Lec.*

Tribalister Horn.

3087. marginellus (*Lec.*).

Epierus Er.

3088. regularis *Beauv.*
  vicinus *Lec.*
3089. novellus *Zimm.*
3090. pulicarius *Er.*
3091. planulus *Er.*
  decipiens *Lec.*
3092. ellipticus *Lec.*
3093. nasutus *Horn.*

Tribalus Erichs.

3094. americanus *Lec.*
3095. californicus *Horn.*

Onthophilus Leach.

3096. Lecontei *Horn.*
3097. alternatus *Say.*
3097a. nodatus *Lec.*
3097b. pluricostatus *Lec.*

Hetærius Erichs.

3098. morsus *Lec.*
3099. brunnipennis (*Rand.*).
3100. californicus *Horn.*

Echinodes Zimm.

3101. setiger (*Lec.*).

Paromalus Erichs.

3102. æqualis (*Say*).
  affinis *Lec.*
3103. estriatus *Lec.*
3104. conjunctus (*Say*).
3105. geminatus (*Lec.*).
3106. mimeticus *Horn.*
3107. 14-striatus *Steph.*
  nanus *Lec.*
3108. lautus *Zimm.*
3109. opuntiæ *Lec.*
3110. tejonicus *Horn.*
3111. consors *Lec.*
3112. gilensis *Lec.*
3113. tenellus *Er.*
  corticalis (*Lec.*).
3114. bistriatus *Er.*
3115. seminulum *Er.*

Dendrophilus Leach.

3116. punctulatus (*Say*).

Anapleus Horn.

3117. marginatus (*Lec.*).

Saprinus Leach.

  §
3118. discoidalis *Lec.*
  §
3119. rotundatus *Kug.*
  communis *Mars.*
  interceptus *Lec.*

3120. Behrensii *Horn.*
3121. planisternus *Mars.*
3122. rugipennis *Mars.*

§
3123. interstitialis *Lec.*

§
3124. pectoralis *Lec.*
3125. obscurus *Lec.*
3126. floridæ *Horn.*
3127. posthumus *Mars.*
3128. pæminosus *Lec.*
3129. Copei *Horn.*

§
3130. alienus *Lec.*
3131. lugens *Er.*
    consimilis *Walk.*
3132. imperfectus *Lec.*
3133. pensylvanicus *Payk.*
3134. oregonensis *Lec.*
3134a. distinguendus *Mars.*
    spurcus *Lec.*
    sejunctus *Mars.*
3135. impressus *Lec.*
3136. infaustus *Lec.*

§
3137. æneicollis *Mars.*
3138. assimilis *Payk.*
    extraneus *Knoch.*
3139. cubæcola *Mars.*
3140. conformis *Lec.*
3141. placidus *Er.*
    latubris *Lec.*
3142. vescus *Mars.*
3143. parumpunctatus *Lec.*
3144. convexiusculus *Mars.*
3145. minutus *Lec.*
3146. scissus *Lec.*
3147. scrupularis *Lec.*
3148. wacoensis *Horn.*
3149. laridus *Lec.*
3150. insertus *Lec.*
    obductus *Lec.*
    vinctus *Lec.*
3151. æquipunctatus *Horn.*
3152. ciliatus *Lec.*

§
3153. neglectus *Mars.*
3154. rubriculus *Mars.*
3155. vitiosus *Lec.*
3156. lubricus *Lec.*
    rotundifrons *Mars.*
3157. plenus *Lec.*
    olidus *Lec.*
    pratensis *Lec.*
3158. fimbriatus *Lec.*

3158a. desertorum *Mars.*
3158b. orbiculatus *Mars.*
3159. acilinea *Mars.*
3160. coerulescens *Lec.*
3161. vestitus *Lec.*

§
3162. sphæroides *Lec.*
3163. seminitens *Lec.*
3164. ferrugineus *Mars.*
3165. fraternus *Say.*
3166. mancus *Say.*
3167. bigemmeus *Lec.*
3168. Fitchii *Mars.*
3169. estriatus *Lec.*

§
3170. patruelis *Lec.*
    Javeti *Mars.*
3171. lucidulus *Lec.*
3172. æneipunctatus *Horn.*
3173. dimidiatipennis *Lec.*
    desertorum ‡ *Mars.*
    deserticola *Mars.*
3174. gaudens *Lec.*
3175. serrulatus *Lec.*
3176. sulcifrons *Mann.*

Teretrius Erichs.

3177. obliquulus *Lec.*
3178. americanus *Lec.*

Teretriosoma Horn.

3179. chalybaeum *Horn.*

Plegaderus Erichs.

3180. Barbelini *Mars.*
    Erichsonii *Lec.*
3181. transversus *Say.*
3182. Sayi *Mars.*
3183. consors *Horn.*
3184. fraternus *Horn.*
3185. nitidus *Horn.*

Bacanius Lec.

3186. misellus *Lec.*
3187. tantillus *Lec.*
3188. punctiformis *Lec.*

Acritus Lec.

3189. maritimus *Lec.*
3190. Arizonæ *Horn.*

3191. exiguus (*Erichs.*).
cribripennis *Mars.*
Natchez *Mars.*
3192. Floridæ *Mars.*
3193. discus *Lec.*
3194. fimetarius *Lec.*
3195. Sallei *Horn.*
3196. strigosus *Lec.*
3196a. conformis *Lec.*
lateralis *Mars.*
3197. acaroides *Mars.*

Aeletes Horn.

3198. politus (*Lec.*).
3199. brevisternus (*Mars.*).
3200. basalis (*Lec.*).
3201. simplex (*Lec.*).
acupictus (*Mars.*).

LUCANIDÆ.

Lucanus Linn.

3202. elaphus *Fabr.*
3203. dama *Thunb.*
3204. placidus *Say.*

Dorcus McLeay.

3205. mazama *Lec.*
3206. brevis *Say.*
3207. parallelus *Say.*
3207a. costatus *Lec.*

Platycerus Geoffr.

3208. quercus (*Weber*).
3209. coerulescens *Lec.*

3210. depressus *Lec.*
? oregonensis *Westw.*
3211. Agassii *Lec.*

Ceruchus McLeay.

3212. striatus *Lec.*
3213. piceus (*Weber*).
3214. punctatus *Lec.*

Sinodendron Hellw.

3215. rugosum *Mann.*

Passalus Fabr.

3216. cornutus *Fabr.*

SCARABÆIDÆ.

Canthon Hoffm.

3217. indigaceus *Lec.*
3218. nigricornis (*Say*).
3219. praticola *Lec.*
3220. puncticollis *Lec.*
3221. cyanellus *Lec.*
3222. probus (*Germ.*).
abrasus *Lec.*
3223. ebenus (*Say*).
3224. depressipennis *Lec.*
3225. perplexus *Lec.*
3226. simplex *Lec.*
3227. Lecontei *Harold.*
3228. viridis (*Beauv.*).
3229. vigilans *Lec.*
3230. hudsonias (*Forst.*).
laevis (*Dr.*).
3231. chalcites (*Hald.*).

Deltachilum Esch.

3232. gibbosum (*Fabr.*).

Choeridium Lep.

3233. histeroides (*Web.*).
capistratum (*Fab.*).
3233a. Lecontei *Harold.*

Copris Geoffr.

3234. carolina (*Linn.*).
3235. moechus *Lec.*
3236. remotus *Lec.*
3237. anaglypticus *Say.*
3238. minutus (*Dr.*).

Phanæus McLeay.

3239. pluto *Harold.*
3240. difformis *Lec.*
3241. carnifex (*Linn.*).
3242. triangularis (*Say*).
3243. nigrocyaneus *McLeay.*

Onthophagus Latr.

3244. latebrosus (*Fabr.*).
3245. protensus *Mels.*
3246. canadensis (*Fabr.*).
3247. subaeneus (*Beauv.*).
3248. striatulus (*Beauv.*).
3249. scabricollis *Kirby.*
3250. ovatus (*Linn.*).

Aphodius Ill.

Teuchestes Muls.

3251. fossor (*Linn.*).
  §
3252. pinguis *Hald.*
3253. validus *Horn.*
3254. hamatus *Say.*
3255. hyperboreus *Lec.*
  omissus *Lec.*
3256. torpidus *Horn.*
3257. occidentalis *Horn.*
  §
3258. denticulatus *Hald.*
  §
3259. fimetarius (*Linn.*).
  §
3260. aleutus *Esch.*
3261. crassulus *Horn.*
3262. ursinus *Mots.*
3263. ruricola *Mels.*
  curtus *Hald.*
3264. congregatus *Mann.*
3265. foetidus (*Fab.*).
3266. arcticus *Harold.*
3267. pectoralis *Lec.*
  §
3268. granarius (*Linn.*).
3269. vittatus *Say.*
  §
3270. nevadensis *Horn.*
  §
3271. rugifrons *Horn.*
  §
3272. lividus (*Oliv.*).
3273. vestiarius *Horn.*

3274. serval *Say.*
  ?Steinheili *Harold.*
3275. inquinatus (*Hb.*).
3276. pardalis *Lec.*
3277. leopardus *Horn.*
  §
3278. opacus *Lec.*
3279. lutulentus *Hald.*
3280. stupidus *Horn.*
3281. lentus *Horn.*
  §
3282. rubeolus *Beauv.*
3283. stercorosus *Mels.*
3284. militaris *Lec.*
3285. rubiginosus *Horn.*
3286. aegrotus *Horn.*
3287. consentaneus *Lec.*
3288. politus *Horn.*
3289. ochreipennis *Horn.*
3290. rubidus *Lec.*
3291. concavus *Say.*
3292. subæneus *Lec.*
3293. alternatus *Horn.*
3294. terminalis *Say.*
3295. coloradensis *Horn.*
3296. bicolor *Say.*
3297. dentiger *Lec.*
3298. phalerioides *Horn.*
  §
3299. femoralis *Say.*
3300. Walshii *Horn.*
3301. rubripennis *Horn.*
3302. oblongus *Say.*
  §
3303. cadaverinus *Mann.*
  ovipennis *Horn.*

Dialytes Harold.

3304. truncatus *Mels.*
3305. striatulus *Say.*

Oxyomus Lap.

3306. porcatus (*Fab.*).
  opacifrons *Horn.*

Atænius Harold.

3307. imbricatus (*Mels.*).
3308. alternatus (*Mels.*).
3309. robustus *Horn.*
3310. oblongus *Horn.*
3311. gracilis *Mels.*
3312. ovatulus *Horn.*

3313. stercorator (*Fab.*).
      *cognata (*Lec.*).
3314. lobatus *Horn.*
3315. socialis *Horn.*
3316. puncticollis (*Lec.*).
3317. hirsutus *Horn.*
3318. lucanus *Horn.*
3319. abditus (*Hald.*).
3320. cylindrus *Horn.*
3321. desertus *Horn.*

Euparia Serv.

3322. castanea *Serv.*

Rhyssemus Muls.

3323. scaber *Hald.*
3324. californicus *Horn.*
3325. riparius *Horn.*

Pleurophorus Muls.

3326. caesus (*Panz.*).

Psammodius Heer.

3327. aegialioides *Hald.*
3328. 5-plicatus *Horn.*
3329. interruptus *Say.*
3330. caelatus (*Lec.*).
3331. bidens *Horn.*
3332. clypeatus *Say.*

Aegialia Latr.

3333. lacustris *Lec.*
3334. conferta *Horn.*
3335. crassa *Lec.*
3336. cylindrica (*Esch.*).

Ochodaeus Lep.

3337. frontalis *Lec.*
3338. musculus (*Say*).
3339. simplex *Lec.*
3340. striatus *Lec.*
3341. opacus *Lec.*
3342. biarmatus *Lec.*
3343. complex *Lec.*
3344. sparsus *Lec.*
3345. duplex *Lec.*
3346. pectoralis *Lec.*

Hybosorus McLeay.

3347. Illigeri *Reiche.*
      arator ‡ *Ill.*

Bradycinetus Horn.

3348. ferrugineus (*Beauv.*).
3349. fossatus (*Hald.*).
3350. serratus *Lec.*

Bolboceras Kirby.

3351. farctus (*Fabr.*).
3351a. tumefactus (*Beauv.*).
3352. lazarus (*Fabr.*).

Odontaeus Klug.

3353. filicornis (*Say*).
3354. cornigerus (*Mels.*).
3355. obesus *Lec.*

Geotrypes Latr.

3356. retusus *Lec.*
3357. splendidus (*Fab.*).
3358. semiopacus *Jek.*
3359. Egerici *Germ.*
      ? conicollis *Jek.*
3360. opacus *Hald.*
3361. Blackburnii (*Fab.*).
3362. Balyi *Jek.*

Pleocoma Lec.

3363. fimbriata *Lec.*
3364. hirticollis *Schauf.*
3365. adjuvans *Cr.*
      "staff" *Schauf.*

Acanthocerus MacL.

3366. aeneus *McLeay.*
      volvox (*Germ.*).

Cloeotus Germ.

      [*Acanthocerus* ‡ Germ.]
3367. aphodioides (*Ill.*).
3368. globosus (*Say*).

Nicagus Lec.

3369. obscurus (*Lec.*).

Trox Fabr.

      Omorgus Er.
3370. texanus (*Lec.*).
3371. scutellaris *Say.*
3372. suturalis (*Lec.*).
3373. umbonatus (*Lec.*).
3374. scabrosus *Beauv.*

3375. pustulatus (*Lec.*).
3376. asper (*Lec.*).
3377. suberosus *Fab.*
punctatus ‡ *Lec.*
3378. morsus (*Lec.*).
3379. punctatus *Germ.*
integer *Lec.*
tesselatus (*Lec.*).
3380. gemmulatus *Horn.*
3381. Sonorae *Lec.*
alternans *Lec.*
3382. sordidus *Lec.*
3383. porcatus *Say.*
3384. tuberculatus (*DeGeer*).
3385. erinaceus *Lec.*
3386. foveicollis *Harold.*
3387. terrestris *Say.*
3388. capillaris *Say.*
3389. scaber (*Linn.*).
variolatus *Mels.*
3390. aequalis *Say.*
3391. fascifer *Lec.*
3392. laticollis *Lec.*
3393. striatus *Mels.*
3394. atrox *Lec.*

Dasydera Lec.

3395. ursina *Lec.*
3396. Rathvoni *Lec.*

Lichnanthe Burm.

3397. vulpina (*Hentz*).
3398. lupina *Lec.*
3399. canina *Horn.*
3400. Edwardsii *Horn.*

Podolasia Harold.

3401. ferruginea (*Lec.*).

Oncerus Lec.

3402. floralis *Lec.*

Acratus Horn.

3403. flavipennis *Horn.*

Hoplia Ill.

3404. laticollis *Lec.*
3405. oregona *Lec.*
3406. convexula *Lec.*
3407. pubicollis *Lec.*
3408. callipyge *Lec.*
3409. debilis *Lec.*

3410. modesta *Hald.*
3411. singularis *Burm.*
3412. trifasciata *Say.*
3413. limbata *Lec.*
3414. mucorea (*Germ.*).

Dichelonycha Kirby.

8415. elongatula (*Schön.*).
3416. subvittata *Lec.*
3417. testacea *Kirby.*
3418. pallens *Lec.*
3419. linearis (*Gyll.*).
3420. fulgida *Lec.*
3421. Backii *Kirby.*
3422. fuscula *Lec.*
3423. truncata *Lec.*
3424. rotundata *Lec.*
3425. valida *Lec.*
3426. albicollis *Burm.*
3427. sulcata *Lec.*
3428. pusilla *Lec.*

Serica McLeay.

Camptorhina Kirby.
3429. vespertina (*Schön.*).
3430. texana *Lec.*
3431. atratula *Lec.*
3432. serotina *Lec.*
§
3433. iricolor (*Say*).
3434. fimbriata *Lec.*
3435. tristis *Lec.*
3436. sericea (*Ill.*).
3437. curvata *Lec.*
3438. mixta *Lec.*
3439. alternata *Lec.*
3440. anthracina *Lec.*
3441. frontalis *Lec.*
3442. valida *Harold.*
robusta ‖ *Lec.*
8443. trociformis *Burm.*
3444. elongatula *Horn.*

Macrodactylus Latr.

3445. subspinosus (*Fabr.*).
3446. setulosus *Lec.*
3447. angustatus (*Beauv.*).

Hypotrichia Lec.

3448. spissipes *Lec.*

Plectrodes Horn.

3449. pubescens *Horn.*

Orsonyx Lec.
3450. anxius *Lec.*

Diazus Lec.
3451. rudis *Lec.*

Diplotaxis Kirby.
3452. sordida (*Say*).
3453. puberula (*Lec.*).
3454. subcostata *Blanchard*.
3455. liberta (*Germ.*).
3456. brevicollis *Lec.*
3457. obscura *Lec.*
3458. tristis *Kirby*.
3459. excavata *Lec.*
    punctato-rugosa *Bl.*
3459a. frondicola *Bl.*
3460. frontalis *Lec.*
3461. georgiae *Blanch.*
3462. castanea *Burm.*
3463. corpulenta *Burm.*
3464. angularis *Lec.*
3465. moerens *Lec.*
3466. punctipennis *Lec.*
3467. texana *Lec.*
3468. Harperi *Blanch.*
3469. frondicola (*Say*).
3470. dubia *Lec.*
3471. truncatula *Lec.*
3472. consors *Lec.*
3473. carbonata *Lec.*
3474. atratula *Lec.*
3475. morula *Lec.*
3476. punctata *Lec.*
3477. oribulosa *Lec.*
3478. subangulata *Lec.*
3479. bidentata *Lec.*
3480. tenuis *Lec.*
    §
3481. corvina *Lec.*
3482. pacata *Lec.*
    §
3483. brevidens *Lec.*
3484. Haydenii *Lec.*
3485. innoxia *Lec.*

Alobus Lec.
3486. fulvus *Lec.*

Eugastra Lec.
3487. cribrosa (*Lec.*).
3488. ventricosa (*Lec.*).

Endrosa Lec.
3489. quercus (*Knoch.*).
3490. volvula *Lec.*

Phyllophaga Harr.
  [*Lachnosterna* Hope.]
3491. farcta *Lec.*
3492. torta *Lec.*
3493. frontalis *Lec.*
3494. longitarsis (*Say*).
3495. dispar (*Burm.*).
3496. latifrons *Lec.*
3497. cerasina *Lec.*
3498. ephelida (*Say*).
    uniformis (*Bl.*).
3499. Burmeisteri *Lec.*
3500. glabra *Cr.*
    glaberrima ‡ *Lec.*
3501. inana *Lec.*
3502. congrua *Lec.*
3503. futilis *Lec.*
3504. fusca (*Fröhl.*).
3504a. consimilis *Lec.*
3504b. anxia *Lec.*
3504c. brevicollis (*Burm.*).
3504d. puncticollis (*Blanch.*).
3504e. Drakii (*Kirby*).
3505. cephalica *Lec.*
3506. errans *Lec.*
3507. decidua *Lec.*
3508. sororia *Lec.*
3509. serricornis *Lec.*
3510. semicribrata *Lec.*
3511. lugubris *Lec.*
3512. cognata (*Burm.*).
3513. fraterna (*Harris*).
3514. lutescens *Lec.*
3515. corrosa *Lec.*
3516. calceata *Lec.*
3517. marginalis *Lec.*
3518. crassissima *Blanch.*
    obesa *Lec.*
3519. pruinina *Lec.*
3520. rugosa *Mels.*
    profunda *Blanch.*
3521. affinis *Lec.*
3522. Knochii (*Gyll.*).
3523. ilicis (*Knoch.*).
3524. ciliata *Lec.*
3525. ilicis ‡ (*Burm.*).
3526. subtonsa *Lec.*
3527. hirticula (*Knoch.*).
3528. hirsuta (*Knoch.*).
3529. balia *Say.*

3530. villifrons *Lec.*
3531. hirticeps *Lec.*
3532. nitida *Lec.*
3533. ruflola *Lec.*
3534. robusta *Lec.*
3535. integra *Lec.*
3536. longicornis (*Burm.*).
3537. diffinis (*Burm.*).
3538. gibbosa (*Burm.*).
3539. Forsteri (*Burm.*).
   Holotrichia Hope?
3540. crenulata (*Fröhl.*).
3541. albina (*Burm.*).
3542. parvidens *Lec.*
3543. rubiginosa *Lec.*
3544. submucida *Lec.*
3545. glabricula *Lec.*
3546. glabripennis *Lec.*
   Trichesthes Er.
3547. tristis (*Fahr.*).
3548. crinita (*Burm.*).
3549. comans (*Burm.*).
3550. prununculina (*Burm.*).
3551. gracilis (*Burm.*).
3552. maculicollis *Lec.*
3553. nitidula *Lec.*

Phytalus Er.
3554. glaberrimus (*Bl.*).

Gynnis Lec.
3555. debilis *Lec.*

Listrochelus Blanch.
3556. densicollis *Lec.*
3557. mucoreus *Lec.*
3558. texanus *Lec.*
3559. obtusus *Lec.*
3560. falsus *Lec.*
3561. fimbripes *Lec.*
3562. scoparius *Lec.*
3563. puberulus *Lec.*

Tostegoptera Blanch.
3564. lanceolata (*Say*).
3565. aequalis (*Lec.*).

Macranoxia Cr.
   [*Polyphylla* ‡ Lac.]
3566. Hammondi *Lec.*
3567. cavifrons *Lec.*

3568. subvittata *Lec.*
3569. decemlineata (*Say*).
3570. crinita *Lec.*
3571. variolosa (*Hentz*).
3572. occidentalis (*Linn.*).

Thyce Lec.
3573. squamicollis *Lec.*

Phobetus Lec.
3574. comatus *Lec.*
3575. testaceus *Lec.*

Anomala Koeppe.
3576. parvula *Burm.*
3577. varians (*Fabr.*).
3578. minuta *Burm.*
3579. flavipennis *Burm.*
3580. luteipennis *Lec.*
3581. binotata (*Gyll.*).
3582. inconstans *Burm.*
3583. centralis *Lec.*
   Spilota Dej.
3584. marginata (*Fabr.*).
3585. lucicola (*Fabr.*).

Rhombonyx Hope.
3586. cavifrons *Lec.*

Strigoderma Burm.
3587. pygmæa (*Fabr.*).
3588. arboricola (*Fabr.*).

Pelidnota McLeay.
3589. punctata (*Linn.*).
3590. lucæ *Lec.*

Plusiotis Burm.
3591. gloriosa *Lec.*

Cotalpa Burm.
3592. consobrina *Horn.*
3593. lanigera (*Linn.*).
3594. puncticollis *Lec.*
3595. granicollis *Hald.*
3596. ursina *Horn.*

Cyclocephala Latr.
3597. immaculata *Burm.*
3598. longula *Lec.*

3599. seditiosa *Lec.*
3600. nigricollis *Burm.*
robusta *Lec.*
3601. villosa *Burm.*
3602. hirta *Lec.*
3603. puberula *Lec.*
3604. elegans *Horn.*
3605. manca *Lec.*

Chalepus McLeay.

3606. obsoletus *Lec.*
3607. trachypygus *Burm.*

Ligyrus Burm.

3608. morio (*Lec.*).
3609. gibbosus (*DeGeer*).
3610. juvencus (*Oliv.*).
3611. ruginasus *Lec.*
3612. relictus (*Say*).
3613. rugiceps *Lec.*

Aphonus Lec.

3614. pyriformis (*Lec.*).
3615. tridentatus (*Say*).
3616. frater *Lec.*
3617. hydropicus *Lec.*
3618. castaneus (*Mels.*).
3619. ? clunalis *Lec.*

Polymoechus Lec.

3620. brevipes *Lec.*

Xyloryctes Hope.

3621. satyrus (*Fabr.*).

Strategus Hope.

3622. antaeus (*Fabr.*).
3623. mormon *Burm.*
3624. julianus *Burm.*
3625. splendens *Beauv.*
3626. cessus *Lec.*

Dynastes Kirby.

3627. tityus (*Linn.*).
3628. Grantii *Horn.*

Megasoma Kirby.

3629. thersites *Lec.*

Phileurus Latr.

3630. truncatus (*Beauv.*).

3631. valgus (*Fabr.*).
3632. illatus *Lec.*
vitulus *Lec.*
3633. cribrosus *Lec.*

Allorhina Burm.

Cotinis Burm.

3634. mutabilis (*Gory.*).
3635. nitida (*Linn.*).

Gymnetis McLeay.

3636. Sallei *Schaum.*
3637. cretacea *Lec.*

Euryomia Burm.

Euphoria Burm.

3638. fascifera *Lec.*
3639. melancholica (*Gory.*).
3640. sepulchralis (*Fabr.*).
3641. basalis (*Gory.*).
3642. canescens (*Burm.*).
3643. dimidiata (*Gory.*).
3644. vestita (*Say*).
3645. Kernii (*Hald.*).

Erirhipis Burm.

3646. inda (*Linn.*).
3647. Schottii *Lec.*
3648. herbacea (*Oliv.*).
3649. californica *Lec.*
3650. fulgida (*Fabr.*).

§
Stephanucha Burm.

3651. areata (*Fabr.*).

Cremastochilus Kn.

Psilocnemis Burm.

3652. depressus *Horn.*
3653. planatus *Lec.*
3654. saucius *Lec.*
3655. nitens *Lec.*
3656. Schaumii *Lec.*
3657. pilosicollis *Horn.*
3658. angularis *Lec.*
3659. Knochii *Lec.*

§
3660. variolosus *Kirby.*
3661. squamulosus *Lec.*

§
3662. canaliculatus *Kirby.*
3663. castaneae *Knoch.*
3664. Harrisii *Kirby.*

Osmoderma Lep.
3665. eremicola (*Knoch.*).
3666. scabra (*Beauv.*).
3667. socialis *Horn.*

Gnorimus Lep.
3668. maculosus (*Knoch.*).

Trichius Fabr.
3669. piger *Fabr.*

3670. bibens *Fabr.*
3671. viridulus *Fabr.*
3672. affinis *Gory.*
§
Trigonopeltastes Burm.
3673. delta (*Forster*).

Valgus Scriba.
3674. canaliculatus (*Fabr.*).
3675. squamiger (*Beauv.*).
3676. californicus *Horn.*

BUPRESTIDÆ.

Gyascutus Lec.
3677. planicosta (*Lec.*).
3678. obliteratus (*Lec.*).
3679. cælatus (*Lec.*).
3680. sphenicus (*Lec.*).
3681. cuneatus *Horn.*

Chalcophora Sol.
3682. angulicollis (*Lec.*).
3683. virginiensis (*Dr.*).
3683a. lacustris *Lec.*
3684. liberta (*Germ.*).
3685. georgiana (*Lec.*).
3686. fortis *Lec.*
3687. campestris (*Say*).

Psiloptera Sol.
3688. Drummondi *Lap.*
    Woodhousei *Lec.*
3688a. Webbii *Lec.*

Dicerca Esch.
3689. prolongata *Lec.*
3690. divaricata (*Say*).
    caudata *Lec.*
3691. pugionata (*Germ.*).
§
3692. obscura (*Fab.*).
    baltimorensis (*Hb.*).
    soror *Lec.*
3692a. lurida (*Fab.*).
3693. lepida *Lec.*
3694. spreta *Lap.*
    asperata ‡ *Lec.*
3695. asperata *Lap.*
    spreta ‡ *Lec.*

§
3696. tenebrosa (*Kirby*).
    bifoveata *Lec.*
    crassicollis *Lec.*
3696a. chrysea *Mels.*
3697. californica *Cr.*
3698. manca *Lec.*
    hilaris *Lec.*
3699. tuberculata *Lap.*
3700. lugubris *Lec.*
    lacustris *Lec.*
3701. sexualis *Cr.*
3702. punctulata (*Schon.*).
3703. pectorosa *Lec.*
§
3704. mutica *Lec.*

Trachykele Mars.
3705. Blondeli *Mars.*
3706. Lecontei *Gory.*

Poecilonota Esch.
3707. cyanipes (*Say*).
    erecta *Gory.*
3708. ferrea (*Mels.*).
3709. thureura (*Say*).
3710. debilis *Lec.*

Buprestis Linn.
3711. rufipes *Ol.*
3712. Gibbsii *Lec.*
3713. confluens *Say.*
§
3714. lineata *Fab.*
3715. consularis *Gory.*
3716. Nuttalli *Kirby.*
    alternans (*Lec.*).
3717. læviventris (*Lec.*).

3718. maculiventris *Say*.
3718*a*. subornata *Lec*.
3718*b*. rusticorum *Kirby*.
paganorum *Kirby*.
§
3719. fasciata *Fabr*.
6-plagiata (*Lec*.).
3719*a*. Langii *Mann*.
3720. sulcicollis (*Lec*.).
3721. striata *Fabr*.
3722. lauta (*Lec*.).
radians (*Lec*.).
3723. adjecta (*Lec*.).
3724. decora *Fab*.
3725. ultramarina *Say*.
3726. apricans *Hb*.

Cinyra Lap.

3727. gracilipes (*Mels*.).

Xenorhipis Lec.

3728. Brendeli *Lec*.

Melanophila Esch.

3729. miranda (*Lec*.).
3730. consputa *Lec*.
3731. notata (*Lap*.).
3731*a*. opaca *Lec*.
3732. longipes (*Say*).
3733. atropurpurea (*Say*).
3734. Drummondi (*Kirby*).
3735. fulvoguttata (*Harr*.).
3736. gentilis *G*. and *H*.
prasina ‖ *Lec*.
3737. aeneola *Mels*.

Anthaxia Esch.

3738. inornata *Rand*.
3738*a*. æneogaster *Lap*.
expansa *Lec*.
foveicollis *Lec*.
3738*b*. strigata *Lec*.
3738*c*. imperfecta *Lec*.
retifer *Lec*.
3739. cyanella *Gory*.
3740. viridicornis (*Say*).
3741. viridifrons *Gory*.
♀ subænea *Lec*.
3742. quercata *Fab*.
♂ cuneiformis *Gory*.
3743. flavimana *Gory*.

Chrysobothris Esch.

3744. octocola *Lec*.
3745. atabalipa *Lap*.
basalis *Lec*.
3746. exesa *Lec*.
3747. femorata *Lec*.
3747*a*. alabamæ *Gory*.
3747*b*. 4-impressa *Gory*.
3747*c*. Lesueuri *Gory*.
soror *Lec*.
misella *Lec*.
3747*d*. fastidiosa *Gory*.
3747*e*. obscura *Lec*.
3747*f*. semisculpta *Lec*.
§
3748. floricola *Gory*.
calcarata *Mels*.
3749. cuprascens *Lec*.
3750. contigua *Lec*.
3751. 4-lineata *Lec*.
3752. texana *Lec*.
3753. dentipes (*Germ*.).
3754. californica *Lec*.
3755. vulcanica *Lec*.
3756. trinervia (*Kirby*).
3757. scabripennis *Lap*.
3758. cribraria *Mann*.
3759. pusilla *Lap*.
3760. debilis *Lec*.
3760*a*. disjuncta *Lec*.
3761. deleta *Lec*.
§
3762. acuminata *Lec*.
3763. gemmata *Lec*.
3764. 6-signata (*Say*).
3764*a*. analis *Lec*.
3765. chrysoela (*Ill*.).
hybernata (*Fab*.).
3766. chlorocephala *Gory*.
concinnula *Lec*.
3767. azurea *Lec*.
3768. Harrisii (*Hentz*).
3769. æneola *Lec*.
purpurata *Bland*.
3770. Ulkei *Lec*.
3771. atrofasciata *Lec*.
nigrofasciata ‡ *Lec*.

Actenodes Lac.

3772. auronotata *Lap*.
bella *Lec*.
3773. acornis (*Say*).

Belionota Esch.
3774. californica *Mots.*

Schizopus Lec.
3775. laetus *Lec.*

Dystaxia Lec.
3776. Murrayi *Lec.*

Thrincopyge Lec.
3777. alacris *Lec.*
3778. ambiens (*Lec.*).

Polycesta Sol.
3779. californica *Lec.*
3779a. elata *Lec.*
    cavata *Lec.*
    obtusa *Lec.*
3780. velasco *Lap.*

Acmæodera Esch.
3781. cuprina *Spin.*
3782. amplicollis *Lec.*
3783. flavomarginata *Gray.*
3784. stellaris *Chev.*
    hæmorrhoa *Lec.*
3785. connexa *Lec.*
    acuta *Lec.*
    retifera *Lec.*
3785a. Hepburnii *Lec.*
3786. decipiens *Lec.*
3787. opacula *Lec.*
3788. flavosticta *Cr.*
    croceonotata ‡ *Lec.*
3789. mima *Gory.*
    semivittata *Lec.*
3790. ornata (*Fab.*).
3791. pulchella (*Hbst.*).
3791a. variegata *Lec.*
3791b. mixta *Lec.*
3792. texana *Lec.*
3793. comata *Lec.*
§
3794. 4-vittata *Horn.*
3795. culta (*Web.*).
    tubulus (*Fab.*).
3796. subbalteata *Lec.*
§
3797. gibbula *Lec.*
3798. guttifera *Lec.*

Ptosima Sol.
3799. gibbicollis (*Say*).
    luctuosa *Gory.*
3800. Walshii *Lec.*

Mastogenius Sol.
3801. subcyaneus (*Lec.*).

Eupristocerus Deyr.
3802. cogitans (*Web.*).

Rhæboscelis Chev.
3803. tenuis *Lec.*

Agrilus Sol.
3804. fuscipennis *Gory.*
3805. arcuatus *Say.*
3806. ruficollis (*Fab.*).
3807. torquatus *Lec.*
3808. fulgens *Lec.*
3808a. obliquus *Lec.*
3809. otiosus (*Say*).
3809a. pusillus *Say.*
3809b. defectus *Lec.*
3810. difficilis *Gory.*
§
3811. bilineatus (*Web.*).
3812. vittaticollis (*Rand.*).
3813. granulatus *Say.*
    zemes *Gory.*
    4-guttatus *Gory.*
3814. Lecontei *Saund.*
    subfasciatus ∥ *Lec.*
3815. fallax *Say.*
3816. interruptus *Lec.*
3817. subcinctus *Gory.*
3818. texanus *Cr.*
3819. macer *Lec.*
3820. addendus *Cr.*
3821. acutipennis *Mann.*
    latebrus *Lap.*
3822. anxius *Gory.*
3823. torpidus *Lec.*
    gravis *Lec.*
3824. plumbeus *Lec.*
3825. politus *Say.*
    cupreolus *Lec.*
3826. solitarius *Gemm.*
    desertus ∥ *Lec.*
3827. pubiventris *Cr.*
3828. egenus *Gory.*
3828a. cephalicus *Lec.*

3828b. puncticeps *Lec.*
3829. lacustris *Lec.*
3830. putillus *Say.*
  §
3831. macer *Lec.*
3832. obolinus *Lec.*
3833. muticus *Lec.*
3834. pulchellus *Bland.*
3835. Couesii *Lec.*

Taphrocerus Sol.

3836. gracilis (*Say*).
3837. agriloides *Cr.*

Brachys Sol.

3838. ovata (*Web.*).
3838a. laevicauda *Lec.*
3839. tessellata (*Fab.*).
  lugubris *Lec.*
3840. praetexta *Gory.*
3841. aerosa *Mels.*
  terminans ‡ *Lap.*
3842. aeruginosa *Gory.*
3843. carbonata *Lec.*

Pachyscelus Sol.

3844. purpureus (*Say*).
3845. laevigatus (*Say*).

THROSCIDÆ.

Throscus Latr.

3846. calocerus *Bonv.*
3847. constrictor *Say.*
3848. alienus *Bonv.*
3849. punctatus *Bonv.*
3850. Chevrolati *Bonv.*
3851. parvulus *Lec.*
3852. validus *Lec.*
3853. sericeus *Lec.*

Pactopus Lec.

3854. Hornii *Lec.*

Drapetes Redt.

3855. geminatus (*Say*).
3856. 4-pustulatus *Bonv.*
3857. nitidus (*Mels.*).
3858. rubricollis *Lec.*

ELATERIDÆ.

Cerophytum Latr.

3859. convexicolle *Lec.*
3860. pulsator *Hald.*

Melasis Oliv.

8861. pectinicornis *Mels.*

Tharops Lap.

3862. nubilus *Bv.*
3863. obliquus (*Say*).
3864. ruficornis (*Say*).

Stethon Lec.

3865. pectorosus *Lec.*

Deltometopus Bv.

3866. amoenicornis *Say.*
  clypeatus *Say.*

Dromæolus Ksw.

3867. basalis (*Lec.*).
3868. californicus *Bv.*
3869. cylindricollis (*Say*).
3870. monilicornis (*Mann.*).
3871. novitius *Bv.*
3872. striatus (*Lec.*).

Phænocerus Bv.

3873. americanus *Horn.*

Fornax Lap.

3874. badius *Mels.*
3875. bicolor *Mels.*
3876. calceatus (*Say*).
3877. Hornii *Bv.*
3878. molestus *Bv.*
3879. orchesides (*Newm.*).
3880. parvulus *Bv.*
3881. rufipes *Mels.*

Entomophthalmus Bv.
3882. pallens *Bv.*
3883. rufiolus (*Lec.*).

Microrrhagus Esch.
3884. arduus *Bv.*
3885. humeralis (*Say*).
3886. imperfectus *Lec.*
3887. impressicollis *Bv.*
3888. mucidus *Bv.*
3889. oblitus *Bv.*
3890. pectinatus *Lec.*
3891. subsinuatus *Lec.*
3892. suturalis *Bv.*
3893. triangularis *Say.*

Adelothyreus Bv.
3894. Dejeani *Bv.*

Nematodes Lat.
3895. atropos (*Say*).
3896. major *Bv.*
3897. penetrans *Lec.*

Trigonopleurus Bv.
3898. rugulosus *Bv.*

Hypocoelus Esch.
3899. frontosus *Say.*

Epiphanis Esch.
3900. cornutus *Esch.*

Schizophilus Bv.
3901. subrufus (*Rand.*).
    simplex (*Lec.*).
    ? trilobatus *Bv.*

Anelastes Kirby.
3902. Drurii *Kirby.*
3902a. Latreillei *Lec.*

Phlegon Lap.
3903. heterocerus (*Say*).

Xylobius Latr.
3904. cylindriformis *Horn.*

Hylocharis Latr.
3905. nigricornis *Say.*

Sarpedon Bv.
3906. scabrosus *Bv.*

Dendrocharis Guér.
3907. flavicornis *Guér.*

Perothops Er.
3908. cervina *Lac.*
3909. mucida (*Gyll.*).
3910. Witticki *Lec.*

Agrypnus Esch.
3911. Sallei *Lec.*
3912. Schottii *Lec.*

Adelocera Latr.
3913. avita (*Say*).
3914. impressicollis (*Say*).
3915. discoidea (*Web.*).
    pennata (*Fab.*).
3916. aurorata (*Say*).
3917. maculata *Lec.*
3918. rorulenta *Lec.*
3919. pyrsolepis *Lec.*
3920. marmorata (*Fabr.*).
    §
3921. obtecta (*Say*).
3922. profusa *Cand.*
    cavicollis *Lec.*
3923. brevicornis *Lec.*

Lacon Germ.
3924. curtus (*Lec.*).
3925. rectangularis (*Say*).

Meristhus Cand.
3926. cristatus *Horn.*
3927. texanus *Horn.*

Chalcolepidius Esch.
3928. rubripennis *Lec.*
3929. Webbii *Lec.*
3930. smaragdinus *Lec.*
3931. viridipilis (*Say*).

Alaus Esch.
3932. gorgops *Lec.*

3933. oculatus (*Linn.*).
3934. myops (*Fabr.*).
3935. melanops *Lec.*

Hemirhipus Latr.

3936. fascicularis (*Fabr.*).

Coptostethus Woll.

3937. americanus *Horn.*

Cardiophorus Esch.

3938. amictus *Mels.*
3939. erythropus *Er.*
3940. insulsus *Cand.*
3941. Edwardsii *Horn.*
3942. togatus *Horn.*
3943. mimeticus *Horn.*
3944. æneus *Horn.*
3945. ? tilius *Rand.*
3946. cardisce (*Say*).
3947. fenestratus *Lec.*
3948. stigmaticus *Cand.*
3949. Dejeanii *Lec.*
3950. tumidicollis *Lec.*
montanus *Bland.*
3951. convexulus *Lec.*
3952. gagates *Er.*
3953. longior *Lec.*
3954. luridipes *Cand.*
3955. fulvipes *Lec.*
3956. tenebrosus *Lec.*
3957. obscurus *Lec.*
3958. amplicollis *Motsch.*
3759. latiusculus *Esch.*
3960. lævicollis *Er.*
3961. robustus *Lec.*

Horistonotus Cand.

3962. sufflatus (*Lec.*).
3963. inanus (*Lec.*).
3964. transfugus (*Lec.*).
3965. curiatus (*Say*).
3966. simplex *Lec.*
3967. definitus *Horn.*
3968. densus *Lec.*
3969. Uhleri *Horn.*

Esthesopus Esch.

3970. claricollis (*Say*).
3971. humilis *Cand.*
3972. hepaticus *Cand.*

Cryptohypnus Esch.

3973. squalidus *Lec.*
3974. planatus *Lec.*
3975. funebris *Cand.*
3976. hyperboreus *Gyll.*
3977. Sanborni *Horn.*
3978. grandicollis *Lec.*
3979. littoralis (*Esch.*).
3980. nocturnus *Esch.*
3981. impressicollis *Mann.*
3982. abbreviatus (*Say*).
3983. bicolor *Esch.*
limbatus *Mann.*
scarificatus *Mann.*
lacustris *Lec.*
3984. lucidulus *Mann.*
3985. restrictus *Mann.*
3986. musculus *Esch.*
3987. tumescens *Lec.*
3988. striatulus *Lec.*
? vestitus *Mann.*
3989. guttatulus *Mels.*
3990. choris (*Say*).
3991. pulchellus (*Linn.*).
3992. ornatus *Lec.*
3993. colon *Horn.*
3994. gentilis *Lec.*
3995. pectoralis (*Say*).
inops *Lec.*
3996. obliquatulus *Mels.*
3997. futilis *Lec.*
3998. aestivus *Horn.*
3999. perplexus *Horn.*

Oedostethus Lec.

4000. femoralis *Lec.*

Blauta Lec.

4001. cribraria (*Germ.*).

Elater Linn.

4002. rubricollis *Hbst.*
4003. nigricollis *Hbst.*
4004. semivittatus *Say.*
4005. linteus *Say.*
4006. discoideus *Fabr.*
4007. semicinctus *Rand.*
4008. luesus *Lec.*
4009. Sayi *Lec.*
discoideus || *Say.*
4010. militaris *Harr.*
4011. vitiosus *Lec.*
4012. dimidiatus *Lec.*

4013. apicatus *Say*.
melanopygus *Germ*.
4014. cordifer *Lec*.
4015. Behrensii *Horn*.
4016. cordatus *Horn*.
4017. phoenicopterus *Lec*.
4018. xanthomus *Lec*.
humeralis *Mels*.
4019. luctuosus *Lec*.
4020. socer *Lec*.
4021. impolitus *Mels*.
4022. hepaticus *Mels*.
4023. rhodopus *Lec*.
umbricolor *Motsch*.
4024. manipularis *Cand*.
4025. molestus *Lec*.
4026. fuscatus *Mels*.
4027. nigricans *Lec*.
testaceipes *Mels*.
4028. pedalis *Cand*.
ursulus *Mels*.
4029. anthracinus *Lec*.
4030. carbonicolor *Mann*.
4031. nigrinus *Payk*.
4032. lacustris *Lec*.
4033. fusculus *Lec*.
4034. deletus *Lec*.
4035. pullus *Cand*.
4036. mixtus *Hbst*.
4037. minipennis *Lec*.
4038. sanguinipennis *Say*.
4039. palans *Lec*.
4040. collaris *Say*.
thoracicus ‡ *Hbst*.
4041. atripennis (*Horn*).
4042. rubricus *Say*.
4043. obliquus *Say*.
scitulus *Germ*.
4043a. areolatus *Say*.
4044. pusio *Cand*.
luteolus *Lec*.
4045. protervus *Lec*.
4046. ? basalis *Rand*.
4047. ? macilentus *Rand*.

Elatrinus Horn.

4048. anthrax *Horn*.

Drasterius Esch.

4049. præses *Cand*.
4050. dorsalis (*Say*).
4051. elegans (*Fabr*.).
4052. marginicollis *Horn*.

4053. amabilis (*Lec*.).
4054. similolus *Cand*.
4055. comis (*Lec*.).
4056. livens (*Lec*).
4057. grandicollis *Horn*.

Megapenthes Cand.

4058. granulosus (*Mels*.).
4059. turbulentus (*Lec*.).
4060. aterrimus *Horn*.
4061. rufilabris (*Germ*.).
4062. elegans *Horn*.
4063. Rogersii *Horn*.
4064. stigmosus (*Lec*.).
4065. limbalis (*Hbst*).
4066. angularis *Lec*.

Anchastus Lec.

4067. cinereipennis (*Mann*.).
4068. puberulus (*Mann*.).
4069. tantillus (*Mann*.).
4070. regularis (*Motsch*.).
§
4071. bicarinatus *Lec*.
4072. ? binus (*Say*).
§
4073. digitatus *Lec*.
4074. rufus *Cand*.
4075. signaticollis (*Germ*.).
4076. sericeus *Horn*.
4077. desertus *Horn*.

Tricrepidius Motsch.

4078. triangulicollis *Motsch*.

Monocrepidius Esch.

4079. xysticus *Cand*.
4080. lividus (*Deg*.).
4081. mutuus *Horn*.
4082. aversus *Lec*.
4083. suturalis *Lec*.
rufulus (*Cand*.).
4084. lepidus *Lec*.
4085. texanus *Cand*.
4086. vespertinus (*Fabr*.).
4087. athoides *Lec*.
4088. sordidus *Lec*.
4089. robustus *Horn*.
4090. auritus (*Hbst*.).
4091. bellus (*Say*).
4092. blandulus *Lec*.

Dicrepidius Esch.

4093. ramicornis (*Beauv.*).
4094. corvinus *Cand.*
4095. palmatus *Cand.*

Ischiodontus Cand.

4096. ferreus (*Lec.*).
4097. soleatus (*Say*).
4098. simplex (*Lec.*).
4099. oblitus *Cand.*
4100. approximatus *Cand.*

Ludius Latr.

4101. ater *Cand.*
4102. Lecontei *Horn.*
4103. abruptus (*Say*).
4104. attenuatus (*Say*).
4105. tartareus (*Lec.*).

Orthostethus Lac.

4106. infuscatus (*Germ.*).

Crigmus Lec.

4107. hepaticus (*Germ.*).
4108. texanus *Lec.*

Agriotes Esch.

4109. mancus (*Say*).
4110. pubescens *Mels.*
4111. fucosus *Lec.*
4112. ferrugineipennis *Lec.*
4113. sordidus *Lec.*
4114. stabilis *Lec.*
4115. limosus *Lec.*
4116. Thevenetii *Horn.*
4117. avulsus *Lec.*
4118. opaculus *Lec.*
4119. oblongicollis (*Mels.*).
4120. protractus *Horn.*

Dolopius Esch.

4121. macer *Lec.*
4122. lateralis *Esch.*
   californicus *Mann.*
   sellatus *Mann.*
   subustus *Lec.*
   pauper *Lec.*
   sericatus *Mots.*
4123. simplex *Motsch.*

Betarmon Kraatz.

4124. bigeminatus (*Rand*).

Glyphonyx Cand.

4125. recticollis (*Say*).
   pumilus *Er.*
4126. testaceus (*Mels.*).
4127. quietus (*Say*).
4128. inquinatus (*Say*).

Melanotus Esch.

4129. corticinus (*Say*).
4130. longulus (*Lec*).
4131. macer (*Lec.*).
4132. cuneatus (*Lec.*).
4133. incertus (*Lec.*).
4134. decumanus (*Er.*).
4135. canadensis *Cand.*
4136. despectus *Cand.*
4137. clandestinus (*Er.*).
4138. secretus (*Lec.*).
4139. ignobilis (*Mels.*).
4140. depressus (*Mels.*).
4141. angustatus (*Er.*).
4142. trapezoideus (*Lec.*).
4143. taenicollis (*Lec.*).
4144. Leonardi (*Lec.*).
4145. scrobicollis (*Lec.*).
4146. texanus *Cand.*
4147. castanipes (*Payk.*).
4148. glandicolor *Mels.*
4149. fissilis (*Say*).
4150. communis (*Gyll.*).
4151. exuberans (*Lec.*).
4152. parumpunctatus (*Mels.*).
*4153. effetus *Cand.*
4154. verberans (*Lec.*).
4155. emissus (*Lec.*).
4156. infaustus (*Lec.*).
4157. cribulosus (*Lec.*).
4158. cribricollis *Cand.*
4159. paganus *Cand.*
4160. pertinax (*Say*).
4161. dubius (*Lec.*).
4162. tenax (*Say*).
4163. americanus (*Hbst.*).
4164. insipiens (*Say*).
4165. tenellus (*Er.*).
4166. gradatus *Lec.*
4167. opacicollis *Lec.*
4168. variolatus *Lec.*
4169. oregonensis (*Lec.*).

4170. morosus *Cand.*
4171. sagittarius (*Lec.*).
4172. paradoxus *Mels.*
4173. abdominalis (*Er.*).
4174. vetulus (*Er.*).
4175. similis (*Kirby*).

Limonius Esch.

4176. auripilis (*Say*).
4177. pubicollis *Lec.*
4178. fulvipilis *Cand.*
4179. Ulkei *Horn.*
4180. mirus *Lec.*
4181. Crotchii *Horn.*
4182. discoideus *Lec.*
4183. aurifer *Lec.*
4184. stigma (*Hbst.*).
4185. 4-maculatus *Horn.*
4186. griseus (*Beauv.*).
4187. confusus *Lec.*
aenescens *Lec.*
4188. plebejus (*Lec.*).
4189. infuscatus *Mots.*
4190. occidentalis *Cand.*
4191. aeger *Lec.*
4192. pectoralis *Lec.*
4193. quercinus (*Say*).
4194. maculicollis *Mots.*
4195. ornatulus *Lec.*
4196. humeralis *Cand.*
4197. basillaris (*Say*).
4198. nitidicollis *Lec.*
4199. nitidulus *Horn.*
4200. semiaeneus *Lec.*
4201. subauratus *Lec.*
4202. pilosus *Lec.*
4203. californicus (*Mann.*).
4204. cribricollis *Horn.*
4205. canus *Lec.*
4206. propexus *Cand.*
4207. anceps *Lec.*
4208. ectypus (*Say*).
4209. agonus (*Say*).
4210. ornatipennis *Lec.*
4211. definitus *Ziegler.*
4212. nimbatus (*Say*).
infernus *Lec.*

Campylus Fischer.

4213. productus *Rand.*
4214. denticornis *Kirby.*
4215. varians *Mann.*

Pityobius Lec.

4216. anguinus *Lec.*
Billingsii *Bland.*
4217. Murrayi *Lec.*

Athous Esch.

4218. Brightwelli (*Kirby*).
4219. acanthus (*Say*)
4220. flavangularis *Horn.*
4221. opilinus *Cand.*
4222. undulatus (*Hbst.*).
4223. maculicollis *Lec.*
4224. axillaris *Horn.*
4225. excavatus *Mots.*
4226. cucullatus (*Say*).
4227. ferruginosus *Esch.*
4228. fossularis (*Lec.*).
4229. nigripilis *Motsch.*
4230. scapularis (*Say*).
4231. equestris (*Lec.*).
4232. ruftventris (*Esch.*).
4233. posticus *Mels.*
4234. rufifrons (*Rand.*).
4235. reflexus *Lec.*
4236. limbatus *Lec.*
4237. scissus *Lec.*
4238. vittiger *Lec.*
4239. triundulatus *Mann.*
4240. montanus *Lec.*
4241. discalceatus *Lec.*
4242. bicolor *Lec.*

Bladus Lec.

4243. quadricollis (*Say*).

Oestodes Lec.

• 4244. tenuicollis (*Rand.*).
gracillformis (*Rand.*).

Paranomus Ksw.

Eanus Lec.
4245. costalis (*Payk.*).
vagus *Lec.*
? parvicollis *Mann.*
4246. estriatus (*Lec.*).
4247. pictus *Cand.*
maculipennis *Lec.*
4248. ? decoratus *Mann.*

Nothodes Lec.

4249. dubitans (*Lec.*).

Sericosomus Esch.

Atractopterus Lec.
4250. fusiformis *Lec.*
4251. incongruus *Lec.*
4252. viridanus (*Say*).
4253. silaceus (*Say*).
4254. debilis *Lec.*
4255. flavipennis (*Motsch.*).
4256. humeralis (*Motsch.*).

Oxygonus Lec.

4257. obesus (*Say*).
4258. ater *Horn.*

Corymbites Latr.

4259. virens (*Schr.*).
 æneicollis (*Ol.*).
 Kendalli *Germ.*
4260. vernalis (*Hentz*).
4261. tesselatus (*Linn.*).
 cuprascens *Lec.*
 viridis(*Say*).
4262. cribrosus *Lec.*
4263. maurus *Lec.*
4264. anthrax *Lec.*
4265. obscurus *Lec.*
4266. resplendens (*Esch.*).
 ærarius (*Rand.*).
4267. cylindriformis (*Hbst.*).
4268. atropurpureus *Mels.*
4269. fusculus *Lec.*
 angustulus ‖ (*Mots.*).
4270. divaricatus *Lec.*
4271. limouliformis *Horn.*
4272. fulvipes *Bland.*
4273. protractus *Lec.*
4274. furtivus *Lec.*
4275. jaculus *Lec.*
4276. pyrrhos (*Hbst.*).
4277. bivittatus (*Mels.*).
4278. longicornis *Horn.*
4279. volitans (*Esch.*).
4280. vulneratus *Lec.*
4281. signaticollis (*Mels.*).
4282. spinosus *Lec.*
4283. tarsalis (*Mels.*).
4284. caricinus (*Esch.*).
 lobatus (*Esch.*).
 umbricola (*Esch.*).
4285. xanthomus *Horn.*
4286. moerens *Lec.*

4287. angularis *Lec.*
4288. mendax *Lec.*
4289. insidiosus *Lec.*
4290. falsificus *Lec.*
4291. Copei *Horn.*
4292. teres *Lec.*
4293. umbripennis *Lec.*
 gracilior *Lec.*
4294. opaculus *Lec.*
4295. appressus (*Rand.*).
 mirificus *Lec.*
4296. trapezium *Lec.*
4297. rupestris *Germ.*
4298. sulcicollis (*Say*).
4299. morulus *Lec.*
 brunnipes *Bl.*
4300. aethiops (*Hbst.*).
4301. colossus *Lec.*
4302. angusticollis *Mann.*
4303. fraternus *Lec.*
4304. ochreipennis *Lec.*
4305. trivittatus *Lec.*
4306. sagitticollis (*Esch.*).
4307. fallax (*Say*).
 bombycinus (*Germ.*).
4308. medianus (*Germ.*).
4309. triundulatus (*Rand.*).
 nebraskensis *Bl.*
4310. hamatus (*Say*).
4311. propola *Lec.*
 furcifer *Lec.*
 nubilus *Lec.*
4312. nigricollis *Bland.*
4313. hieroglyphicus (*Say*).
4314. tristis *Cand.*
4315. cruciatus (*Linn.*).
 pulcher *Lec.*
 festivus *Lec.*
4315a. Edwardsii *Horn.*
•4316. Suckleyi *Lec.*
4317. aeripennis (*Kirby*).
 tinctus *Lec.*
4318. splendens (*Ziegl.*).
4319. carbo *Lec.*
 lateralis *Lec.*
4320. Breweri *Horn.*
4321. præses *Horn.*
4322. conjungens *Lec.*
4323. leucaspis *Germ.*
4324. aratus *Lec.*
4325. metallicus (*Payk.*).
 nitidulus *Lec.*
4326. inflatus (*Say*).
 glaucus (*Germ.*).
4327. crassus *Lec.*

4328. rotundicollis (*Say*).
diversicolor (*Esch.*).
sticticus *Germ.*
4329. ? spectabilis *Mann.*
4330. serricornis *Mann.*

Asaphes Kirby.
4331. hemipodus (*Say*).
4332. carbonatus *Lec.*
4333. coracinus *Cand.*
4334. morio *Lec.*
4335. dilaticollis *Motsch.*
4336. hirtus *Cand.*
4337. memnonius (*Hbst.*).
4338. baridius (*Say*).
4339. aereus (*Mels.*).
4340. decoloratus (*Say*).
4341. tumescens *Lec.*
4342. indistinctus *Lec.*
4343. oregonus *Lec.*
4344. melanophthalmus (*Mels.*).
4345. tener *Lec.*
4346. consentaneus *Lec.*
4347. bilobatus (*Say*).
4348. planatus *Lec.*
4349. cavifrons (*Mels.*).

Pyrophorus Ill.
4350. physoderus *Germ.*

Melanactes Lec.
4351. procerus *Lec.*
4352. piceus *DeG.*
4353. densus *Lec.*
Schaumii *Cand.*
4354. morio (*Fabr.*).

4355. puncticollis (*Lec.*).
4356. consors *Lec.*
4357. Reichei (*Germ.*).

Aphricus Lec.
4358. californicus *Lec.*

Aplastus Lec.
4359. speratus *Lec.*
4360. optatus *Lec.*

Anamesus Lec.
4361. convexicollis *Lec.*

Plastocerus Lec.
4362. Schaumii *Lec.*
4363. frater *Lec.*

Euthysanius Lec.
4364. lautus *Lec.*
4365. pretiosus *Lec.*

Anachilus Lec.
4366. mandibularis *Lec.*

Cebrio Fabr.
4367. bicolor *Fabr.*
4368. simplex *Lec.*
4369. confusus *Lec.*

Scaptolenus Lec.
4370. Lecontei *Sallé.*
femoralis ‡ *Lec.*

RHIPICERIDÆ.

Zenoa Say.
4371. picea (*Beauv.*).

Sandalus Knoch.
4372. niger *Knoch* (♀).

4373. californicus *Lec.*
4374. petrophya *Knoch.*
4375. scabricollis *Hald.*
4376. porosus *Lec.*

DASCYLLIDÆ.

Macropogon Motsch.
4377. piceus *Lec.*

Eurypogon Motsch.
4378. niger (*Mels.*).

Stenocolus Lec.
   4379. scutellaris *Lec.*

Anchytarsus Guér.
   4380. ater *Guér.*

Odontonyx Guér.
   4381. trivittis (*Germ.*).

Dascyllus Latr.
   4382. melanophthalmus *Guér.*
   4383. Davidsonii *Lec.*

Anorus Lec.
   4384. piceus *Lec.*

Dicranopselaphus Ch.
   Ectopria Lec.
   4385. thoracica (*Ziegl.*).
   4386. nervosa (*Mels.*).
   4387. tarsalis *Lec.*

Cyphon Fabr.
   4388. pallipes *Lec.*
   4389. fusciceps *Kirby.*
   4390. piceus *Lec.*
   4391. punctatus *Lec.*
   4392. nebulosus *Lec.*
   4393. modestus *Lec.*
   4394. pusillus *Lec.*
   4395. obscurus (*Guér.*).
   4396. collaris (*Guér.*).
   4397. bicolor *Lec.*
   4398. concinnus (*Lec.*).

Hemicyphon Lec.
   4399. ruficollis (*Say*).

Prionocyphon Redt.
   4400. discoideus (*Say*).
   4401. limbatus *Lec.*

Helodes Latr.
   4402. apicalis *Lec.*
   Sacodes Lec.
   4403. pulchella *Guér.*
   4404. fuscipennis *Guér.*
   4405. thoracica *Guér.*
   Microcara Thomson.
   4406. explanata *Lec.*
   4407. ? brevicollis *Lec.*

Scirtes Illiger.
   4408. tibialis *Guér.*
   4409. californicus *Motsch.*
   4410. orbiculatus (*Fabr.*).
   4411. ruficollis *Lec.*

Eucinetus Germar.
   4412. oviformis *Lec.*
   4413. infumatus *Lec.*
   4414. terminalis *Lec.*
   4415. morio *Lec.*
   4416. testaceus *Lec.*

Ptilodactyla Latr.
   4417. serricollis (*Say*).
   4418. elaterina *Guér.*

LAMPYRIDÆ.

Lycus Fabr.
   4419. cruentus *Lec.*
   4420. lateralis (*Mels.*).

Dictyoptera Latr.
   4421. perfaceta (*Say*).

Calopteron Guér.
   4422. typicum (*Newm.*).
   4422a. apicalis *Lec.*
   4423. reticulatum (*Fabr.*).

   4424. megalopteron *Lec.*

Caenia Newm.
   4425. dimidiata (*Fabr.*).
   4426. basalis (*Newm.*).
   4427. sanguinipennis (*Say*).

Eros Newm.
   4428. hamatus (*Mann.*).
   4429. simplicipes (*Mann.*).
   4430. coccinatus *Say.*

4431. mundus (*Say*).
4432. thoracicus (*Rand.*).
4433. sculptilis (*Say*).
4434. oblitus *Newman*.
4435. crenatus (*Germ.*).
4436. fraternus (*Rand.*).
4437. humeralis (*Fabr.*).
4438. trilineatus (*Mels.*).
4439. modestus (*Say*).
4440. mollis *Lec.*
4441. floralis (*Mels.*).
4442. sollicitus *Lec.*
4443. canaliculatus (*Say*).

Pleotomus Lec.

4444. pallens *Lec.*

Calyptocephalus Gray.

4445. bifarius (*Say*).

Lucidota Lap.

4446. atra (*Fabr.*).
4447. tarda (*Lec.*).
4448. punctata (*Lec.*).

Photinus Lap.

Ellychnia Lec.

4449. facula *Lec.*
4449a. californica (*Mots.*).
4450. corruscus (*Linn.*).
4450a. autumnalis (*Mels.*).
4450b. lacustris (*Lec.*).

Pyropyga Motsch.

4451. flavicollis *Lec.*
4452. fenestralis (*Mels.*).
4453. nigricans (*Say*).
4454. decipiens (*Harr.*).
4455. minuta (*Lec.*).

4456. californicus (*Motsch.*).

Pyrectomena Lec.

4457. angulatus (*Say*).
4458. borealis (*Rand.*).
4459. angustatus (*Lec.*).
4460. lucifer (*Mels.*).

Pyrectosoma Motsch.

4461. consanguineus *Lec.*
4462. vittiger *Lec.*
4463. ardens *Lec.*
4464. lincellus *Lec.*

Ellipolampis Motsch.

4465. pyralis (*Linn.*).
4466. marginellus *Lec.*

Gynaptera Lec.

4467. scintillans (*Say*).
4468. punctulatus *Lec.*

Phausis Lec.

4469. reticulata (*Say*).

Microphotus Lec.

4470. dilatatus *Lec.*

Photuris Lec.

4471. pensylvanica (*DeG.*).
4472. frontalis *Lec.*
4473. divisa *Lec.*

Phengodes Hoffm.

4474. plumosa (*Oliv.*).
4475. fusciceps *Lec.*

Pterotus Lec.

4476. obscuripennis *Lec.* (♂).

TELEPHORIDÆ.

Chauliognathus Hentz.

4477. americanus (*Forst.*).
    pensylvanicus (*DeG.*).
4478. profundus *Lec.*
4479. opacus *Lec.*
4480. limbicollis *Lec.*
4481. basalis *Lec.*
4482. scutellaris *Lec.*
4483. discus *Lec.*

4484. marginatus (*Fabr.*).

Omethes Lec.

4485. marginatus *Lec.*

Podabrus Westw.

Brachynotus Kirby.

4486. tricostatus (*Say*).

4487. basilaris (*Say*).
4488. flavicollis *Lec.*
4489. discoideus *Lec.*
4490. punctulatus *Lec.*
4491. modestus (*Say*).
4492. diadema (*Fabr.*).
4493. frater *Lec.*
4494. latimanus (*Motsch.*).
4495. gradatus *Lec.*
4496. comes *Lec.*
4497. pruinosus *Lec.*
4498. tomentosus (*Say*).
4499. rugosulus *Lec.*
4500. poricollis *Lec.*
4501. brunnicollis *Lec.*
4502. Fayi *Lec.*
4503. protensus *Lec.*
4504. Pattoni *Lec.*

Malthacus Kirby.
4505. scaber *Lec.*
4506. macer *Lec.*
4507. piniphilus (*Esch.*).
4508. cinctipennis *Lec.*
4509. punctatus (*Kirby*).
4510. puncticollis (*Kirby*).
4511. corneus *Lec.*
4512. cavicollis *Lec.*
4513. tejonicus *Lec.*
4514. laevicollis (*Kirby*).
4515. sericata (*Mann.*).
4516. simplex *Couper.*
4517. mandibularis (*Kirby*).

Telephorus Schäffer.

Ancistronycha Märk.
4518. dentiger *Lec.*
4519. excavatus *Lec.*

Rhagonycha Esch.
4520. carolinus (*Fabr.*).
4521. angulatus (*Say*).
4522. lineola (*Fabr.*).
4523. rectus *Mels.*
4524. imbecillis *Lec.*
4525. cruralis *Lec.*
4526. flavipes *Lec.*
4527. dichrous *Lec.*
4528. luteicollis *Germ.*
4529. scitulus (*Say*).
4530. nigriceps *Lec.*
4531. longulus *Lec.*
4532. pusillus *Lec.*
4533. fraxini (*Say*).

Telephorus Kraatz.
4534. tibialis *Lec.*
4535. consors *Lec.*
4536. rotundicollis (*Say*).
4537. Westwoodii *Kirby.*
4538. Samouelli *Kirby.*
4539. Curtisii *Kirby.*
4540. grandicollis (*Mots.*).
4541. transmarinus (*Motsch.*).
4542. fidelis *Lec.*
4543. scopus *Lec.*
4544. tuberculatus *Lec.*
4545. marginellus *Lec.*
4546. oregonus *Lec.*
4547. collaris *Lec.*
4548. bilineatus (*Say*).
4549. peregrinus *Boh.*

Cyrtomoptera Motsch.
4550. divisus *Lec.*

Cyrtomoptila Motsch.
4551. notatus (*Mann.*).
4552. lautus *Lec.*

Polemius Lec.
4553. laticornis (*Say*).
4554. incisus *Lec.*
4555. limbatus *Lec.* (♂).
repandus (*Lec.*) (♀).
4556. planicollis *Lec.*
4557. armiger *Couper.*

Silis Charp.
4558. pallida (*Mann.*).
4559. percomis *Say.*
4560. difficilis *Lec.*

Ditemnus Lec.
4561. bidentatus (*Say*).

Trypherus Lec.
4562. latipennis (*Germ.*).

Loberus Kiesenw.
4563. abdominalis *Lec.*

Tytthonyx Lec.
4564. erythrocephalus (*Fabr.*).

Malthinus Latr.
4565. occipitalis *Lec.*
4565a. difficilis *Lec.*

Malthodes Kiesenw.

4566. concavus (*Lec.*).
4567. transversus (*Lec.*).
4568. fuliginosus *Lec.*
4569. exilis (*Mels.*).
4570. fragilis (*Lec.*).
4571. niger (*Lec.*).
4572. fusculus (*Lec.*).
4573. laticollis *Lec.*
4574. parvulus (*Lec.*).
4575. spado *Lec.*

MALACHIDÆ.

Collops Er.

4576. tricolor (*Say*).
4577. punctatus *Lec.*
4578. eximius *Er.*
4579. marginicollis *Lec.*
4580. nigriceps (*Say*).
4581. cribrosus *Lec.*
4582. bipunctatus (*Say*).
4583. validus *Horn.*
4584. 4-maculatus (*Fab.*).
4585. histrio *Er.*
4586. pulchellus *Horn.*
4587. balteatus *Lec.*
4588. insulatus *Lec.*
4589. limbellus *G.* and *H.*
       limbatus ‖ *Lec.*
4590. laticollis *Horn.*
4591. confluens *Lec.*
4592. punctulatus *Lec.*
4593. vittatus (*Say*).
4594. marginellus *Lec.*

Trophimus Horn.

4595. æneipennis *Horn.*

Temnopsophus Horn.

4596. bimaculatus *Horn.*

Endeodes Lec.

4597. basalis (*Lec.*).
4598. abdominalis *Lec.*
4599. collaris *Lec.*

Malachius Fabr.

4600. æneus (*Linn.*).
4601. auritus *Lec.*
4602. biguttulus *Horn.*
4603. mixtus *Horn.*
4604. mirandus (*Lec.*).
4605. Ulkei *Horn.*

Tanaops Lec.

4606. abdominalis *Lec.*
4607. longiceps *Lec.*

Microlipus Lec.

4608. laticeps *Lec.*
4609. lævicollis *Horn.*
4610. moerens (*Lec.*).
4611. longicollis (*Mots.*).

Anthocomus Er.

4612. Erichsoni *Lec.*
4613. flavilabris (*Say*).
4614. ventralis *Horn.*

Pseudebæus Horn.

4615. apicalis (*Say*).
4616. bicolor (*Lec.*).
4617. pusillus (*Say*).
4618. oblitus (*Lec.*).

Attalus Er.

4619. rostratus *Horn.*
4620. rufomarginatus (*Mots.*).
4621. trimaculatus (*Mots.*).
       elegans *Horn.*
4622. oregonensis *Horn.*
                §
4623. nigrellus (*Lec.*).
4624. basalis (*Lec.*).
4625. terminalis *Er.*
4626. varians *Horn.*
4627. granularis (*Er.*).
4628. morulus (*Lec.*).
4629. pallifrons (*Mots.*).
4630. melanopterus (*Er.*).
4631. humeralis *Lec.*
4632. parallelus *Horn.*
4633. Pettiti *Horn.*
4634. ruflventris *Horn.*
4635. nigripes *Horn.*

4636. otiosus (*Say*).
4637. circumscriptus (*Say*).
4638. cinctus (*Lec.*).
4639. difficilis (*Lec.*).
4640. lobulatus *Lec.*
4641. scincetus (*Say*).
4642. ? submarginatus *Lec.*

Pristoscelis Lec.

Byturosomus Motsch.
4643. fuscus (*Lec.*).

Trichochrous Motsch.
4644. ater *Bland.*
4645. oregonensis *Lec.*
4646. laticollis (*Mann.*).
4647. fulvitarsis *Bland.*
4648. atricornis *Lec.*
4649. convergens *Lec.*
4650. umbratus *Lec.*
4651. antennatus (*Motsch.*).
4652. brevicornis (*Lec.*).
4653. erythropus (*Lec.*).
4654. californicus (*Motsch.*).
4655. cylindricus (*Motsch.*).

Emmenotarsus Motsch.
4656. brevipilosus *Lec.*
4657. hirtellus *Lec.*
4658. sordidus (*Lec.*).
4659. suturalis (*Lec.*).
4660. conformis (*Lec.*).
4661. grandiceps (*Lec.*).
4662. quadricollis (*Lec.*).
4663. tejonicus *Lec.*
4664. squalidus (*Lec.*).
4665. cruralis *Lec.*
4666. nenescens (*Lec.*).
4667. punctipennis *Lec.*
4668. grandiceps *Lec.*
4669. pedalis *Lec.*
4670. texanus *Lec.*
4671. serricollis *Lec.*
4672. serrulatus *Lec.*

4673. rufipennis (*Lec.*).
4674. ? parvicollis (*Mann.*).

Listrus Motsch.
4675. Motschulskii *Lec.*
       canescens ‡ *Lec.*
4676. interruptus *Lec.*
4677. canescens *Mann.*
4678. difficilis *Lec.*
4679. rotundicollis (*Lec.*).
4680. obscurellus (*Lec.*).
4681. luteipes (*Lec.*).
4682. tibialis *Motsch.*
4683. senilis (*Lec.*).

Dolichosoma Stephens.
4684. foveicollis (*Kirby*).
4685. nigricornis (*Bland*).

Eschatocrepis Lec.
4686. constrictus (*Lec.*).

Allonyx Lec.
4687. sculptilis (*Lec.*).
4688. plumbeus *Lec.*

Dasytes Payk.
4689. brevisculus *Motsch.*
4690. hudsonicus *Lec.*
4691. seminudus *Lec.*
4692. pusillus (*Lec.*).
4693. ruficollis *Ulke.*

Melyris Fabr.
4694. basalis (*Lec.*).
4695. cribratus (*Lec.*).

Rhadalus Lec.
4696. testaceus *Lec.*

CLERIDÆ.

Elasmocerus Lec.
4697. terminatus (*Say*).

Tillus Fabr.
4698. collaris *Spin.*

Perilypus Spin.
4699. carbonarius *Spin.*

Cymatodera Gray.
4700. californica *Horn.*

4701. brunnea *Mels.*
4702. morosa *Lec.*
4703. inornata (*Say*).
4704. bicolor (*Say*).
4705. undulata (*Say*).
   balteata *Lec.*
4706. fascifera *Lec.*
4707. punctata *Lec.*
4708. tenera *Lec.*
4709. usta *Lec.*
4710. fuscula *Lec.*
4711. puncticollis *Bland.*
4712. angustata *Spin.*
   ovipennis *Lec.*
   pilosella *Lec.*
4713. longicornis *Lec.*

Opilus Latr.

4714. domesticus *Klug.*

Priocera Kirby.

4715. castanea (*Newm.*).

Clerus Geoff.

4716. ornatus (*Say*).
4716a. tenellus *Lec.*
4717. bifasciatus *Fabr.*
4718. Nuttalli (*Kirby*).
4719. bibalteatus *Lec.*
4720. apivorus *Germ.*

Aulicus Spin.

4721. Nero *Spin.*

Thanasimus Latr.

Pseudoclerus Duval.

4722. Spinolae *Lec.*
4723. quadrisignatus *Say.*
4724. analis *Lec.*
4725. nigripes (*Say*).
   incertus *Lec.*
4726. nigrifrons *Say.*
4727. rosmarus *Say.*
4728. lunatus *Spin.*
4729. ichneumoneus *Fabr.*
4730. mexicanus *Laporte.*
4731. abruptus *Lec.*
4732. arachnodes *Klug.*
4733. crabronarius *Spin.*
4734. cordifer *Lec.*
4735. eximius *Mann.*
4736. nigriventris *Lec.*
4737. sphegeus *Fabr.*
4738. moestus *Klug.*
4739. viduus *Klug.*
4740. thoracicus *Oliv.*
4741. sexguttatus *Fabr.*
4742. quadriguttatus *Oliv.*

Thanasimus Spin.

4743. trifasciatus *Say.*
4744. repandus *Horn.*
4745. dubius (*Fab.*).
4745a. rubriventris *Lec.*
4746. undulatus *Say.*
4746a. nubilus *Klug.*

Thaneroclerus Spin.

4747. sanguineus *Say.*
4748. ? tantillus *Lec.*

Hydnocera Newm.

4749. tricondylae *Lec.*
4750. unifasciata *Say.*
4751. robusta *Horn.*
4752. subfasciata *Lec.*
4753. subaenea *Spin.*
4754. humeralis (*Say*).
4754a. cyanescens *Lec.*
4754b. difficilis *Lec.*
4755. rufipes *Newm.*
4756. pubescens *Lec.*
4757. scabra *Lec.*
4758. discoidea *Lec.*
4759. pallipennis *Say.*
4760. suturalis (*Klug*).
4761. bicolor *Lec.*
4762. pedalis *Lec.*
4763. verticalis (*Say*).
4764. Schusteri *Lec.*
4765. tabida *Lec.*
4766. longicollis *Ziegl.*
4767. aegra *Newm.*
4768. albocincta *Horn.*

Phyllobaenus Spin.

4769. dislocatus (*Say*).

Ichnea Lap.

4770. laticornis (*Say*).

Tarsostenus Spin.

4771. univittatus (*Rossi*).

Chariessa Perty.
  4772. vestita *Spin.*
  4773. elegans *Horn.*
  4774. dichroa (*Lec.*).
  4775. pilosa (*Forst.*).
  4775a. onusta (*Say*).

Cregya Lec.
  4776. vetusta (*Spin.*).
  4777. fasciata (*Lec.*).
    §
  4778. oculata (*Say*).
  4779. mixta *Lec.*

Orthopleura Spin.
  4780. texana *Blund.*
  4781. damicornis (*Fabr.*).

Enoplium Latr.
  4782. quadripunctatum *Say.*

  4783. quadrinotatum *Hald.*
  4784. scabripenne *Lec.*
  4785. humerale *Horn.*

Lebasiella Spin.
  4786. janthina *Lec.*
  4787. pallipes *Klug.*
         nigripennis *Lec.*

Laricobius Rosenhauer.
  4788. rubidus *Lec.*

Corynetes Hbst.
    Necrobia Spin.
  4789. rufipes (*Fabr.*).
  4790. ruficollis (*Fabr.*).
  4791. violaceus (*Linn.*).
  4792. marginellus *Chevr.*
    Opetiopalpus Spin.
  4793. luridus (*Spin.*).

LYMEXYLIDÆ.

Lymexylon Fabr.
  4794. sericeum *Harr.*

Hylecoetus Latr.
  4795. lugubris *Say.*
  4796. americanus *Harr.*

CUPESIDÆ.

Cupes Fabr.
  4797. capitata *Fabr.*

  4798. concolor *Westw.*
  4799. serrata *Lec.*

PTINIDÆ.

Gibbium Scop.
  4800. scotias *Scop.*

Mezium Curtis.
  4801. americanum (*Lap.*).

Trigonogenius Solier.
  4802. farctus *Lec.*

Niptus Boieldieu.
  4803. ventriculus *Lec.*

Ptinus Linn.
  4804. fur *Linn.*
  4805. brunneus *Duftsch.*
  4806. verticalis *Lec.*
  4807. quadrimaculatus *Mels.*
  4808. bimaculatus *Mels.*
  4809. interruptus *Lec.*

Eucrada Lec.
4810. humeralis (*Mels.*).

Ernobius Thoms.
4811. mollis (*Linn.*).
4812. punctulatus *Lec.*
4813. alutaceus (*Lec.*).
4814. debilis *Lec.*
4815. granulatus *Lec.*
4816. marginicollis (*Lec.*).
4817. tenuicornis *Lec.*

Ozognathus Lec.
4818. cornutus (*Lec.*).
4819. misellus *Lec.*

Xestobium Motsch.
4820. tesselatum (*Fabr.*).

Oligomerus Redt.
4821. sericans (*Mels.*).
4822. obtusus *Lec.*
4823. alternatus *Lec.*

Sitodrepa Thoms.
4824. panicea (*Linn.*).

Ctenobium Lec.
4825. antennatum *Lec.*

Ptinodes Lec.
4826. setifer (*Lec.*).

Trichodesma Lec.
4827. gibbosa (*Say*).

Nicobium Lec.
4828. hirtum (*Ill.*).

Hadrobregmus Thoms.
Cacotemnus Lec.
4829. errans (*Mels.*).
4830. carinatus (*Say*).
4831. linearis *Lec.*
§
4832. pumilio *Lec.*
4833. gibbicollis (*Lec.*).
§
4834. foveatus (*Kirby*).

Anobium Fabr.
4835. notatum *Say*.
4836. quadrulum *Lec.*

Trypopitys Redt.
4837. sericeus (*Say*).
4838. punctatus *Lec.*

Petalium Lec.
4839. bistriatum (*Say*).

Theca Muls.
4840. profunda *Lec.*

Eupactus Lec.
4841. nitidus *Lec.*
4842. punctulatus *Lec.*
4843. ? pudicus (*Boh.*).

Xyletinus Latr.
4844. peltatus (*Harr.*).
4845. pallidus *Lec.*
4846. mucoreus *Lec.*
4847. fucatus *Lec.*
4848. puberulus *Boh.*

Lasioderma Steph.
4849. serricorne (*Fabr.*).
4850. dermestinum *Lec.*

Catorama Guér.
4851. ? simplex *Lec.*

Hemiptychus Lec.
4852. punctatus *Lec.*
4853. gravis (*Lec.*).
4854. pusillus (*Lec.*).
4855. borealis *Lec.*
4856. ventralis *Lec.*
4857. obsoletus *Lec.*
4858. nigritulus *Lec.*

Protheca Lec.
4859. puberula *Lec.*
4860. hispida *Lec.*

Dorcatoma Hbst.
4861. setulosum *Lec.*
4862. incomptum *Lec.*

Caenocara Thoms.
4863. oculata (*Say*).
4864. scymnoides *Lec.*
4865. bicolor (*Germ.*).

Ptilinus Geoffr.
4866. ruficornis *Say.*
4867. basalis *Lec.*
4868. thoracicus (*Rand.*).

Endecatomus Mellié.
4869. reticulatus (*Hbst.*).
4870. rugosus (*Rand.*).

Sinoxylon Duftsch.
4871. asperum *Lec.*
4872. sericans *Lec.*
4873. 4-spinosum *Lec.*
4874. sextuberculatum *Lec.*
4875. basilare (*Say*).
4876. declive *Lec.*

Bostrychus Geoffr.
4877. bicornis (*Web.*).
    serricollis (*Germ.*).
4878. armiger *Lec.*
4879. truncaticollis *Lec.*

Amphicerus Lec.
4880. bicaudatus (*Say*).
4881. punctipennis (*Lec.*).
4882. dinoderoides *Cr.*

Dinoderus Steph.
4883. punctatus (*Say*).
4884. substriatus (*Payk.*).
4885. porcatus *Lec.*
4886. cribratus *Lec.*
4887. densus *Lec.*

Rhizopertha Steph.
4888. pusilla (*Fabr.*).

Polycaon Lap.
4889. Stoutii (*Lec.*).
4890. ovicollis (*Lec.*).
4891. exesus *Lec.*
4892. pubescens *Lec.*
4893. punctatus *Lec.*
4894. confertus *Lec.*

Exopioides Guér.
4895. incisa *Lec.*

Acrepis Lec.
4896. maculata *Lec.*
4897. 4-signata *Horn.*

SPONDYLIDÆ.

Parandra Latr.
4898. brunnea (*Fab.*).
    purpurea (*Hbst.*).
4899. Sayi *Thoms.*
4900. quadricollis *Thoms.*
4901. conformis *Thoms.*
4902. dentata *Thoms.*
4903. minuta *Thoms.*
4904. polita *Say.*

Spondylis Fab.
4905. upiformis *Mann.*
    laticeps *Lec.*

Scaphinus Lec.
4906. sphaericollis *Lec.*
    ? muticus (*Fab.*).

CERAMBYCIDÆ.

Ergates Serv.
4907. spiculatus *Lec.*
    spiculigera (*White*) (♀).
    californica (*White*) (♂).

Mallodon Serv.
    Nothopleurus Lac.
4908. dentiger *Lec.*
    gnatho ‖ *Lec.*

Mallodon Thoms.
4909. dasystomus (*Say*).
  melanopus ‡ *Hald.* ♂.
  ? degeneratum *Thoms.*
  spinibarbe ‡ *Hald.* ♀.
  costulata *Lec.*

Apayiognathus Thoms.
4910. melanopus (*Linn.*).
  crenulatus (*Drury*).
  cilipes (*Say*).
  simplicicolle *Hald.*
  biimpressum *Hald.*
4911. angularis *Lec.*
4912. serrulatus *Lec.*

Derobrachus Serv.
4913. brevicollis *Hald.*
  Braderochus Buq.
4914. geminatus *Lec.*

Orthosoma Serv.
4915. brunneum (*Forst.*).
  pensylvanicum (*DeG.*).
  unicolor (*Drury*).
  cylindricus (*Fab.*).

Prionus Geoffr.
4916. laticollis (*Drury*).
  brevicornis *Fab.*
4917. pocularis *Dalm.*
  laevigatus *Harr.*
  obliquicornis *Lec.*
4918. californicus *Motsch.*
  crassicornis *Lec.*
4918a. curvatus *Lec.*
4919. imbricornis (*Linn.*).
4920. fissicornis *Hald.*
4921. palpalis *Say.*

Homaesthesis Lec.
4922. integer (*Lec.*).
4923. emarginatus (*Say*).
  ♀ innocuus (*Lec.*).

Tragosoma Serv.
4924. Harrisii *Lec.*

Sphenostethus Hald.
4925. Taslei (*Buq.*).
  serripennis *Hald.*

Elateropsis Chev.
4926. fuliginosus (*Fab.*).

Asemum Esch.
4927. moestum *Hald.*
  striatum ‡ *Kirby.*
4927a. substriatum *Hald.*
4927b. juvencum *Hald.*
4928. atrum *Esch.*
4929. nitidum *Lec.*

Nothorhina Redt.
4930. aspera (*Lec.*).

Criocephalus Muls.
4931. productus *Lec.*
4932. agrestis (*Kirby*).
4933. asperatus *Lec.*
4934. montanus *Lec.*
4935. obsoletus (*Rand.*).
  rusticus ‡ *Hald.*
  obscurus *Lec.*
4936. nubilus *Lec.*
4937. australis *Lec.*

Tetropium Kirby.
4938. velutinum *Lec.*
4939. cinnamopterum *Kirby.*

Opsimus Mann.
4940. quadrilineatus *Mann.*

Smodicum Lec.
4941. cucujiforme (*Say*).

Dularius Thoms.
4942. Andreae (*Hald.*).
4943. brevilineus (*Say*).

Rhopalopus Muls.
4944. sanguinicollis (*Horn*).

Hylotrupes Serv.
4945. bajulus (*Linn.*).
4946. amethystinus (*Lec.*).
4947. ligneus (*Fab.*).

Phymatodes Muls.
4948. variabilis (*Fab.*).

4949. infuscatus (*Lec.*).
4950. obscurus (*Lec.*).
4951. vulneratus (*Lec.*).
4952. varius (*Fab.*).
albofasciatus *Fitch*.
4953. decussatus (*Lec.*).
4954. amoenus (*Say*).
4955. blandus (*Lec.*).
4956. thoracicus *Muls*.
4957. aeneus *Lec.*
4958. dimidiatus *Kirby*.
palliatum (*Hald.*).
Mannerheimii (*Lec.*).

Merium Kirby.

4959. proteus *Kirby*.

Callidium Fab.

4960. antennatum *Newm*.
4961. janthinum *Lec.*
4962. cicatricosum *Mann*.
4963. aereum *Newm*.
4964. hirtellum *Lec.*
4965. vile *Lec.*

Xylocrius Lec.

4966. Agassizii (*Lec.*).
4967. cribratus *Lec.*

Gonocallus Lec.

4968. collaris (*Kirby*).
lepidum *Lec.*

Ganimus Lec.

4969. vittatus *Lec.*

Oeme Newm.

4970. rigida (*Say*).
4971. costata *Lec.*

Eucrossus Lec.

4972. villicornis *Lec.*

Dryobius Lec.

4973. sexfasciatus (*Say*).

Haplidus Lec.

4974. testaceus *Lec.*

Achryson Serv.

4975. surinamum (*Linn.*).
4976. concolor *Lec.*

Gracilia Serv.

4977. minuta *Fab*.
pygmaea (*Fab.*).
fusca *Hald*.
4978. fasciata *Lec.*
4979. manca *Lec.*

Hammaticherus Serv.

4980. mexicanus *Thoms.*

Axestinus Lec.

4981. obscurus *Lec.*

Brothylus Lec.

4982. gemmulatus *Lec.*
4983. conspersus *Lec.*

Stromatium Serv.

4984. pubescens (*Hald.*).

Osmidus Lec.

4985. guttatus *Lec.*

Gnaphalodes Thoms.

4986. trachyderoides *Thoms.*

Chion Newm.

4987. cinctus (*Drury*).
4987a. garganicus *Fab*.

Eburia Serv.

4988. Ulkei *Bland*.
4989. perforata *Lec.*
4990. Haldemani *Lec.*
4991. quadrigeminata (*Say*).
4992. stigma (*Oliv.*).
4993. distincta *Hald*.
Pantomallus Lac.
4994. ovicollis *Lec.*
4995. tumida *Lec.*
4996. mutica *Lec.*
4997. manca *Lec.*

Elaphidion Serv.

Romaleum White.
4998. procerum *Lec.*
? operarium *White.*
4999. simplicicolle *Hald.*
pulverulentum ‡ *Hald.*
5000. atomarium (*Drury*).
pulverulentum *DeG.*
marylandicum *Oliv.*
5001. rufulum *Hald.*
5002. taeniatum *Lec.*
5003. ? arctus *Nm.*

Elaphidion.
5004. irroratum (*Fab.*).
5005. mucronatum (*Fab.*).
5006. incertum *Newm.*
aspersum *Hald.*
vicinum *Lec.*
neglectum *Lec.*
5007. inerme *Newm.*
5008. truncatum *Hald.*
debile *Lec.*
5009. spurcum *Lec.*
5010. villosum (*Fab.*).
5011. parallelum *Newm.*
oblitum *Lec.*
5012. pumilum *Newm.*
5013. subpubescens *Lec.*
5014. aculeatum *Lec.*
5015. unicolor (*Rand.*).
5016. punctatum *Lec.*
5017. cinerascens *Lec.*
unicolor || *Hald.*
5018. moestum *Lec.*

Aneflus Lec.

5019. protensus (*Lec.*).
5020. linearis (*Lec.*).
5021. tenuis (*Lec.*).
5022. volitans (*Lec.*).
5023. prolixus *Lec.*

Eustroma Lec.

5024. validum (*Lec.*).

Tylonotus Hald.

5025. bimaculatus *Hald.*

Zamodes Lec.

5026. obscurus *Lec.*

Compsa Perty.

5027. puncticollis *Lec.*
5028. quadriplagiata *Lec.*

Heterachthes Newm.

5029. nobilis *Lec.*
5030. quadrimaculatus *Newm.*
5031. ebenus *Newm.*

Plectromerus Lec.

5032. dentipes (*Oliv.*).
scambus (*Newm.*).

Curius Newm.

5033. dentatus *Newm.*
concinnatus *Hald.*

Callimus Muls.

5034. chalybaeus *Lec.*

Eumichthus Lec.

5035. oedipus *Lec.*

Phyton Newm.

5036. pallidum (*Say*).
5037. discoideum *Lec.*

Obrium Serv.

5038. rubrum *Newm.*
5039. rubidum *Lec.*

Hybodera Lec.

5040. tuberculata *Lec.*

Pilema Lec.

5041. cyanipenne *Lec.*
5042. ruficolle *Lec.*

Megobrium Lec.

5043. Edwardsii *Lec.*

Callimoxys Kraatz.

5044. sanguinicollis (*Oliv.*)
5045. fuscipennis *Lec.*

Molorchus Fab.

5046. longicollis *Lec.*
5047. bimaculatus *Say.*

5047a. corui *Hald.*
5048. semiustus (*Newm.*).

Rhopalophora Serv.
5049. laevicollis *Lec.*
5050. rugicollis *Lec.*
5051. longipes (*Say*).

Ancylocera Serv.
5052. bicolor *Oliv.*
   lividipennis *Hald.*
   rugicollis (*Fab.*).

Pteroplatus Buq.
5053. ? floridanus *Lec.*

Holopleura Lec.
5054. marginata *Lec.*
5055. Helena *Lec.*

Rosalia Serv.
5056. funebris *Motsch.*

Callichroma Latr.
5057. splendidum *Lec.*
5058. plicatum *Lec.*
5059. cobaltinum *Lec.*
5060. melancholicum *Chev.*

Megaderus Serv.
5061. bifasciatus *Dup.*

Dendrobias Serv.
5062. quadrimaculatus *Dup.*

Lissonotus Dalm.
5063. multifasciatus *Dup.*

Stenaspis Serv.
5064. rimosus *Buq.*
   splendens *Lec.*
5065. verticalis *Serv.*
5066. solitaria (*Say*).

Tragidion Serv.
5067. annulatum *Lec.*
5068. coquus (*Linn.*).
   lynceum (*Fab.*).

5068a. fulvipennis *Say.*
5069. armatum *Lec.*

Purpuricenus Serv.
5070. humeralis (*Fab.*).
5070a. axillaris *Hald.*

Aethecerus Chev.
5071. Wilsoni (*Horn*).
5072. Hornii *Lac.*

Mannophorus Lec.
5073. laetus *Lec.*

Entomosterna Chev.
5074. cyanicollis (*Dup.*).

Amannus Lec.
5075. vittiger *Lec.*
5076. pectoralis *Lec.*

Batyle Thoms.
5077. ignicollis (*Say*).
5078. ruber (*Lec.*).
5079. suturalis (*Say*).
   miniatus *Germ.*
5080. rutilans (*Lec.*).
5081. Pearsalli (*Bland*).
   discoideus ‡ *Lec.*

Oxoplus Lec.
5082. marginatus *Lec.*
   ♀ cruentus *Lec.*
5083. corallinus *Lec.*

Schizax Lec.
5084. senex *Lec.*

Tylosis Lec.
5085. maculata *Lec.*
   sellata *Lec.*
5086. oculata *Lec.*

Crossidius Lec.
5087. ater *Lec.*

5088. punctatus *Lec.*
5089. testaceus *Lec.*
5090. intermedius *Ulke.*
5091. pulchellus *Lec.*
5092. hirtipes *Lec.*
5093. humeralis *Lec.*
5094. discoideus (*Say*).
pulchrior *Bland.*

Sphaenothecus Dup.

5095. suturalis *Lec.*

Perarthrus Lec.

5096. vittatus *Lec.*

Ischnocnemis Thoms.

5097. ? bivittatus *Dup.*

Stenosphenus Hald.

5098. notatus (*Oliv.*).
5099. lugens *Lec.*
5100. cribripennis *Thoms.*

Cyllene Newm.

5101. erythropus (*Chev.*).
5102. pictus (*Drury*).
5103. robiniæ (*Forst.*).
5104. infaustus (*Lec.*).
5105. decorus (*Oliv.*).
5106. charus (*Say*).
5107. antennatus *White.*
eurystethus (*Lec.*).
5108. lutosus (*Lec.*).
5109. brevipennis *Lec.*

Glycobius Lec.

5110. speciosus (*Say*).

Calloides Lec.

5111. nobilis (*Say*).
5112. Lorquinii (*Buq.*).

Arhopalus Serv.

5113. fulminans (*Fab.*).

Clytus Laich.

5114. marginicollis *Lap.*
5115. lanifer *Lec.*

Xylotrechus Chev.

5116. colonus (*Fab.*).
agrestis *Lec.*
5117. sagittatus (*Germ.*).
pubescens *Hald.*
5118. quadrimaculatus (*Hald.*).
5119. mormonus (*Lec.*).
5120. undulatus (*Say*).
5120*a*. lunatus (*Kirby*).
5120*b*. interruptus *Lap.*
5120*c*. fuscus *Kirby.*
5121. annosus (*Say*).
5122. nauticus (*Mann.*).
5122*a*. gramineus *Hald.*
5123. convergens *Lec.*
5124. insignis *Lec.*
5125. obliteratus *Lec.*

Neoclytus Thoms.

5126. suturalis (*Sch.*).
5127. Hopei *Lap.*
5128. devastator *Lap.*
5129. irroratus (*Hald.*).
5130. scutellaris (*Oliv.*).
5131. luscus (*Fab.*).
5132. conjunctus (*Lec.*).
5133. capraea (*Say*).
5134. muricatulus (*Kirby*).
leucozonus *Lap.*
5135. erythrocephalus (*Fab.*).
5136. torquatus *Lec.*
5137. approximatus (*Lec.*).
5138. longipes (*Kirby*).
5139. balteatus *Lec.*
5140. interruptus *Lec.*

Clytanthus Thoms.

5141. ruricola (*Oliv.*).
5142. albofasciatus (*Lap.*).

Microclytus Lec.

5143. gazellula (*Hald.*).

Cyrtophorus Lec.

5144. gibbulus *Lec.*
niger ‡ *Lec.*
5145. verrucosus (*Oliv.*).

Tillomorpha Blanch.

5146. geminata (*Hald.*).

Euderces Lec.
5147. picipes (*Fab.*).
5148. pini (*Oliv.*).
5149. parallelus *Lec.*
5150. Reichei *Lec.*

Agallissus Dalm.
5151. gratus (*Lec.*).

Zagymnus Lec.
5152. clerinus *Lec.*

Atimia Hald.
5153. confusa (*Say*).
5154. dorsalis *Lec.*

Distenia Serv.
5155. undata (*Oliv.*).

Desmocerus Serv.
5156. palliatus (*Forst.*).
  elongatus *Bland.*
5157. auripennis *Chev.*

Ulochaetes Lec.
5158. leoninus *Lec.*

Necydalis Linn.
5159. mellitus (*Say*).
  americanus *Hald.*
5160. laevicollis *Lec.*
5161. cavipennis *Lec.*

Pyrotrichus Lec.
5162. vitticollis *Lec.*

Leptalia Lec.
5163. macilenta (*Mann.*).
  Frankenhaeuseri (*Mann.*).
  fuscicollis (*Lec.*).

Encyclops Newm.
5164. coeruleus (*Say*).

Stenocorus Geoffr.
5165. lineatus *Oliv.*
  investigator *Mann.*

Centrodera Lec.
5166. decolorata (*Harr.*).
  nitida *Hald.*
5167. picta (*Hald.*).
5168. sublineata *Lec.*
5169. nevadica *Lec.*

Xylosteus Frivald.
5170. ornatus *Lec.*

Toxotus Serv.
5171. Schaumii *Lec.*
5172. flavolineatus *Lec.*
5173. vittiger (*Rand.*).
  ? trivittatus *Say.*
5174. nubifer *Lec.*
5175. cylindricollis (*Say*).
5176. vestitus *Hald.*
5177. cinnamopterus (*Rand.*).
  aesculi *Hald.*
5178. obtusus *Lec.*

Pachyta Serv.
5179. monticola (*Rand.*).
5180. liturata *Kirby.*
  nitens *Kirby.*
5181. armata *Lec.*
5182. rugipennis *Lec.*
5183. spurca *Lec.*

Anthophilax Lec.
5184. viridis *Lec.*
5185. malachiticus (*Hald.*).
5186. attenuatus (*Hald.*).
5187. mirificus *Bland.*
  venustus *Bland* ♀.
5188. tenebrosus *Lec.*

Piodes Lec.
5189. coriacea *Lec.*

Acmaeops Lec.
5190. thoracica (*Hald.*).
5191. trivittata (*Say*).
  varians *Lec.*
  nigripennis *Lec.*
  fusciceps *Lec.*
5192. atra *Lec.*
5193. subaenea *Lec.*

5194. pinguis *Lec.*
5195. tumida *Lec.*
　　　 lugens *Lec.*
　　　 mollipilosa *Lec.*
　　　 fusca *Lec.*
　　　 californica *Lec.*
　　　 subcyanea *Lec.*
5196. militaris *Lec.*
5197. subpilosa *Lec.*
　　　 dorsalis *Lec.*
　　　 lupina *Lec.*
5198. longicornis (*Kirby*).
　　　 marginalis *Lec.*
5199. vincta *Lec.*
5200. ligata *Lec.*
5201. basalis *Lec.*
5202. directa (*Newm.*).
　　　 4-vittata (*Linn.*) *Hald.*
5203. discoidea (*Hald.*).
5204. proteus (*Kirby*).
5204a. gibbula *Lec.*
5205. pratensis (*Laich.*).
　　　 strigilata *Fab.*
　　　 fulvipennis *Mann.*
5206. falsa *Lec.*

Gaurotes Lec.

5207. cyanipennis (*Say*).
5208. abdominalis *Bland.*
5209. Cressoni *Bland.*

Bellamira Lec.

5210. scalaris (*Say*).

Strangalia Serv.

5211. virilis *Lec.*
5212. famelica *Newm.*
5213. acuminata (*Oliv.*).
5214. strigosa *Newm.*
5215. luteicornis (*Fab.*).
5216. bicolor (*Swed.*).
5217. sexnotata *Hald.*

Typocerus Lec.

5218. badius (*Newm.*).
5219. zebratus (*Fab.*).
　　　 carolina *Web.*
5220. lunatus *Fab.*
5221. velutinus *Oliv.*
　　　 fugax (*Fab.*).
　　　 tenuior *Kirby.*
　　　 nobilis *Newm.*

5222. lugubris *Say.*
5223. brunnicornis *Lec.*
5224. sinuatus (*Newm.*).

Leptura Serv.

　　　Stenura Serv.
5225. emarginata *Fab.*
5226. gigas *Lec.*
5227. obliterata *Hald.*
　　　 perductor *Walker.*
5228. soror *Lec.*
5229. propinqua *Bland.*
5230. deleta *Lec.*
5231. plebeja *Rand.*
5232. subhamata *Rand.* ♂.
　　　 interrupta *Newm.*
　　　 armata *Hald.* ♀.
5233. abdominalis *Hald.*
　　　 atrovittata *Bland.*
5234. plagifera *Lec.*
5235. amabilis *Lec.*
5236. lineola *Say.*
　　　 indirecta *Newm.*
　　　 cincta ‖ *Hald.*
　　　 lateralis *Lec.*
5237. rubida *Lec.*
5238. cruentata *Hald.*
5239. cyanella *Lec.*
5240. chalybœa *Hald.*
5241. capitata *Newm.*
5242. americana *Hald.*
5243. hæmatites *Lec.*
5244. ruficollis *Say.*
5245. saucia *Lec.*
5246. nana *Newm.*
5247. exigua *Newm.*
5248. ruficeps *Lec.*
5249. subargentata *Kirby.*
5250. similis *Kirby.*
　　　 rufibasis *Lec.*
5251. molybdica *Lec.*
　　　 militaris *Chev.*
5252. laeta *Lec.*
5253. zebra *Oliv.*
　　　 nitens *Forst.*
　　　 quagga *Germ.*
5254. tribalteata *Lec.*
5255. impura *Lec.*
5256. cordifera *Oliv.*
5257. instabilis *Hald.*
5257a. convexa *Lec.*
5258. sexmaculata *Linn.*
　　　 vexatrix *Mann.*
5259. quadrata *Lec.*

5260. sexspilota *Lec.*
5261. Matthewsii *Lec.*
5262. grossa *Lec.*
5263. brevicornis *Lec.*
5264. nigrella *Say.*
5265. carbonata *Lec.*

Leptura Serv.

5266. canadensis *Fab.*
       tenuicornis *Hald.*
5266a. erythroptera *Kirby.*
       cinnamoptera *Hald.*
5266b. cribripennis *Lec.*
5267. coccinea *Lec.*
5268. rubrica *Say.*
5269. circumdata *Oliv.*
5270. vagans *Oliv.*
5271. dehiscens *Lec.*
5272. sanguinea *Lec.*
5273. laetifica *Lec.* ♀.
       lugens *Lec.* ♂.
5274. hirtella *Lec.*
5275. quadrillum *Lec.*
5276. chrysocoma *Kirby.*
       auripilis *Lec.*
5277. nigrolineata *Bland.*
5278. rufula *Hald.*
5279. atrata *Lec.*
5280. proxima *Say.*
5281. biforis *Newm.*
5282. dolorosa *Lec.*
5283. crassicornis *Lec.*
5284. crassipes *Lec.*
       fasciventris *Lec.*
5285. tibialis *Lec.*
5286. Behrensii *Lec.*
5287. octonotata *Say.*
5288. pedalis *Lec.*
5289. vittata *Germ.*
5290. pubera *Say.*
5291. sphaericollis *Say.*
5292. vibex *Newm.*
       nitidicollis *Horn.*
5293. aurata *Horn.*
5294. scripta *Lec.*
5295. gnathoides *Lec.*
       §
5296. valida *Lec.*
       §
5297. mutabilis *Newm.*
       luridipennis *Hald.*
5298. quadricollis *Lec.*
5299. aspera *Lec.*
       §
5300. cubitalis *Lec.*

5301. spuria *Lec.*

Euryptera Serv.

5302. lateralis *Oliv.*
       distans *Germ.*

Plectrura Mann.

5303. spinicauda *Mann.*
       producta *Lec.*

Ipochus Lec.

5304. fasciatus *Lec.*

Monilema Say.

5305. appressum *Lec.*
5306. annulatum *Say.*
5307. albopictum *White.*
5308. gigas *Lec.*
5309. forte *Lec.*
5310. semipunctatum *Lec.*
5311. armatum *Lec.*
5312. laevigatum *Bland.*
5313. crassum *Lec.*
5314. obtusum *Lec.*
       §
5315. subrugosum *Bland.*

Michthysoma Lec.

5316. heterodoxum *Lec.*

Cyrtinus Lec.

5317. pygmaeus (*Hald.*).

Psenocerus Lec.

5318. supernotatus (*Say*).

Monohammus Serv.

5319. titillator (*Oliv.*).
5320. minor *Lec.*
5321. maculosus *Hald.*
5322. clamator *Lec.*
5323. scutellatus (*Say*).
5324. oregonensis *Lec.*
5325. confusor *Kirby.*
5326. marmoratus *Rand.*
       fautor *Lec.*
       acutus *Lac.*

Ptychodes Serv.

5327. vittatus *Fab.*

Dorcaschema Lec.
5328. Wildii *Uhler.*
5329. alternatum (*Say*).
5330. nigrum (*Say*).

Hetoemis Hald.
5331. cinerea (*Oliv.*).
trilineata *Say.*
juglandis *Hald.*

Cacoplia Lec.
5332. pullata *Hald.*
pruinosa *Lec.*

Goes Lec.
5333. tigrinus (*DeG.*).
tomentosus *Zeig.*
5234. tesselatus (*Hald.*).
5335. pulcher (*Hald.*).
5336. pulverulentus (*Hald.*).
5337. debilis *Lec.*
5338. oculatus *Lec.*

Plectrodera Lec.
5339. scalator (*Fab.*).
Bellii *Lec.*

Synaphoeta Thoms.
5340. Guexi (*Lec.*).

Acanthoderes Serv.
Psapharochrus Thoms.
5341. quadrigibbus (*Say*).
5342. decipiens *Hald.*
Aethiopoctinus Thoms.
5343. Morrisii *Uhler.*

Lagochirus Thoms.
5344. obsoletus *Thoms.*

Lophopoeum Bates.
5345. volitans *Lec.*

Leptostylus Lec.
5346. Palmeri *Lec.*
5347. aculifer (*Say*).
albescens *Hald.*
marginellus *Hald.*

5348. biustus *Lec.*
5349. albidus *Lec.*
5350. planidorsus *Lec.*
5351. parvus *Lec.*
5352. perplexus (*Hald.*).
5353. collaris (*Hald.*).
5354. commixtus (*Hald.*).
5355. macula (*Say*).
interruptus *Hald.*

Sternidius Lec.
5356. variegatus (*Hald.*).
5357. alpha (*Say*).
vicinus *Hald.*
lateralis *Hald.*
misellus *Lec.*
rusticus *Lec.*
5358. cinereus *Lec.*
5359. xanthoxyli (*Shimer*).
5360. punctatus (*Hald.*).
5361. crassulus *Lec.*
5362. Haldemani *Lec.*

Liopus Serv.
5363. signatus *Lec.*
5364. regularis *Lec.*
5365. querci *Fitch.*
5366. facetus *Say.*
5367. biguttatus *Lec.*

Lepturges Bates.
5368. angulatus (*Lec.*).
5369. symmetricus (*Hald.*).
5369a. pictus *Lec.*

Hyperplatys Hald.
5370. aspersus (*Say*).
5371. maculatus *Hald.*
5372. femoralis *Hald.*

Graphisurus Kirby.
5373. triangulifer (*Hald.*).
5374. fasciatus (*DeG.*).
5375. pusillus *Kirby.*
despectus *Lec.*

Acanthocinus Steph.
5376. obsoletus (*Oliv.*).
5377. obliquus (*Lec.*).
5378. spectabilis (*Lec.*).
princeps *Walker.*

5379. nodosus (*Fab.*).
bifidator *Fab.*

Eutessus Lec.
5380. asper *Lec.*

Dectes Lec.
5381. spinosus (*Say*).
5382. texanus *Lec.*

Hoplosia Muls.
5383. ? nubila *Lec.*

Pogonocherus Serv.
5384. crinitus *Lec.*
5385. penicellatus *Lec.*
5386. oregonus *Lec.*
5387. simplex *Lec.*
5388. mixtus *Hald.*
5389. parvulus *Lec.*
5390. ? sordidus *Lec.*

Ecyrus Lec.
5391. dasycerus (*Say*).
obscurus *Lec.*
5392. exiguus *Lec.*

Eupogonius Lec.
5393. tomentosus *Hald.*
5394. vestitus (*Say*).
5395. pauper *Lec.*
5396. pubescens *Lec.*
5397. subarmatus (*Lec.*).

Lypsimena Lec.
5398. fuscata *Lec.*

Desmiphora Serv.
5399. mexicana *Thoms.*

Taricanus Thoms.
5400. Truquii *Thoms.*

Oncideres Serv.
5401. pustulatus *Lec.*
5402. putator *Thoms.*
5403. cingulatus (*Say*).

Ataxia Hald.
5404. crypta (*Say*).
sordida *Hald.*

Hippopsis Serv.
5405. lemniscata *Fab.*

Dorcasta Pascoe.
5406. cinerea (*Horn*).

Spalacopsis Newm.
5407. stolata *Newm.*
5408. suffusa *Newm.*

Saperda Fab.
5409. obliqua *Say.*
5410. calcarata *Say.*
5410a. adspersa *Lec.*
5411. mutica *Say.*
5412. candida *Fab.*
bivittata *Say.*
5413. cretata *Newm.*
5414. Fayi *Bland.*
5415. vestita *Say.*
5416. discoidea *Fab.* ♀.
fuscipes *Say* ♂.
5417. tridentata *Oliv.*
5418. lateralis *Fab.*
5419. puncticollis *Say.*
trigeminata *Rand.*
5420. moesta *Lec.*
5421. concolor *Lec.*

Mecas Lec.
5422. femoralis (*Hald.*).
5423. marginella *Lec.*
5424. inornata *Say.*
saturnina *Lec.*
5425. pergrata (*Say*).
5426. gentilis *Lec.*

Oberea Muls.
5427. ruficollis (*Fab.*).
5428. ocellata *Hald.*
5429. gracilis *Hald.*
5430. myops *Hald.*
5431. amabilis *Hald.*
5432. mandarina (*Fab.*).
5433. tripunctata (*Fab.*).
5433a. basalis *Lec.*
5434. perspicillata *Hald.*

5435. flavipes *Hald.*
5436. oculaticollis (*Say*).
5437. tibialis *Hald.*
5438. discoidea *Lec.*
5439. Schaumii *Lec.*

Tetrops Steph.

Phaea Newm.

5440. canescens *Lec.*
5441. jucunda *Lec.*
5442. monostigma (*Hald.*).

Tetraopes Serv.

5443. discoideus *Lec.*
5444. cauteriator (*Drap.*).
 arator *Germ.*
5445. tetraophthalmus (*Forst.*).
 tornator *Fab.*
5446. mancus *Lec.*
5447. quinquemaculatus *Hald.*
5448. femoralis *Lec.*

5449. basalis *Lec.*
5450. oregonensis *Lec.*
5451. canescens *Lec.*
5452. annulatus *Lec.*

Amphionycha Thoms.

5453. flammata *Newm.*
 marginata ‡ *Hald.*
5454. ardens *Lec.*

Styloxus Lec.

5455. lucanus *Lec.*

Thia Newm.

5456. pusilla *Newm.*

Dysphaga Lec.

5457. tenuipes (*Hald.*) ♀.
 ventralis (*Hald.*) ♂.
5458. laevis *Lec.*

SPERMOPHAGIDÆ.

Spermophagus Schh.

5459. Robiniæ *Schh.*

Caryoborus Schh.

5460. arthriticus (*Fab.*).
5461. Veseyi *Horn.*

Mylabris Geoff.

[*Bruchus* ‡ Linn.]

5462. rufimanus (*Schh.*).
5463. pisi (*Linn.*).
 §
5464. mimus (*Say*).
 §
5465. scutellaris (*Fab.*).
5466. 4-maculatus (*Fab*).
5467. sordidus (*Horn*).
5468. biguttellus (*Schh.*).
5469. sinuatus (*Schh.*).
5470. maculatus (*Fab.*).
5471. ambiguus (*Schh.*).
 §
5472. discoideus (*Say*).
5473. Coryphæ (*Oliv.*).
5474. impiger (*Horn*).
 §
5475. Ulkei (*Horn*).

5476. bivulneratus (*Horn*).
5477. cruentatus (*Horn*).
5478. limbatus (*Horn*).
5479. discolor (*Horn*).
5480. nigrinus (*Horn*).
5481. pruininus (*Horn*).
 §
5482. desertorum (*Lec.*).
5483. aureolus (*Horn*).
5484. pauperculus (*Lec.*).
 §
5485. prosopis (*Lec.*).
5486. Floridæ (*Horn*).
5487. protractus (*Horn*).
5488. inornatus (*Horn*).
5489. pectoralis (*Horn*).
5490. uniformis (*Lec.*).
5491. bisignatus (*Horn*).
5492. alboscutellatus (*Horn*).
5493. perforatus (*Horn*).
5494. distinguendus (*Horn*).
5495. calvus (*Horn*).
5496. fraterculus (*Horn*).
5497. amicus (*Horn*).
5498. obsoletus (*Say*).
 fabæ (*Riley*).
5499. hibisci (*Oliv.*).
 transversus *Say.*
5500. longistylus (*Horn*).

5501. Schrankiæ (*Horn*).
5502. mixtus (*Horn*).
§
5503. musculus (*Say*).
5504. placidus (*Horn*).

5505. exiguus (*Horn*).
§
5506. seminulum (*Horn*).
5507. macrocerus (*Horn*).

CHRYSOMELIDÆ.

Donacia Fab.
5508. pubicollis *Cr.*
5509. Harrisii *Lec.*
5510. lucida *Lac.*
rufescens *Lac.*
pulchella *Lec.*
5511. palmata *Oliv.*
5512. hypoleuca *Lac.*
5513. texana *Cr.*
5514. piscatrix *Lac.*
congener *Lec.*
alutacea *Lec.*
5515. tuberculata *Lac.*
5516. porosicollis *Lac.*
§
5517. hirticollis *Kirby.*
5518. magnifica *Lec.*
5519. proxima *Kirby.*
californica *Lec.*
5520. distincta *Lec.*
5521. subtilis *Kunze.*
confluens *Lec.*
fulgens *Lec.*
§
5522. pubescens *Lec.*
5523. confusa *Lec.*
5524. torosa *Lec.*
5525. emarginata *Kirby.*
junci *Coup.*
5526. pyritosa *Lec.*
5527. cuprea *Kirby.*
aurifer *Lec.*
dives *Lec.*
pusilla *Lec.*
5528. femoralis *Kirby.*
Germari *Mann.*
5529. metallica *Ahr.*
gentilis *Lec.*
5530. flavipes *Kirby.*
5531. jucunda *Lec.*
5532. Kirbyi *Lec.*
sulcicollis *Lec.*

Macroplea Sam.
5533. Melsheimeri *Lac.*

Orsodachna Latr.
5534. atra (*Ahr.*).
5535. Childreni *Kirby.*
5536. luctuosa *Lac.*

Zeugophora Kunze.
5537. scutellaris *Suffr.*
5538. abnormis (*Lec.*).
5539. puberula *Cr.*
5540. varians *Cr.*
5541. consanguinea *Cr.*

Syneta Esch.
5542. ferruginea (*Germ.*).
5543. carinata (*Mannh.*).
5544. albida *Lec.*
♂ suturalis *Lec.*
seriata *Lec.*
5545. simplex *Lec.*

Lema Fabr.
5546. cornuta (*Fab.*).
5547. texana *Cr.*
5548. brunnicollis *Lac.*
5549. maculicollis *Lac.*
5550. collaris *Say.*
5551. peninsulæ *Cr.*
5552. Solani (*Fab.*).
5553. conjuncta *Lac.*
5554. trilineata (*Oliv.*).
trivirgata *Lec.*
5555. nigrovittata (*Guér.*).
5556. 6-punctata (*Oliv.*).
5556a. ephippiata *Lac.*
5556b. albini *Lac.*
5557. Sayi *Cr.*

Crioceris Geoff.
5558. asparagi (*Linn.*).

Anomoea Lac.
5559. laticlavia (*Forst.*).

5559a. mutabilis (*Lac.*).
5560. militaris *Lec.*

Babia Chev.

5561. 4-guttata (*Oliv.*).
5561a. pulla *Lec.*
5561b. tetraspilota *Lec.*

Urodera Lac.

5562. crucifera *Lac.*

Saxinis Lac.

5563. omogera *Lac.*
5564. Saucia *Lec.*

Euryscopa Lac.

5565. Lecontei *Cr.*
    scapularis ‡ *Lec.*
5566. vittata *Lec.*

Coscinoptera Lac.

5567. æncipennis (*Lec.*).
5568. aenescens *Cr.*
5569. axillaris *Cr.*
5570. mucorea *Cr.*
5571. dominicana (*Fab.*).
    franciscana *Lec.*
5572. subfasciata *Lec.*
5573. major *Cr.*
5574. vittigera *Lec.*

Chlamys Knoch.

5575. plicata (*Fabr.*).
5575a. assimilis *Klug.*
5575b. polycocca *Lac.*
5575c. ?tuberculata *Klug.*
5576. foveolata *Knoch.*

Exema Lac.

5577. gibber (*Oliv.*).
5578. conspersa (*Mann.*).
5578a. dispar *Lec.*

Monachus Chev.

5579. saponatus (*Fab.*).
5579a. ater *Hald.*
5580. seminulum *Suffr.*
5581. auritus *Hald.*
    ♀ affinis *Hald.*
5582. thoracica *Cr.*

Cryptocephalus Geoff.

5583. congestus *Fab.*
5583a. sulphuripennis *Mels.*
5584. areolatus *Suffr.*
5585. formosus *Mels.*
5585a. mammifer *Newm.*
5585b. egenus *Suffr.*
5586. detritus *Oliv.*
5587. sellatus *Suffr.*
5588. lituratus *Fab.*
5588a. lativittis *Germ.*
5588b. ?vittatus *Suffr.*
§
5589. venustus *Fab.*
5590. flaccidus *Suffr.*
5591. bispinus *Suffr.*
5592. calidus *Suffr.*
5593. gibbicollis *Hald.*
    albicans *Hald.*
5594. amatus *Hald.*
5595. confluens *Say.*
§
5596. ornatus *Fab.*
5597. spurcus *Lec.*
5598. trivittatus *Oliv.*
5599. Schreibersii *Suffr.*
    rugicollis ‖ *Hald.*
5600. lateritius *Newm.*
    ?fasciatus *Say.*
5601. guttulatus *Oliv,*
5602. badius *Suffr.*
5603. dispersus *Hald.*
    mutabilis *Mels.*
5604. incertus *Oliv.*
5605. bivius *Newm.*
5606. leucomelas *Suffr.*
    vitticollis *Lec.*
5607. pseudolus *Suffr.*
§
5608. mucoreus *Lec.*
§
5609. notatus *Fab.*
5610. 4-maculatus *Say.*
5611. 4-guttulus *Suffr.*
5612. quadruplex *Newm.*
§
5613. catarius *Suffr.*
5614. auratus *Fab.*
    chalconatus *Mann.*
    æneolus *Lec.*
    viridis *Hald.*
5615. squalens *Suffr.*
5616. atomus *Suffr.*
5617. chlorizans *Suffr.*
5618. luscus *Suffr.*

5619. nanus *Fab.*
5620. pumilus *Hald.*
5621. sanguinicollis *Suffr.*
5622. pallidicornis *Suffr.*

Griburius Hald.
5623. larvatus *Newm.*
5624. scutellaris (*Fab.*).
5625. Montezumæ *Suffr.*
    speciosus *Lec.*
5626. Lecontei *Cr.*

Pachybrachys Chev.
5627. pubescens *Oliv.*
5628. analis *Lec.*
5629. Xanti *Cr.*
§
5630. pulvinatus *Suffr.*
5631. viduatus (*Fab.*).
5632. hybridus *Suffr.*
§
5633. carbonarius *Hald.*
5634. nigricornis (*Say*).
5635. dilatatus *Suffr.*
5636. trinotatus (*Mels.*).
5637. M-nigrum (*Mels.*).
    intricatus *Suffr.*
5638. subfasciatus *Hald.*
5639. signatifrons *Mann.*
5640. luctuosus *Suffr.*
5641. luridus (*Fab.*).
5642. atomarius (*Mels.*).
5643. femoratus (*Oliv.*).
5644. infaustus *Hald.*
5645. characteristicus *Suffr.*
5646. oculatus *Suffr.*
5647. spumarius *Suffr.*
5648. tridens *Mels.*
    mollis *Hald.*
5649. impurus *Suffr.*
5650. sobrinus *Hald.*
    pectoralis ‡ *Suffr.*
5651. caelatus *Lec.*
5652. melanostictus *Suffr.*
5653. livens *Lec.*
5654. peccans *Suffr.*
5655. xanthias *Suffr.*
5656. obsoletus *Suffr.*
5657. conformis *Suffr.*
5658. picturatus (*Germ.*).
5659. albescens *Suffr.*
§
5660. abdominalis (*Say*).

5661. litigiosus *Suffr.*
5662. pallidipennis *Suffr.*
5663. othonus (*Say*).
§
5664. hepaticus (*Mels.*).
    punctatus *Hald.*

Adoxus Kirby.
5665. vitis (*Linn.*).

Fidia Baly.
5666. murina *Cr.*
5667. longipes (*Mels.*).

Xanthonia Baly.
5668. 10-notata (*Say*).
5669. villosula (*Mels.*).
5670. Stevensii *Baly.*

Heteraspis Chev.
5671. pubescens (*Mels.*).
5672. marcassita (*Germ.*).
5673. nebulosus *Lec.*
5674. smaragdulus *Lec.*
5675. curtipennis (*Mels.*).

Glyptoscelis Lec.
5676. hirtus (*Oliv.*).
5677. illustris *Cr.*
5678. albidus *Lec.*
5679. barbatus (*Say*).
5680. squamulatus *Cr.*
5681. crypticus (*Say*).
5682. alternatus *Cr.*
§
5683. cuprascens (*Lec.*).
5684. smaragdulus (*Lec.*).

Myochrous Chev.
5685. denticollis (*Say*).
5686. longulus *Lec.*
5687. squamosus *Lec.*

Chrysochus Chev.
5688. auratus (*Fab.*).
5689. cobaltinus *Lec.*

Typophorus Chev.
5690. tricolor (*Fab.*).
    viridis (*Fab.*).

5691. metasternalis *Cr.*
5692. oregonensis *Cr.*

Chalcoparia Cr.

5693. globosa (*Oliv.*).

Paria Lec.

5694. 6-notata (*Say*).
5694a. 4-guttata *Lec.*
5694b. 4-notata *Say.*
5695. aterrima (*Oliv.*).
5695a. opacicollis *Lec.*
5696. lævicollis *Cr.*
5697. pumila *Lec.*
5698. viridicyanea *Cr.*

Metaparia Cr.

5699. clytroides *Cr.*

Metachroma Chev.

5700. angustula *Cr.*
5701. californica *Cr.*
5702. usta *Lec.*
5703. dubiosa (*Say*).
  suturalis *Lec.*
5704. interrupta (*Say*).
5705. peninsularis *Cr.*
5706. quercata (*Fab.*).
  puncticollis *Lec.*
5707. vicina *Cr.*
5708. marginalis *Cr.*
5709. floridana *Cr.*
5710. pallida (*Say*).
5711. lævicollis *Cr.*
5712. pellucida *Cr.*
5713. lateralis *Cr.*

Colaspis Fab.

5714. favosa (*Say*).
5715. brunnea *Fab.*
5715a. flavida *Say.*
5715b. costipennis *Dej.*
5716. prætexta *Say.*
5717. Arizonæ *Cr.*
5718. nigrocyanea *Cr.*
5719. tristis *Oliv.*
5719a. convexa *Say.*
5719b. puncticollis *Say.*

Timarcha Latr.

5720. intricata *Hald.*
5721. cerdo *Stal.*

Chrysomela Linn.

5722. clivicollis *Kirby.*
  trimaculata ‡ *Fabr.*
5722a. Rogersii *Lec.*
§
5723. lineolata *Stal.*
5724. 10-lineata *Say.*
5725. juncta *Germ.*
5725a. defecta *Stal.*
5726. Dahlbomi *Stal.*
5727. Haldemani (*Rog.*).
5728. rubiginosa (*Rog.*).
§
5729. exclamationis *Fab.*
5730. conjuncta *Rog.*
5731. continua *Lec.*
5732. suturalis *Fab.*
  pulchra *Fab.*
5733. disrupta *Rog.*
§
5734. similis *Rog.*
5735. incisa *Rog.*
5736. præcelsis *Rog.*
5737. elegans *Oliv.*
5738. lunata *Fabr.*
  hybrida *Say.*
5739. multiguttis *Stal.*
  scalaris ‖ *Lec.*
5740. philadelphica *Linn.*
5740a. Spiræ *Say.*
5741. multipunctata *Say.*
5741a. Bigsbyana *Kirby.*
5741b. verrucosa *Suffr.*
5742. dislocata *Rog.*
5743. sigmoidea *Lec.*
5744. tortuosa *Rog.*
5745. serpentina *Rog.*
5746. sylvia *Stal.*
§
5747. subsulcata *Mann.*
5748. flavomarginata *Say.*
5749. basilaris *Say.*
  subseriata *Lec.*
5750. auripennis *Say.*
5750a. cribraria *Rog.*
5751. inornata *Rog.*
5752. subopaca *Rog.*

Gastrophysa Chev.

5753. polygoni (*Linn.*).
5754. dissimilis (*Say*).
5755. cyanea (*Mels.*).
5755a. cæsia (*Rog.*).
5756. formosa (*Say*).

Entomoscelis Chev.
5757. adonidis (*Fabr.*).

Prasocuris Latr.
5758. Phellandrii (*Ill.*).
5759. varipes *Cr.*
5760. obliquata *Cr.*

Gonioctena Chev.
5761. arctica (*Mann.*).
5762. pallida (*Linn.*).

Phyllodecta Kirby.
5763. vulgatissima (*Linn.*).

Plagiodera Chev.
5764. californica (*Rog.*).
5765. Arizonæ *Cr.*
5766. lapponica (*Linn.*).
    interrupta (*Fabr.*).
5767. tremulæ (*Fabr.*).
5768. scripta (*Fabr.*).
5768a. confluens (*Rog.*).
5769. obsoleta (*Say*).
§
5770. prasinella (*Lec.*).
5771. cochleariæ (*Gyll.*).
5772. oviformis (*Lec.*).
5773. viridis (*Mels.*).
5773a. aeruginosa (*Suffr.*).

Andrector Horn.
5774. 6-punctatus *Horn.*

Cerotoma Chev.
5775. caminea (*Fab.*).

Phyllobrotica Redt.
5776. decorata (*Say*).
5777. discoidea (*Fab.*).
5778. viridipennis (*Lec.*).
5779. luperina *Lec.*

Phyllechthrus Lec.
5780. dorsalis (*Oliv.*).
5780a. atriventris (*Say*).
5781. gentilis *Lec.*
5781a. nigripennis *Lec.*

Androlyperus Cr.
5782. fulvus *Cr.*

Luperus Geoff.
5783. thoracicus (*Mels.*).
5784. luteicollis *Lec.*
5785. fibulatus (*Germ.*).
5786. bivittatus (*Lec.*).
5787. flavicollis (*Lec.*).
5788. varicornis *Lec.*
5789. smaragdinus *Lec.*
5790. varipes *Lec.*
5791. cyanellus *Lec.*
5792. Lecontei *Cr.*
    rufipes || *Lec.*
5793. meraca (*Say*).
5794. longulus *Lec.*
5795. morulus *Lec.*
5796. ? thoracicus *Boh.*

Agelastica Redt.
5797. halensis (*Linn.*).

Gastrogyna Lec.
5798. insolita (*Lec*).

Monocesta Clk.
5799. coryli (*Say*).

Diabrotica Chev.
5800. tricincta (*Say*).
5801. connexa *Lec.*
5802. 12-punctata (*Oliv.*).
5802a. tenella *Lec.*
5803. soror *Lec.*
5804. balteata *Lec.*
5805. blandula *Lec.*
5806. vittata (*Fab.*).
5807. trivittata (*Mann.*).
§
5808. virgifera *Lec.*
5809. longicornis (*Say*).
5810. lemniscata *Lec.*
5811. atripennis (*Say*).
5811a. fossata *Lec.*
5812. ? 8-notata *Boh.*
5813. ? amoenula *Boh.*

Galeruca Geoff.
5814. externa *Say.*

5815. americana *Fab.*
5815a. cribrata *Lec.*
5816. conferta *Lec.*
5817. 6-vittata *Lec.*
5818. cavicollis *Lec.*
  hæmatica *Lec.*
5819. rufosanguinea *Say.*

Galerucella Cr.

5820. tuberculata *Say.*
5821. marginella *Kirby.*
5821a. punctipennis *Mann.*
5822. sagittariæ *Gyll.*
5823. decora *Say.*
5824. carbo *Lec.*
5825. notulata *Fab.*
5826. notata *Fab.*
5827. integra *Lec.*
  §
5828. xanthomelœna *Schr.*
  §
5829. maritima *Lec.*
5830. morosa *Lec.*

Monoxia Lec.

5831. guttulata *Lec.*
  obtusa *Lec.*
  debilis *Lec.*
5831a. ? angularis (*Lec.*).
5832. consputa (*Lec.*).
5833. sordida (*Lec.*).

Trirhabda Lec.

5834. tomentosa (*Linn.*).
5834a. virgata *Lec.*
5834b. canadensis (*Kirby*).
5835. flavolimbata *Mann.*
5835a. luteocincta *Lec.*
5836. attenuata (*Say*).
5837. convergens *Lec.*
5838. nitidicollis *Lec.*
5838a. Lewisii *Cr.*
5839. brevicollis *Lec.*

Pachyonychus Chev.

5840. paradoxus *Mels.*

Phaedromus Clk.

5841. Waterhousei *Clk.*

Hypolampsis Clk.

5842. pilosa *Ill.*

5843. Clarkii *Cr.*
  pilosa ‡ *Clk.*
5844. Mellyi *Cr.*

Hamletia Cr.

5845. dimidiaticornis *Cr.*

Oedionychis Latr.

5846. opacior *Cr.*
5847. gibbitarsis *Say.*
5848. lustrans *Cr.*
5849. 8-maculata *Cr.*
5850. interjectionis *Cr.*
5851. vians *Ill.*
5851a. scripticollis (*Say*).
5851b. discicollis (*Dej.*).
5851c. concinna (*Fab.*).
5852. lugens *Lec.*
5853. violascens *Lec.*
5854. thoracica (*Fab.*).
5855. fimbriata (*Forst.*).
  circumcincta *Cr.*
5856. flavocyanea *Cr.*
5857. petaurista (*Fab.*).
5858. miniata (*Fab.*).
5859. thyamoides *Cr.*
5860. texana *Cr.*
5861. 6-maculata (*Ill.*).
5862. quercata (*Fab.*).
5862a. suturalis (*Fab.*).
5862b. limbalis *Mels.*
5863. scalaris *Mels.*
  lobata *Lec.*

Disonycha Chev.

5864. limbicollis (*Lec.*).
5864a. pallipes *Cr.*
5865. alternata (*Ill.*).
  pluriligata *Lec.*
  fumata *Lec.*
  pura *Lec.*
5866. punctigera *Lec.*
5867. pensylvanica (*Ill.*).
5868. glabrata (*Fab.*).
5869. maritima (*Mann.*).
5870. abbreviata *Mels.*
5871. discoidea (*Fab.*).
5872. funerea (*Rand.*).
5873. triangularis (*Say*).
5874. collaris (*Fab.*).
5874a. collata (*Fab.*).
5874b. cervicalis *Lec.*
5874c. ? semicarbonata *Lec.*

Graptodera Chev.

5875. plicipennis (*Mann.*).
    prasina (*Lec.*).
    subplicata (*Lec.*).
    ambiens (*Lec.*).
5876. chalybea (*Ill.*).
5877. carinata (*Germ.*).
    exapta (*Say*).
5878. ignita (*Ill.*).
5879. inœrata (*Lec.*).
5880. obolina (*Lec.*).
5881. obliterata (*Lec.*).
5882. torquata (*Lec.*).
5883. evicta (*Lec.*).
5884. æruginosa (*Lec.*).
5885. tincta (*Lec.*).
5886. foliacea (*Lec.*).
5887. punctipennis (*Lec.*).
5888. lazulina (*Lec.*).
5889. californica (*Mann.*).

Longitarsus Latr.

5890. rubidus *Lec.*
5891. melanurus *Mels.*
5892. testaceus *Lec.*
5893. repandus *Lec.*
5894. livens *Lec.*
5895. subrufus *Lec.*
5896. mancus *Lec.*
    apterus *Lec.*
5897. ? californica *Mots.*
5898. nigripalpis *Lec.*

Batophila Foud.

5899. spuria (*Lec.*).
5899a. lissotorques (*Lec.*).
5900. cerina (*Lec.*).
5901. cyanipennis *Cr.*

Orchestris Kirby.

5902. lepidula (*Lec.*).
5903. Zimmermanni *Cr.*
5904. vittata (*Fab.*).
    striolata (*Ill.*).
5905. oregonensis *Cr.*
5906. bipustulata (*Fab.*).
5907. albionica (*Lec.*).
5908. Lewisii *Cr.*
5909. æneicollis *Cr.*
5910. chalybeipennis *Cr.*

Aphthona Chev.

5911. picta (*Say*).
5912. texana *Cr.*

Dibolia Chev.

5913. ærea *Mels.*
5913a. ovata *Lec.*

Systena Chev.

5914. hudsonias (*Forst.*).
5915. frontalis (*Fab.*).
5916. subænea (*Lec.*).
5917. collaris *Cr.*
5918. elongata (*Fab.*).
5919. mitis (*Lec.*).
5919a. ligata (*Lec.*).
5919b. ? ochracea (*Lec.*).
5920. marginalis (*Ill.*).
    oblonga (*Lec.*).
5921. blanda *Mels.*
5921a. bitæniata *Lec.*

Orthaltica Cr.

5922. copalina (*Fab.*).
    forticornis (*Ill.*).
5923. recticornis (*Lec.*).

Lyperaltica Cr.

5924. fuscula (*Lec.*).
5925. senilis (*Say*).
    tincta (*Lec.*).

Haltica Geoff.

5926. Burgessi *Cr.*

Crepidodera Chev.

5927. rufipes (*Linn.*).
    erythropus *Mels.*
5928. Helxines (*Linn.*).
    nana *Say.*
    violacea (*Mels.*).
    æreola (*Lec.*).
    opulenta *Lec.*
5929. atriventris (*Mels.*).
5930. Modeeri (*Linn.*).
5930a. mancula *Lec.*
5931. scabricula *Cr.*
5932. nana *Cr.*

Epitrix Foud.
5933. cucumeris (*Harr.*).
  seminulum (*Lec.*).
5934. subcrinita *Lec.*
5935. fuscula *Cr.*
5936. lobata *Cr.*
5937. hirtipennis (*Mels.*).

Mantura Steph.
5938. floridana *Cr.*

Cerataltica Cr.
5939. insolita (*Mels.*).

Chaetocnema Steph.
5940. irregularis *Lec.*
5941. subviridis *Lec.*
5942. denticulata (*Ill.*).
5943. crenulata *Cr.*
5944. alutacea *Cr.*
5945. parcepunctata *Cr.*
5946. texana *Cr.*
5947. confinis *Cr.*
5948. pulicaria *Cr.*
5949. elongatula *Cr.*

Euplectroscelis Cr.
5950. Xanti *Cr.*

Psylliodes Latr.
5951. punctulata *Mels.*
  parvicollis *Lec.*
5952. interstitialis *Lec.*
  convexior *Lec.*

Blepharida Chev.
5953. rhois (*Forst.*).

Stenispa Baly.
5954. metallica (*Fab.*).
5955. collaris *Baly.*

Odontota Chev.
5956. omogera *Cr.*
5957. scapularis (*Oliv.*).
5958. notata (*Oliv.*).
5959. scutellaris (*Oliv.*).
  suturalis ‡ (*Harr.*).
5960. bicolor (*Oliv.*).

5961. rubra (*Web.*).
  quadrata (*Fab.*).
5962. rosea (*Web.*).
5962a. inæqualis (*Web.*).

Charistena Baly.
5963. nigrita (*Oliv.*).
5964. ariadne (*Newm.*).
5965. Lecontei *Baly.*

Microrhopala Chev.
5966. vittata (*Fab.*).
5966a. laetula *Lec.*
5967. Xerene (*Newm.*).
5967a. interrupta (*Coup.*).
5968. rubrolineata (*Mann.*).
5968a. signaticollis *Lec.*
5969. cyanea (*Say*).
5970. excavata (*Oliv.*).
5971. porcata *Mels.*
  §
5972. plicatula (*Fab.*).
5973. Melsheimeri *Cr.*

Porphyraspis Boh.
5974. cyanea (*Say*).

Mesomphalia Boh.
5975. Chevrolatii *Boh.*

Chelimorpha Chev.
5976. cassidea (*Fab.*).
  cribraria (*Fab.*).
5977. Lewisii *Cr.*
5978. phytophagica *Cr.*

Physonota Boh.
5979. unipunctata (*Say*).
  Helianthi (*Rand.*).

Cassida Linn.
5980. nigripes *Oliv.*
  9-maculata *Mann.*
5980a. atripes *Lec.*
5980b. ellipsis *Lec.*
5981. bivittata *Say.*
  striolata *Boh.*
  vittula *Boh.*
5982. thoracica *Ill.*
5983. texana *Cr.*
5984. callosa *Boh.*

Coptocycla Chev.
  5985. aurichalcea (*Fab.*).
       aurisplendens (*Mann.*).
  5986. Arizonæ *Cr.*
  5987. guttata (*Oliv.*).
       trabeata *Boh.*
       lucidula *Boh.*
  5988. purpurata *Boh.*
  5989. Lecontei *Cr.*
  5990. clavata (*Fab.*).
  5991. ? bisignata *Boh.*
  5992. ? plicata *Boh.*

TENEBRIONIDÆ.

Edrotes Lec.
  5993. rotundus (*Say*).
  5994. ventricosus *Lec.*

Craniotus Lec.
  5995. pubescens *Lec.*

Triorophus Lec.
  5996. nodiceps *Lec.*
  5997. punctatus *Lec.*
  5998. lævis *Lec.*
  5999. subpubescens *Horn.*

Stibia Horn.
  6000. puncticollis *Horn.*

Triphalus Lec.
  6001. punctatus *Lec.*

Trimytis Lec.
  6002. pruinosa *Lec.*
  6003. pulverea *Horn.*
  6004. abnormis *Horn.*

Cryptadius Lec.
  6005. inflatus *Lec.*

Auchmobius Lec.
  6006. sublævis *Lec.*

Epitragus Latr.
  6007. submetallicus *Lec.*
  6008. acutus *Lec.*
  6009. arundinis *Lec.*
  6010. canaliculatus *Say.*
  6011. pruinosus *Horn.*
  6012. dentiger *Horn.*
  6013. tomentosus *Lec.*
  6014. plumbeus *Lec.*

Schoenicus Lec.
  6015. puberulus *Lec.*

Cnemodus Horn.
  6016. testaceus *Horn.*

Eurymetopon Esch.
  6017. rufipes *Esch.*
  6018. convexicolle *Lec.*
       ? ochraceum *Esch.*
  6019. bicolor *Horn.*
  6020. punctulatum *Lec.*
  6021. sodalis *Horn.*
  6022. serratum *Lec.*

Emmenastus Mots.
  6023. texanus *Lec.*
  6024. longulus *Lec.*
  6025. punctatus *Lec.*
  6026. subopacus *Horn.*
  6027. pinguis *Lec.*
  6028. ater (*Lec.*).
  6029. acutus *Horn.*
  6030. obesus (*Lec.*).
  6031. obtusus *Lec.*

Batulius Lec.
  6032. setosus *Lec.*
  6033. rotundicollis *Lec.*

Zopherus Lap.
  6034. Haldemani *Sallé.*
       nodulosus ‡ *Hald.*
  6035. elegans *Horn.*
  6036. concolor *Lec.*
  6037. guttulatus *Horn.*

6038. tristis *Lec.*
6039. opacus *Horn.*
6040. gracilis *Horn.*

Phloeodes Lec.

6041. diabolicus (*Lec.*).
6042. pustulosus (*Lec.*).

Noserus Lec.

6043. plicatus (*Lec.*).

Phellopsis Lec.

6044. porcata (*Lec.*).
6045. obcordata (*Lec.*).

Usechus Mots.

6046. lacerta *Mots.*

Araeoschizus Lec.

6047. costipennis *Lec.*
6048. sulcicollis *Horn.*
6049. regularis *Horn.*
6050. armatus *Horn.*

Dacoderus Lec.

6051. striaticeps *Lec.*

Anepsius Lec.

6052. delicatulus *Lec.*

Nyctoporis Esch.

6053. cristata *Esch.*
6054. galeata *Lec.*
6055. carinata *Lec.*
6056. aequicollis *Lec.*

Centrioptera Lec.

6057. spiculifera *Lec.*
  ? caraboides *Mannh.*
6058. muricata *Lec.*
6059. asperata *Lec.*
6060. variolosa *Lec.*
6061. seriata (*Lec.*).
6062. infausta (*Lec.*).

Cryptoglossa Sol.

6063. verrucosa (*Lec.*).
6064. laevis (*Lec.*).

Microschatia Sol.

6065. punctata *Sol.*
6066. inaequalis *Lec.*
6067. sulcipennis *Lec.*

Asida Latr.

6068. opaca *Say.*
6069. lirata (*Lec.*).
6070. polita *Say.*
6071. sordida (*Lec.*).
6071a. costipennis *Lec.*
6072. aegrota *Lec.*
6073. morbillosa (*Lec.*).
6074. actuosa *Horn.*
6075. semilaevis *Horn.*
6076. carinata (*Lec.*).
6077. bifurca (*Lec.*).
6078. connivens (*Lec.*).
6079. confluens (*Lec.*).
6080. parallela (*Lec.*).
6081. 6-costata (*Lec.*).
6082. obsoleta (*Lec.*).
6083. muricatula (*Lec.*).
6084. hirsuta (*Lec.*).
6085. hispidula (*Lec.*).
6086. luctata *Horn.*
6087. angulata (*Lec.*).
6088. Lecontei *Horn.*
  costipennis ‖ *Lec.*
6089. captiosa *Horn.*
6090. puncticollis *Lec.*
6091. consobrina *Horn.*
6092. convexa (*Lec.*).
6093. obovata (*Lec.*).
6094. convexicollis (*Lec.*).
6095. marginata (*Lec.*).
6095a. rimata (*Lec.*).
6095b. subcylindrica *Horn.*
6096. gibbicollis *Horn.*
6097. elata (*Lec.*).

Ologlyptus Lac.

6098. anastomosis *Say.*

Astrotus Lec.

6099. contortus (*Lec.*).
6100. regularis *Horn.*

Branchus Lec.

6101. floridanus *Lec.*

Coelus Esch.
6102. ciliatus *Esch.*
6103. globosus *Lec.*

Eusattus Lec.
6104. robustus *Lec.*
6105. reticulatus (*Say*).
6106. costatus *Horn.*
6107. erosus *Horn.*
6108. lævis *Lec.*
6109. difficilis *Lec.*
6110. muricatus *Lec.*
6111. dilatatus *Lec.*
6112. puberulus *Lec.*
6113. dubius (*Lec.*).
6114. productus (*Lec.*).

Coniontis Esch.
6115. abdominalis *Lec.*
6116. robusta *Horn.*
6117. opaca *Horn.*
6118. viatica *Esch.*
6119. puncticollis *Lec.*
6120. Eschscholtzii *Mann.*
6121. affinis *Lec.*
6122. subpubescens *Lec.*
6123. nemoralis *Esch.*
6124. ovalis *Esch.*
6125. lata *Lec.*
6126. obesa *Lec.*

Eleodes Esch.
6127. obscura (*Say*).
6127*a*. dispersa *Lec.*
6127*b*. sulcipennis *Mann.*
6128. acuta (*Say*).
6129. suturalis (*Say*).
6129*a*. texana *Lec.*
6130. pedinoides *Lec.*
6131. tricostata (*Say*).
6132. carbonaria (*Say*).
6133. obsoleta (*Say*).
6134. quadricollis *Esch.*
6135. humeralis *Lec.*
6136. granulata *Lec.*
6137. extricata (*Say*).
§
6138. militaris *Horn.*
6139. armata *Lec.*
6140. femorata *Lec.*
6141. longicollis *Lec.*
6142. gentilis *Lec.*
6143. ventricosa *Lec.*
6144. lucæ *Lec.*
6145. gracilis *Lec.*
6146. innocens *Lec.*
6147. grandicollis *Mann.*
6148. gigantea *Mann.*
6149. nigrina *Lec.*
6150. hispilabris (*Say*).
6151. sponsa *Lec.*
6152. caudifera *Lec.*
6153. acuticauda *Lec.*
6154. dentipes *Esch.*
6155. granosa *Lec.*
6156. pilosa *Horn.*
6157. hirsuta *Lec.*

Blapylis.
6158. scabripennis *Lec.*
6159. clavicornis *Esch.*
6160. Lecontei *Horn.*
subaspera ‖ *Lec.*
6161. consobrina *Lec.*
6162. tenebrosa *Horn.*
6163. planipennis *Lec.*
6164. parvicollis *Esch.*
6165. cordata *Esch.*
6166. pimelioides *Mann.*

Promus.
6167. opaca (*Say*).
6168. fusiformis *Lec.*
6169. seriata *Lec.*
6170. subnitens *Lec.*
6171. striolata *Lec.*

Discogenia Lec.
6172. marginata (*Esch.*).
6173. scabricula (*Lec.*).

Embaphion Say.
6174. muricatum *Say.*
6175. contusum *Lec.*
6176. elongatum *Horn.*
6177. planum *Horn.*
6178. depressum *Lec.*

Eulabis Esch.
6179. bicarinata *Esch.*
6180. grossa *Lec.*
6181. rufipes *Esch.*
6182. pubescens (*Lec.*).
6183. obscura (*Lec.*).

Argoporis Horn.
6184. sulcipennis (*Lec.*).
6185. bicolor (*Lec.*).

Cerenopus Lec.
6186. concolor *Lec.*
6187. cribratus *Lec.*
6188. costulatus *Horn.*

Cratidus Lec.
6189. osculans (*Lec.*).
6190. rotundicollis *Horn.*

Amphidora Esch.
6191. littoralis *Esch.*
6192. nigropilosa *Lec.*
6193. tenebrosa *Horn.*
6194. caudata *Horn.*

Stenotrichus Lec.
6195. rufipes (*Lec.*).

Polypleurus Esch.
6196. geminatus *Sol.*
6197. perforatus (*Germ.*).
6198. nitidus *Lec.*

Nyctobates Guér.
6199. pensylvanica (*DeG.*).
  inermis *Mann.*
6200. barbata (*Knoch*).

Iphthimus Truq.
6201. opacus *Lec.*
6202. serratus (*Mannh.*).
6202a. sublævis *Bland.*
6202b. Lewisii *Horn.*

Coelocnemis Mann.
6203. dilaticollis *Mann.*
6204. obesa *Lec.*
6205. magna *Lec.*
6206. punctata *Lec.*

Merinus Lec.
6207. lævis (*Oliv.*).

Upis Fabr.
6208. ceramboides (*Linn.*).

Haplandrus Lec.
6209. femoratus (*Fab.*).
6210. ater (*Lec.*).
6211. concolor *Lec.*

Scotobænus Lec.
6212. parallelus *Lec.*

Cibdelis Mann.
6213. Blaschkii *Mann.*
6214. Bachei *Lec.*

Glyptotus Lec.
6215. cribratus *Lec.*

Rhinandrus Lec.
6216. gracilis *Lec.*

Centronopus Sol.
6217. calcaratus (*Fab.*).
6218. opacus *Lec.*

Xylopinus Lec.
6219. saperdioides (*Oliv.*).
6220. rufipes (*Say*).
6221. ænescens *Lec.*

Tenebrionellus Cr.
[*Tenebrio* † Fabr.]
6222. obscurus *Fab.*
6223. molitor *Linn.*
6224. castaneus *Knoch.*
6225. tenebrioides (*Beauv.*).

Bius Muls.
6226. estriatus (*Lec.*).

Sitophagus Muls.
6227. pallidus (*Say*).
6228. Lecontei *Horn.*
  planus ‖ *Lec.*

Alaephus Horn.
6229. pallidus *Horn.*

Eupsophus Horn.
6230. castaneus *Horn.*

Opatrinus Latr.
  6231. notus (*Say*).
  6232. aciculatus *Lec*.
  6233. Sayi *Horn*.

Mecysmus Horn.
  6234. angustus (*Lec.*).

Conibius Lec.
  6235. seriatus *Lec*.
  6236. parallelus *Lec*.
  6237. elongatus *Horn*.

Blapstinus Latr.
  6238. sordidus *Lec*.
  6239. sulcatus *Lec*.
  6240. auripilis *Horn*.
  6241. dilatatus *Lec*.
  6242. brevicollis *Lec*.
  6243. Lecontei *Muls*.
     pubescens || *Lec*.
  6244. pratensis *Lec*.
  6245. vestitus *Lec*.
  6246. longulus *Lec*.
  6247. discolor *Horn*.
  6248. moestus *Mels*.
  6249. pulverulentus *Mann*.
  6250. interruptus (*Say*).
  6251. metallicus (*Fab.*).

Notibius Lec.
  6252. puberulus *Lec*.
  6253. puncticollis *Lec*.
  6254. gagates *Horn*.
  6255. opacus *Lec*.
  6256. granulatus *Lec*.
  6257. sulcatus *Lec*.

Ulus Horn.
  6258. obliquus (*Lec.*).
  6259. crassus (*Lec.*).

Ammodonus Muls.
  6260. fossor (*Lec.*).

Ephalus Lec.
  6261. latimanus (*Lec.*).

Cnemeplatia Costa.
  6262. sericea *Horn*.

Alaudes Horn.
  6263. singularis *Horn*.

Pedinus Latr.
  [*Crypticus* Latr.]
  6264. obsoletus *Say*.

Tribolium MacL.
  6265. ferrugineum (*Fab.*).
  6266. madens (*Charp.*).

Dioedus Lec.
  6267. punctatus *Lec*.

Gnathocerus Thunb.
  6268. cornutus (*Fab.*).

Echocerus Horn.
  6269. maxillosus (*Fab.*).

Evoplus Lec.
  6270. ferrugineus *Lec*.

Ulosonia Lap.
  6271. marginata (*Lec.*).

Merotemnus Horn.
  6272. elongatus *Horn*.

Mycotrogus Horn.
  6273. piceus *Horn*.
  6274. angustus *Horn*.

Aphanotus Lec.
  6275. brevicornis (*Lec.*).

Alphitobius Steph.
  6276. diaperinus (*Pz.*).
  6277. piceus (*Oliv.*).

Cynaeus Lec.
  6278. angustus (*Lec.*).
  6279. depressus *Horn*.

Metaclisa Duv.
  6280. marginalis *Horn*.

Tharsus Lec.
6281. seditiosus *Lec.*

Phaleria Latr.
[*Uloma* † Lap.]
6282. impressa *Mels.*
6283. imberbis *Lec.*
6284. mentalis *Horn.*
6285. longula *Lec.*
6286. punctulata *Lec.*

Eutochia Lec.
6287. picea (*Mels.*).
6288. crenata (*Lec.*).

Anaedus Blanch.
6289. brunneus (*Ziegl.*).
6290. rotundicollis *Lec.*

Paratenetus Spin.
6291. punctatus *Sol.*
6292. fuscus *Lec.*
6293. cribratus *Mots.*
6294. gibbipennis *Mots.*

Prataeus Lec.
6295. fusculus *Lec.*

Halophalerus Cr.
[*Phaleria* † Leach.]
6296. rotundata *Lec.*
6297. limbata *Horn.*
6298. pilifera *Lec.*
6299. testacea *Say.*
6300. longula *Lec.*
6301. picipes *Say.*
6302. debilis *Lec.*
6303. globosa *Lec.*
6304. humeralis *Horn.*
6305. ? picta *Mann.*

Trachyscelis Latr.
6306. flavipes *Mels.*

Anaemia Lap.
6307. californica *Horn.*

Diaperis Geoff.
6308. hydni *Fab.*

6309. rufipes *Horn.*

Hoplocephala Lap.
6310. viridipennis (*Fab.*).
6311. bicornis (*Oliv.*).

Platydema Lap.
6312. excavatum (*Say*).
6313. cyanescens *Lap.*
6314. erythrocerum *Lap.*
6315. ruficolle *Lap.*
6316. ruficorne (*Sturm.*).
6317. flavipes (*Fab.*).
6318. janus (*Fab.*).
6319. ellipticum (*Fab.*).
6320. oregonense *Lec.*
6321. americanum *Lap.*
6322. laevipes *Hald.*
6323. micans *Horn.*
6324. picilabrum *Mels.*
6325. subcostatum *Lap.*

Phylethus Meg.
6326. bifasciatus (*Say*).

Liodema Horn.
6327. laeve (*Hald.*).

Scaphidema Redt.
6328. aeneolum *Lec.*

Corticeus Pill.
[*Hypophloeus* Fab.]
6329. parallelus *Mels.*
6330. thoracicus *Mels.*
6331. cavus *Lec.*

Pentaphyllus Meg.
6332. pallidus *Lec.*
6333. californicus *Horn.*

Bolilotherus Cand.
6334. bifurcus (*Fab.*).
   cornutus (*Fab.*).

Bolitophagus Hellw.
6335. corticola *Say.*
6336. depressus (*Rand.*).

Eledona Latr.

    6337. fungicola *Horn.*

Rhipidandrus Lec.

    6338. paradoxus (*Beauv.*).
            flabellicornis (*St.*).

Apocrypha Esch.

    6339. anthicoides *Esch.*
    6340. dyschirioides *Lec.*
    6341. clivinoides *Horn.*

Helops Fab.

    6342. micans *Fab.*
    6343. undulatus *Lec.*
    6344. venustus *Say.*
    6345. impolitus *Lec.*
    6346. opacus *Lec.*
    6347. punctatus *Gemm.*
            punctipennis || *Lec.*
    6348. rugulosus *Lec.*

    6349. angustus *Lec.*
    6350. gracilis *Bland.*
    6351. californicus *Mann.*
    6352. Edwardsii *Horn.*
    6353. pernitens *Lec.*
    6354. laetus *Lec.*
    6355. rugicollis *Lec.*
    6356. Bachei *Lec.*
    6357. convexulus *Lec.*
    6358. aereus *Germ.*
    6359. cisteloides *Germ.*
    6360. discretus *Lec.*
    6361. sulcipennis *Lec.*
    6362. attenuatus (*Lec.*).
    6363. farctus *Lec.*
    6364. tumescens *Lec.*

Meracantha Kirby.

    6365. contracta (*Beauv.*).

Strongylium Kirby.

    6366. tenuicolle (*Say*).
    6367. terminatum (*Say*).

ÆGIALITIDÆ.

Ægialites Mann.

    6368. debilis *Mann.*

ALLECULIDÆ.

Stenochidus Lec.

    6369. gracilis (*Lec.*).
    6370. cyanescens (*Lec.*).

Allecula Fabr.

    6371. erythrocnemis *Germ.*
    6372. punctulata *Mels.*
    6373. nigrans *Mels.*

Hymenorus Muls.

    6374. pilosus (*Mels.*).
    6375. obscurus (*Say*).
    6376. punctulatus (*Lec.*).
    6377. niger (*Mels.*).
    6378. communis *Lec.*
    6379. rufipes (*Lec.*).
    6380. confertus *Lec.*
    6381. densus *Lec.*

    6382. punctatissimus *Lec.*
    6383. humeralis *Lec.*

Pseudocistela Cr.

    [*Cistela* ‡ Fab.]
    6384. brevis *Say.*
    6385. pinguis (*Lec.*).
    6386. opaca *Lec.*
    6387. marginata *Ziegl.*
    6388. femoralis *Oliv.*
    6389. sericea *Say.*

Isomira Muls.

    6390. quadristriata (*Coup.*).
    6391. velutina *Lec.*

Mycetochares Latr.

    Stigmatoma Lec.
    6392. Haldemani *Lec.*

6393. fraterna (*Say*).
6394. basillaris (*Say*).
§
6395. bicolor *Coup.*
6396. foveatus *Lec.*
6397. tenuis *Lec.*
§
6398. binotata (*Say*).

Chromatia Lec.

6399. amoena (*Say*).

Capnochroa Lec.

6400. fuliginosa (*Mels.*).

Androchirus Lec.

6401. fuscipes (*Mels.*).
6402. luteipes *Lec.*

Cteniopus Sol.

6403. Murrayi *Lec.*

OTHNIIDÆ.

Othnius Lec.

6404. umbrosus *Lec.*
6405. lugubris *Horn.*

6406. longicornis *Horn.*
6407. fasciatus *Bland.*

LAGRIIDÆ.

Arthromacra Kirby.

6408. aenea (*Say*).

Statira Latr.

6409. croceicollis *Mäkl.*

6410. resplendens *Mels.*
6411. gagatina *Mels.*
6412. subnitida *Lec.*

MONOMMIDÆ.

Hyporhagus Thoms.

6413. Lecontei *Thoms.*
6414. punctulatus *Thoms.*

6415. opaculus *Lec.*
6416. opuntiæ *Horn.*
6417. gilensis *Horn.*

PYROCHROIDÆ.

Ischalia Pasc.

6418. costata (*Lec.*).

Pyrochroa Geoff.

6419. flabellata *Fabr.*
6420. femoralis *Lec.*

Schizotus Newm.

6421. cervicalis *Newm.*

Dendroides Latr.

6422. canadensis *Latr.*
6423. concolor (*Newm.*).
6424. testacea *Lec.*
6425. ephemeroides (*Mann.*).

ANTHICIDÆ.

Nematoplus Lec.
   6426. collaris *Lec.*

Eurygenius Laf.
   6427. Wildii *Lec.*
   6428. murinus (*Hald.*).
   6429. constrictus *Lec.*

Stereopalpus Laf.
   6430. Mellyi *Laf.*
   6431. badiipennis *Lec.*
   6432. guttatus *Lec.*

Bactrocerus Lec.
   6433. concolor *Lec.*

Corphyra Say.
   6434. vittata *Horn.*
   6435. Newmani *Lec.*
   6436. lugubris *Say.*
   6437. funebris *Horn.*
   6438. cyanipennis *Bland.*
   6439. fulvipes *Newm.*
   6440. labiata *Say.*
   6441. pulchra *Lec.*
   6442. Lewisii *Horn.*
   6443. punctulata *Lec.*
   6444. terminalis *Say.*
   6445. collaris *Say.*
   6446. elegans *Hentz.*
   6447. canaliculata *Lec.*

Macratria Newm.
   6448. confusa *Lec.*
   6149. murina (*Fab.*).
        linearis *Newm.*

Notoxus Geoff.
   6450. anchora *Hentz.*
   6451. conformis *Lec.*
   6452. cavicornis *Lec.*
   6453. sparsus *Lec.*
   6454. serratus (*Lec.*).
   6455. monodon (*Fabr.*).
   6456. apicalis *Lec.*
   6457. marginatus *Lec.*
   6458. subtilis *Lec.*
   6459. bifasciatus (*Lec.*).
   6460. talpa *Laf.*
   6461. elegantulus *Laf.*
   6462. bicolor (*Say*).
   6463. Pilatei *Laf.*
   6464. planicornis *Laf.*

Mecynotarsus Laf.
   6465. delicatulus *Horn.*

Tomoderus Laf.
   6466. interruptus *Laf.*
   6467. constrictus *Say.*

Formicomus Laf.
   6468. scitulus *Lec.*
   6469. mundus (*Lec.*).

Anthicus Leach.
   6470. obscurus *Laf.*
   6471. nitidulus *Lec.*
   6472. elegans *Laf.*
   6473. tenuis *Lec.*
   6474. formicarius *Laf.*
   6475. cinctus *Say.*
   6476. annectens *Lec.*
   6477. californicus *Laf.*
   6478. rejectus *Lec.*
   6479. floralis *Payk.*
   6480. vicinis *Laf.*
   6481. thoracicus *Laf.*
   6482. confinis *Lec.*
   6483. horridus *Lec.*
   6484. cribratus *Lec.*
   6485. difficilis *Lec.*
   6486. confusus *Lec.*
   6487. luteolus *Lec.*
   6488. nigrita *Mann.*
   6489. scabriceps *Lec.*
   6490. ephippium *Laf.*
   6491. flavicans *Lec.*
   6492. rufulus *Lec.*
   6493. cervinus *Laf.*
   6494. punctulatus *Lec.*
   6495. Haldemani *Lec.*
   6496. quadrilunatus *Laf.*
   6497. biguttulus *Lec.*
   6498. nigritulus *Lec.*
   6499. obscurellus *Lec.*
   6500. latebrans *Lec.*

6501. spretus *Lec.*
6502. nanus *Lec.*
6503. bellulus *Lec.*
6504. pubescens *Lec.*
6505. fulvipes *Laf.*
6506. corticalis *Lec.*
6507. maritimus *Lec.*
6508. ictericus *Laf.*
6509. coracinus *Lec.*
6510. pallens *Lec.*
6511. granularis *Lec.*
6512. exilis *Laf.*
6513. laetus *Laf.*
6514. melancholicus *Laf.*
6515. pusillus *Laf.*
6516. squamosus *Laf.*
6517. lugubris *Laf.*
6518. impressipennis *Laf.*
6519. texanus *Laf.*
6520. pallidus *Say.*
6521. ? politus *Say.*

Tanarthrus Lec.

6522. salinus *Lec.*
6523. alutaceus (*Lec.*).

Xylophilus Latr.

6524. Melsheimeri *Lec.*
6525. notatus *Lec.*
6526. piceus *Lec.*
6527. fasciatus *Mels.*
6528. signatus *Hald.*
6529. basalis *Lec.*

MELANDRYIDÆ.

Scraptia Latr.

6530. sericea (*Mels.*).

Allopoda Lec.

6531. lutea (*Hald.*).

Canifa Lec.

6532. plagiata (*Mels.*).
      americana *Hald.*
6533. pusilla (*Hald.*).
6534. pallipes (*Mels.*).

Tetratoma Fabr.

6535. truncorum *Lec.*
6536. tessellata *Mels.*

Stenotrachelus Latr.

6537. arctatus (*Say*).

Scotodes Esch.

6538. americanus (*Horn*).

Penthe Newm.

6539. obliquata (*Fabr.*).
6540. pimelia (*Fabr.*).

Synchroa Newm.

6541. punctata *Newm.*

Osphya Ill.

6542. varians (*Lec.*).

Phryganophilus Sahl.

6543. collaris *Lec.*

Emmesa Newm.

6544. connectens *Newm.*
6545. labiata (*Say*).

Melandrya Fabr.

6546. striata *Say.*

Prothalpia Lec.

6547. undata *Lec.*

Xylita Payk.

6548. laevigata (*Hellen.*).
6549. decolorata (*Rand.*).

Carebara Lec.

6550. longula *Lec.*

Spilotus Lec.

6551. quadripustulosus (*Mels.*).

Zilora Muls.

6552. hispida (*Lec.*).

Mystaxis Kug.
 6553. simulator (*Newm.*).

Marolia Muls.
 6554. fulminans (*Lec.*).

Serropalpus Hellen.
 6555. striatus *Hellen.*

Enchodes Lec.
 6556. sericea (*Hald.*).

Hypulus Payk.
 [*Dircœa* Muls.]
 6557. liturata *Lec.*
 6558. concolor *Lec.*

Anisoxya Muls.
 6559. glaucula *Lec.*

Symphora Lec.
 6560. flavicollis (*Hald.*).

 6561. rugosa (*Hald.*).

Hallomenus Panz.
 6562. scapularis (*Mels.*).
 6563. punctulatus *Lec.*
 6564. debilis *Lec.*
 6565. basalis *Mann.*

Eustrophus Ill.
 6566. indistinctus *Lec.*
 6567. confinis *Lec.*
 6568. bicolor (*Say*).
 6569. bifasciatus *Say.*
 6570. tomentosus *Say.*

Orchesia Latr.
 6571. castanea *Mels.*
 6572. gracilis *Mels.*

Microscapha *Lec.*
 6573. clavicornis (*Lec.*).

MORDELLIDÆ.

Diclidia Lec.
 6574. laetula (*Lec.*).

Pentaria Muls.
 6575. trifasciata (*Mels.*).
 6576. fuscula *Lec.*
 6577. nubila *Lec.*

Anaspis Geoff.
 6578. nigra (*Hald.*).
 6579. atra *Lec.*
 6580. sericea *Mann.*
 6581. luteipennis *Lec.*
 6582. flavipennis *Hald.*
 6583. rufa *Say.*
 6584. nigriceps *Lec.*
 6585. pusio *Lec.*
 6586. collaris *Lec.*

Tomoxia Costa.
 6587. bidentata (*Say*).
 6588. lineella *Lec.*

 6589. inclusa *Lec.*

Glipa Lec.
 6590. hilaris (*Say*).

Mordella Linn.
 6591. quadripunctata *Say.*
 6592. borealis *Lec.*
 6593. melaena *Germ.*
 6594. scutellaris *Fabr.*
 6595. irrorata *Lec.*
 6596. inflammata *Lec.*
 6597. octopunctata *Fabr.*
 6598. marginata *Mels.*
 6599. lineata *Mels.*
 6600. lunulata *Helmuth.*
 6601. serval *Say.*
 6602. oculata *Say.*
 6603. insulata *Lec.*
 6604. triloba (*Say*).
 6605. undulata *Mels.*
 6606. discoidea *Mels.*

Glipodes Lec.
6607. sericans (*Mels.*).
6608. helva *Lec.*

Mordellistena Costa.
6609. bicinctella *Lec.*
6610. arida *Lec.*
6611. lutea (*Mels.*).
6612. nigricollis *Helmuth.*
6613. trifasciata (*Say*).
6614. lepidula *Lec.*
6615. limbalis (*Mels.*).
6616. vapida *Lec.*
6617. vilis (*Lec.*).
6618. decorella *Lec.*
6619. ornata (*Mels.*).
6620. militaris *Lec.*
6621. scapularis (*Say*).
6622. comata (*Lec.*).
6623. tosta *Lec.*
6624. picicornis *Lec.*
6625. cervicalis *Lec.*
6626. aspersa (*Mels.*).
6627. fulvicollis (*Mels.*).
6628. amica *Lec.*
6629. infima *Lec.*
6630. Andreae *Lec.*
6631. grammica *Lec.*
6632. ancilla *Lec.*
6633. varians *Lec.*
6634. ustulata *Lec.*
6635. semiusta *Lec.*
6636. impatiens *Lec.*
6637. nigricans (*Mels.*).
6638. picilabris *Helmuth.*
6639. ruficeps *Lec.*
6640. nubila (*Lec.*).
6641. guttulata *Helmuth.*
6642. pustulata (*Mels.*).
6643. convicta *Lec.*
6644. fuscipennis (*Mels.*).
6645. pectoralis (*Lec.*).
6646. morula *Lec.*
6647. ambusta *Lec.*
6648. unicolor *Lec.*
6649. marginalis (*Say*).
6650. divisa *Lec.*
6651. pubescens (*Fabr.*).
6652. liturata (*Mels.*).

6653. bihamata (*Mels.*).
6654. hebraica *Lec.*
6655. leporina *Lec.*
6656. fuscata (*Mels.*).
6657. pityptera *Lec.*
6658. angusta *Lec.*
6659. attenuata (*Say*).
6660. vittigera *Lec.*
6661. discolor (*Mels.*).
6662. suturella *Helmuth.*
6663. aemula *Lec.*
6664. nigripennis (*Fabr.*).

Pelecotoma Fisch.
6665. flavipes *Mels.*

Toposcopus Lec.
6666. Wrightii *Lec.*

Macrosiagon Hentz.
6667. dimidiata (*Fabr.*).
6668. flavipennis *Lec.*

Emmenadia Laf.
6669. octomaculata *Gerst.*
6670. puncticeps *Lec.*
6671. militaris *Mels.*
6672. pectinata *Fabr.*
6672a. ventralis *Fabr.*
6673. Sayi *Lec.*
6674. nigra *Mels.*
§
6675. cruenta *Germ.*
6676. linearis *Lec.*
6677. limbata *Fabr.*

Rhipiphorus Bosc.
Myodites Latr.
6678. scaber *Lec.*
6679. semiflavus *Lec.*
6680. luteipennis *Lec.*
6681. fasciatus (*Say*)..
6682. Walshii *Lec.*
6683. flavicornis (*Say*).
6684. stylopides *Newm.*
6685. americanus *Guér.*

STYLOPIDÆ.

Stylops Kirby.
6686. Childreni *Gray.*

Xenos Rossi.
6687. Peckii *Kirby.*

MELOIDÆ.

Meloe Linn.
6688. rugipennis *Lec.*
6689. montanus *Lec.*
6690. tinctus *Lec.*
6691. carbonaceus *Lec.*
6692. afer *Bland.*
6693. impressus *Kirby.*
6694. niger *Kirby.*
6695. opacus *Lec.*
6696. barburus *Lec.*
6697. perplexus *Lec.*
6698. strigulosus *Mann.*
6699. angusticollis *Say.*
6700. moerens *Lec.*
6701. sublœvis *Lec.*

Nomaspis Lec.
6702. parvula (*Hald.*).

Henous Hald.
6703. confertus (*Say*).

Poreospasta Horn.
6704. polita *Horn.*

Megetra Lec.
6705. cancellata (*Er.*).
6706. vittata (*Lec.*).
6707. opaca *Horn.*

Cysteodemus Lec.
6708. armatus *Lec.*
6709. Wislizeni *Lec.*

Tricrania Lec.
6710. sanguinipennis (*Say*).
6711. Stansburii (*Hald.*).
6712. Murrayi *Lec.*

Macrobasis Lec.
6713. albida (*Say*).
6714. longicollis (*Lec.*).
6715. atrivittata (*Lec.*).
6716. ochrea (*Lec.*).
6717. virgulata *Lec.*
6718. torsa (*Lec.*).

6719. unicolor (*Kirby*).
    cinerea ‖ (*Fab.*).
    Fabricii (*Lec.*).
    murina (*Lec.*).
    debilis (*Lec.*).
6720. tenuis (*Lec.*).
6721. immaculata (*Say*).
    fulvescens (*Lec.*).
6722. segmentata (*Say*).
    valida (*Lec.*).
6723. sublineata (*Lec.*).
6724. tenella (*Lec.*).
6725. linearis (*Lec.*).

Pleuropompha Lec.
6726. costata (*Lec.*).

Epicauta Redt.
6727. puncticollis *Mann.*
6728. oblita (*Lec.*).
6729. convolvuli (*Mels.*).
6730. strigosa (*Schh.*).
6731. ferruginea (*Say*).
6732. sericans *Lec.*
6733. pruinosa *Lec.*
6734. callosa *Lec.*
6735. caviceps *Horn.*
6736. pedalis (*Lec.*).
6737. pardalis *Lec.*
6738. maculata (*Say*).
6739. vittata (*Fab.*).
6740. lemniscata (*Fab.*).
6741. nigritarsis *Lec.*
6742. Stuarti *Lec.*
6743. Wheeleri *Ulke.*
6744. cinerea (*Forst.*).
6745. funebris *Horn.*
6746. corvina *Lec.*
6747. pensylvanica (*DeG.*).
    morio (*Lec.*).
6748. maura (*Lec.*).
6749. sanguinicollis *Lec.*

Pyrota Lec.
6750. mylabrina *Chev.*
6751. Engelmanni (*Lec.*).
6752. terminata *Lec.*
6753. postica *Lec.*
6754. rufipennis (*Chev.*).
    vittigera *Lec.*
6755. insulata (*Lec.*).

6756. Germari (*Hald.*).
6757. discoidea (*Lec.*).
6758. limbalis *Lec.*
6759. Afzeliana (*Fabr.*).

Pomphopoea Lec.

6760. polita (*Say*).
6761. Sayi (*Lec.*).
6762. unguicularis *Lec.*
6763. texana *Lec.*
6764. aenea (*Say*).
filiformis (*Lec.*).
6764a. tarsalis (*Bland*).

Cantharis Linn.

6765. eucera (*Chev.*).
6766. 4-maculata (*Chev.*).
6767. melaena (*Lec.*).
6768. magister (*Horn*).
6769. vulnerata (*Lec.*).
6769a. Cooperi (*Lec.*).
6770. Nuttalli (*Say*).
6771. cyanipennis (*Say*).
salicis *Lec.*
6772. viridana (*Lec.*).
6773. lugubris *Ulke.*
6774. Childii (*Lec.*).
6775. tenebrosa (*Lec.*).
6776. puberula (*Lec.*).
6777. biguttata (*Lec.*).
6778. moerens (*Lec.*).
6779. reticulata (*Say*).
6780. cribrata (*Lec.*).
6781. deserticola (*Horn.*).
6782. dichroa (*Lec.*).
6783. cardinalis (*Chev.*).
6784. nitidicollis (*Lec.*).
6785. lugens (*Lec.*).
6786. Rathvoni (*Lec.*).
6787. stygica (*Lec.*).
smaragdula (*Lec.*).
dolosa (*Lec.*).
6788. auriculata (*Horn*).
6789. aeneipennis (*Lec.*).
6790. refulgens (*Horn*).
6791. sphaericollis (*Say*).
6792. compressicornis (*Horn*).
6793. convexa (*Lec.*).

Calospasta Lec.

6794. elegans (*Lec.*).
6795. nemognathoides *Horn.*
6796. perpulchra *Horn.*

6797. mirabilis *Horn.*

Tegrodera Lec.

6798. erosa *Lec.*

Eupompha Lec.

6799. fissiceps *Lec.*

Phodaga Lec.

6800. alticeps *Lec.*

Tetraonyx Latr.

6801. quadrimaculata (*Fabr.*).
6802. fulva *Lec.*

Zonitis Fabr.

6803. atripennis (*Say*).
6804. flavida *Lec.*
6805. bilineata *Say.*
6806. longicornis *Horn.*

Nemognatha Ill.

6807. sparsa *Lec.*
6808. bicolor *Lec.*
6809. lurida *Lec.*
6810. apicalis *Lec.*
6811. pallens *Lec.*
6812. lutea *Lec.*
6813. dichroa *Lec.*
6814. dubia *Lec.*
6815. palliata *Lec.*
6816. piezata (*Fabr.*).
6817. texana *Lec.*
6818. decipiens *Lec.*
6819. punctulata *Lec.*
6820. flavipennis *Uhler.*
6821. nigripennis *Lec.*
6822. scutellaris *Lec.*
6823. nemorensis *Hentz.*
6824. cribraria *Lec.*
6825. immaculata *Say.*
6826. vittigera *Lec.*
6827. cribricollis *Lec.*
6828. porosa *Lec.*

Gnathium Kirby.

6829. Francilloni *Kirby.*
flavicolle *Lec.*
6830. minimum *Say.*
6831. longicolle (*Lec.*).
6832. texanum *Horn.*
6833. nitidum *Horn.*

CEPHALOIDÆ.

Cephaloon Newm.
  6834. lepturides *Newm.*

ŒDEMERIDÆ.

Calopus Fabr.
  6835. angustus *Lec.*
  6836. aspersus *Lec.*

Microtonus Lec.
  6837. sericans *Lec.*

Ditylus Fischer.
  6838. coeruleus (*Rand.*).
  6839. quadricollis *Lec.*
  6840. gracilis *Lec.*
  6841. obscurus (*Lec.*).
  6842. bicolor *Horn.*
  6843. cyanipennis *Horn.*

Nacerdes Schmidt.
  6844. melanura (*Linn.*).

Xanthochroa Schmidt.
  6845. lateralis (*Mels.*).
  6846. trinotata *Lec.*

Copidita Lec.
  6847. quadrimaculata (*Motsch.*).

Oxacis Lec.
  6848. cana (*Lec.*).
  6849. pallida (*Lec.*).
  6850. taeniata (*Lec.*).
  6851. thoracica (*Fabr.*).
  6852. sericea *Horn.*
  6853. notoxoides (*Fabr.*).
  6854. granulata *Lec.*
  6855. bicolor §(*Lec.*).
  6856. fuliginosa *Lec.*
  6857. dorsalis §(*Mels.*).

Probosca Schmidt.
  6858. lucana *Lec.*
  6859. pleuralis *Lec.*

Asclera Schmidt.
  6860. excavata *Lec.*
  6861. ruficollis (*Say*).
  6862. puncticollis (*Say*).
  6863. erythrocephala (*Germ.*).
  6864. nigra *Lec.*

Rhinoplatia Horn.
  6865. ruficollis *Horn.*

MYCTERIDÆ.

Mycterus Clairv.
  6866. concolor *Lec.*
  6867. scaber *Hald.*
  6868. flavipennis *Horn.*

Lacconotus Lec.
  6869. punctatus *Lec.*

PYTHIDÆ.

Pytho Latr.
  6870. niger *Kirby.*
  6871. americanus *Kirby.*
  6872. deplanatus *Mann.*
  6873. strictus *Lec.*

Crymodes Lec.
6874. discicollis *Lec.*

Priognathus Lec.
6875. monilicornis (*Rand.*).

Boros Herbst.
6876. unicolor *Say.*

Sphalma Horn.
6877. quadricollis *Horn.*

Cononotus Lec.
6878. sericans *Lec.*

6879. punctatus *Lec.*

Salpingus Gyll.
6880. virescens (*Lec.*).
6881. alternatus *Lec.*
6882. tibialis *Lec.*
6883. elongatus *Mann.*

Rhinosimus Latr.
6884. pallipes *Boh.*
6885. aeneirostris *Mann.*
6886. nitens *Lec.*

Tanyrhinus Mann.
6887. singularis *Mann.*

CURCULIONIDÆ.

Trigonoscuta Motsch.
6888. pilosa *Motsch.*

Mimetes Schh.
6889. setulosus *Lac.*

Liophloeus Germ.
6890. inquinatus *Mann.*

Strophosomus Billb.
6891. ? tessellatus *Say.*

Barynotus Germ.
6892. undulatus *Uhler.*
6893. ? granulatus *Say.*

Sitones Germ.
6894. californicus *Mann.*
6895. lepidus *Gyll.*
6896. lineellus *Bonds.*
6896a. scissifrons *Say.*
6896b. indifferens *Say.*
6897. seniculus *Mann.*
6898. sordidus *Lec.*
6899. vittatus *Lec.*

Pandeletius Schh.
6900. hilaris (*Hbst.*).
pauperculus *Schh.*

Polydrusus Schh.
6901. americanus *Schh.*
6902. elegans *Coup.*

Tanymecus Schh.
6903. canescens *Schh.*
6904. confusus *Say.*
confertus *Schh.*
6905. lacœna (*Hbst.*).
6906. lautus *Lec.*
6907. leucophæus *Schh.*

Pachnæus Schh.
6908. opalus (*Oliv.*).

Compsus Schh.
6909. auricephalus (*Say*).
auripes *Schh.*

Epicœrus Schh.
6910. formidolosus *Schh.*
6911. imbricatus (*Say*).

Graphorrhinus Schh.
6912. vadosus (*Say*).

Otiorhynchus Germ.
6913. naso *Lec.*
6914. Sayi *Schh.*
6915. sulcatus (*Fab.*).

Tyloderes Schh.
6916. gemmatus *Lec.*

Agraphus Schh.
6917. bellicus (*Say*).

Pentelus Germ.
6918. sellatus *Boh.*

Paraptochus Seidl.
6919. californicus *Seidl.*

Ptochus Schh.
6920. adspersus *Schh.*
tessellatus *Schh.*
6921. globiventus *Lec.*
6922. saccatus *Lec.*

Cercopius Schh.
6923. chrysorrhæus (*Say*).

Trachyphloeus Germ.
6924. asperatus *Schh.*
6925. dilatatus *Lec.*
6926. incomptus *Lec.*
6927. melanothrix *Kirby.*
6928. squalens *Lec.*

Brachystylus Schh.
6929. acutus (*Say*).

Macrops Kirby.
6930. maculicollis *Kirby.*
6931. vitticollis *Kirby.*

Aphrastus Schh.
6932. tæniatus (*Say*).

Lepidosma Mots.
6933. californicum *Mots.*

Phyxelis Schh.
6934. glomerosus *Schh.*
6935. rigidus (*Say*).
6936. setifer *Schh.*

Dyslobus Lec.
6937. decoratus *Lec.*

6938. granicollis *Lec.*
6939. segnis *Lec.*

Panscopus Schh.
6940. crinaceus (*Say*).

Ophryastes Schh.
6941. argentatus *Lec.*
6942. decipiens *Lec.*
6943. latirostris *Lec.*
6944. ligatus *Lec.*
6945. porosus *Lec.*
6946. sordidus *Lec.*
6947. speciosus *Lec.*
6948. sulcirostris (*Say*).
6949. tessellatus *Say.*
6950. tuberosus *Lec.*
6951. validus *Lec.*
6952. varius *Lec.*
6953. vittatus *Say.*

Thecosternus Say.
6954. affinis *Lec.*
6955. erosus *Lec.*
6956. humeralis *Say.*
6957. longior *Lec.*
6958. morbillosus *Lec.*
6959. rectus *Lec.*
6960. rudis *Lec.*

Byrsopages Schh.
6961. carinatus *Mots.*

Listroderes Schh.
6962. appendiculatus *Boh.*
6963. caudatus *Say.*
6964. delumbis *Gyll.*
6965. distinguendus *Gyll.*
6966. humilis *Gyll.*
6967. immundus *Boh.*
6968. inæqualipennis *Boh.*
6969. latiusculus *Boh.*
6970. lineatulus (*Say*).
6971. oregonensis *Lec.*
6972. porcellus (*Say*).
6973. solutus *Boh.*
6974. sordidus *Gyll.*
6975. sparsus (*Say*).
6976. spurcus *Boh.*
6977. squamiger (*Say*).
6978. teretirostris *Lec.*

Plinthus Germ.
6979. carinatus *Boh.*

Trachodes Germ.
6980. 4-tuberculatus *Motsch.*
6981. horridus *Mann.*
6982. ptinoides *Germ.*

Eudiagogus Schh.
6983. pulcher *Fahrs.*
6984. Rosenschoeldi *Fahrs.*

Promecops Schh.
6985. arcuata *Fahrs.*
6985a. nubifera *Gyll.*

Aracanthus Schh.
6986. pallidus (*Say*).

Alophus Schh.
6987. alternatus (*Say*).
6988. constrictus *Lec.*
6989. didymus *Lec.*
6990. seriatus *Mann.*

Lepidophorus Kirby.
6991. lineatocollis *Kirby.*

Phytonomus Schh.
6992. compta (*Say*).
6992a. diversa *Gyll.*
6993. seriata *Mann.*

Ithycerus Schh.
6994. noveboracensis (*Forst.*).
curculionoides *Hbst.*
Schonherri *Kirby.*

Curculio Linn.

[*Cleonus* Schh.]
6995. angularis *Lec.*
6996. lutulentus (*Lec.*).
6997. pulvereus (*Lec.*).
6998. trivittatus *Say.*
6999. vittatus *Kirby.*

Larinus Schh.
7000. gravidus *Oliv.*
7001. molitor *Lec.*

Lixus Fabr.
7002. auctus *Lec.*
7003. calandroides *Rand.*
7004. concavus *Say.*
7005. læsicollis *Lec.*
7006. marginatus *Schh.*
7007. modestus *Mann.*
californicus *Mots.*
7008. musculus *Say.*
7009. poricollis *Mann.*
7010. præpotens *Say.*
7011. pleuralis *Lec.*
7012. rubellus *Rand.*
7013. scrobicollis *Schh.*
lateralis *Say.*
7014. sylvius *Schh.*

Lepyrus Schh.
7015. colon (*Linn.*).
7016. gemellus *Kirby.*
7017. geminatus *Say.*

Eudocimus Schh.
7018. Mannerheimii *Boh.*

Hylobius Germ.
7019. assimilis *Schh.*
7020. confusus *Kirby.*
7021. pales (*Hbst.*).
macellus *Germ.*
7022. picivorus *Germ.*
7023. stupidus *Boh.*
7024. pinicola *Coup.*
7025. tæniatus *Lec.*
7026. torpidus *Lec.*

Hilipus Germ.
7027. ? apiatus (*Oliv.*).
farinosus *Panz.*
7028. ? scrobiculatus *Mann.*
7029. squamosus *Lec.*

Pissodes Germ.
7030. affinis *Rand.*
7031. costatus *Mann.*
7032. dubius *Rand.*
7033. nemorensis *Germ.*
strobi ‡ *Say.*
7034. strobi *Peck.*

Erirrhinus Schh.
7035. ephippiatus *Say*.
7036. juniperinus *Sanb*.
7037. luridus *Mann*.
7038. lutulentus *Schh*.
7039. Mannerheimii *Gemm*.
      vestitus || *Mann*.
7040. morio *Mann*.
7041. rufulus *Mann*.
7042. rutilus *Boh*.
7043. rufus *Say*.
7044. subsignatus *Mann*.

Dorytomus Schh.
7045. mucidus *Say*.

Smicronyx Schh.
7046. cinereus *Mots*.

Bagous Germ.
7047. mammillatus *Say*.

Endalus Lap.
7048. apiculatus *Gyll*.
7049. limatulus *Gyll*.
7050. nigrirostris *Boh*.
7051. simplex *Say*.
      egenus *Gyll*.

Brachybamus Schh.
7052. electus *Germ*.
7053. inceratus *Boh*.

Monius Schh.
7054. rufinasus *Gyll*.

Emphyastes Mann.
7055. fucicola *Mann*.

Apion Hbst.
7056. cavifrons *Lec*.
7057. cinereum *Gerst*.
7058. crassinasum *Lec*.
7059. cuprescens *Mann*.
7060. lanuginosum *Walsh*.
7061. melanarium *Gerst*.
7062. metallicum *Gerst*.
7063. nigrum *Hbst*.
7064. nodirostre *Gerst*.
7065. œdorhynchum *Lec*.

7066. pensylvanicum *Boh*.
7067. porcatum *Boh*.
7068. porosicolle *Gemm*.
      cribricolle || *Lec*.
7069. proclive *Lec*.
7070. reconditum *Gyll*.
7071. rostrum *Say*.
      Sayi *Gyll*.
7072. segnipes *Say*.
7073. subglobosum *Gerst*.
7074. troglodytes *Mann*.
7075. ventricosum *Lec*.
7076. vile *Gerst*.

Attelabus Linn.
7077. analis *Ill*.
7078. bipustulatus *Fabr*.
7079. nigripes *Lec*.
7080. rhois *Boh*.
      pubescens *Say*.
7081. scutellaris *Say*.

Rhynchites Hbst.
7082. æneus *Boh*.
7083. æratus *Say*.
7084. bicolor *Fab*.
7085. congruus *Walk*.
7086. glastinus *Lec*.
7087. hirtus *Fab*.
7088. humeralis *Boh*.
7089. nigripennis *Fab*.

Eugnamptus Schh.
7090. angustatus (*Hbst*.).
7091. sulcifrons *Gyll*.

Otidocephalus Chev.
7092. myrmex *Hbst*.
7093. americanus *Chev*.
7094. myrmecodes *Say*.
7095. scrobicollis *Schh*.
7096. Chevrolatii *Horn*.
      myrmecodes || *Chev*.

Magdalis Germ.
7097. armicollis (*Say*).
7098. barbita *Say*.
7099. brunnipes *Gyll*.
7100. imbellis *Lec*.
7101. olyra (*Hbst*.).
7102. pallidus *Say*.
7103. pandura *Say*.

Balaninus Germ.

7104. caryatrypes *Boh.*
7105. constrictus *Say.*
7106. nasicus *Say.*
    Sayi *Gyll.*
7107. porrectus *Boh.*
7108. rectus *Say.*
7109. rostratus *Gyll.*
    nasutus ‡ *Say.*
7110. sparsus *Gyll.*
7111. uniformis *Lec.*

Anthonomus Germ.

7112. brunnipennis *Mann.*
7113. cratægi *Walsh.*
7114. flavicornis *Boh.*
7115. fulvus *Lec.*
7116. hæmatopus *Boh.*
    helvolus *Boh.*
7117. inermis *Boh.*
7118. musculus *Say.*
7119. nigrinus *Boh.*
7120. 4-gibbus *Say.*
7121. scutellaris *Lec.*
7122. scutellatus *Gyll.*
7123. signatus *Say.*
7124. suturalis *Lec.*
    erythropterus *Say.*
7125. sycophanta *Walsh.*
7126. tessellatus *Walsh.*

Orchestes Ill.

7127. puberulus *Boh.*
7128. ephippiatus *Say.*
7129. pallicornis *Say.*

Prionomerus Schh.

7130. calceatus *Say.*
    carbonarius *Gyll.*

Piazorrhinus Schh.

7131. scutellaris *Say.*

Tychius Schh.

7132. amoenus *Say.*
7133. aratus *Say.*
7134. corniculatus *Fahrs.*

Læmosaccus Schh.

7135. plagiatus (*Fab.*).

Conotrachelus Schh.

7136. affinis *Schh.*
7137. anaglypticus *Say.*
7138. aratus *Germ.*
7139. confinis *Fahrs.*
7140. cratægi *Walsh.*
7141. cribricollis *Say.*
7142. cristatus *Schh.*
7143. elegans *Say.*
7144. infector *Schh.*
7145. nenuphar (*Hbst.*).
7146. posticatus *Say.*
7147. puncticollis *Walsh.*
7148. retensus *Say.*
7149. similis *Schh.*

Rhyssomatus Schh.

7150. lineaticollis *Say.*
7151. palmacollis *Say.*

Chalcodermus Schh.

7152. æneus *Boh.*
7153. pruinosus *Boh.*

Camptorhinus Schh.

7154. tubulatus *Say.*

Acalles Schh.

7155. clavatus *Say.*

Analcis Schh.

7156. æreus *Say.*
7157. foveolatus *Say.*
7158. morbillosus *Lec.*
7159. fragariæ *Riley.*

Pseudomus Schh.

7160. sedentarius *Say.*

Cryptorhynchus Ill.

7161. apiculatus *Gyll.*
7162. bisignatus *Say.*
7163. ferratus *Say.*
7164. gracilis *Boh.*
7165. obliquus *Say.*
7166. obliquefasciatus *Boh.*
7167. parochus (*Hbst.*).
    luctuosus *Boh.*
7168. pumilus *Boh.*
7169. obtentus *Hbst.*
    ypsilon *Boh.*

Copturus Schh.

7170. minutus *Lec.*
7171. operculatus *Say.*
7172. oculatus *Say.*
7173. quercus *Say.*

Tachygonus Schh.

7174. Lecoutei *Gyll.*
7175. centralis *Lec.*

Pterocolus Schh.

7176. ovatus (*Fab.*).

Mononychus Germ.

7177. vulpeculus (*Fab.*).

Coeliodes Schh.

7178. acephalus *Say.*
7179. curtus *Say.*
7180. flavicaudis *Boh.*
7181. leprosus *Boh.*
7182. subulirostris *Gyll.*

Megacetes Thoms.

7183. inæqualis *Say.*

Ceutorrynchus Germ.

7184. pusio *Mann.*
7185. rubidus *Gyll.*
7186. septentrionalis *Gyll.*
7187. umbellæ (*Fab.*).
7188. Zimmermanni *Gyll.*

Rhytidosomus Steph.

7189. orobinus *Schiödte.*

Phytobius Schh.

7190. 4-spinosus *Say.*
       cretura ‡ *Say.*
7191. sulcicollis *Fahrs.*
7192. triangularis *Say.*

Rhinoncus Schh.

7193. pyrrhopus *Boh.*

Coelogaster Schh.

7194. Zimmermanni *Gyll.*

Baris Germ.

7195. subæneus *Lec.*
7196. quadratus *Lec.*
7197. carinulatus *Lec.*
7198. transversus *Say.*
7199. tumescens *Lec.*
7200. confinis *Lec.*
7201. aercus *Boh.*
7202. interstitialis *Say.*
7203. macer *Lec.*
7204. striatus *Say.*
7205. farctus *Lec.*
7206. densus *Lec.*
7207. strenuus *Lec.*
7208. umbilicatus *Lec.*
7209. subovalis *Lec.*
7210. distans *Lec.*
7211. nigrinus *Say.*
7212. ovatus *Lec.*
7213. pusillus *Lec.*
7214. angustus *Lec.*
7215. scriatus *Lec.*
7216. sparsus *Lec.*
7217. sesostris *Lec.*
7218. plumbeus *Lec.*
7219. trinotatus *Say.*
7220. mucoreus *Lec.*
        §
7221. nasutus *Lec.*
7222. ibis *Lec.*
7223. scolopax *Say.*
7224. ? T-signum *Boh.*
7225. ? anthracinus *Boh.*
7226. ? confertus *Boh.*
7227. ? californicus *Mots.*

Centrinus Schh.

7228. confusus *Boh.*
7229. dilectus *Harr.*
7230. lineellus *Lec.*
7231. modestus *Boh.*
7232. penicellus *Hbst.*
7233. perscillus *Gyll.*
7234. perscitus (*Hbst.*).
7235. picumnus (*Hbst.*).
7236. pistor *Germ.*
        pubescens (*Uhler*).
7237. scutellum album *Say.*
7238. sutor *Harr.*

Madarus Schh.

7239. undulatus *Say.*

Rhynchophorus Hbst.

7240. cruentatus *Fab.*
       Zimmermanni *Fahrs.*

Scyphophorus Schh.

7241. acupunctatus *Gyll.*
       asperulus *Lec.*

Sphenophorus Schh.

7242. æqualis *Gyll.*
7243. anceps *Gyll.*
7244. callosus *Oliv.*
7245. canaliculatus *Boh.*
7246. cariosus *Oliv.*
7247. cicatricosus *Say.*
7248. compressirostris *Say.*
7249. cultrirostris *Gyll.*
7250. discolor *Mann.*
7251. fallax *Boh.*
7252. fasciatus *Fab.*
7253. gagatinus *Gyll.*
7254. gentilis *Lec.*
7255. immunis *Say.*
7256. inæqualis *Say.*
7257. interstitialis *Say.*
7258. larvalis *Germ.*
7259. melanocephalus (*Fab.*).
7260. necydaloides (*Fab.*).
7261. nubilus *Gyll.*
7262. ochreus *Lec.*
7263. parvulus *Gyll.*
7264. pertinax (*Oliv.*).
7265. pictus *Lec.*
7266. placidus *Say.*
7267. ? præpotens (*Say*).
7268. pumilus *Gyll.*
7269. 5-punctatus *Say.*
7270. rectus *Say.*
7271. reticulaticollis *Boh.*
7272. retusus *Gyll.*
7273. Sayi *Gyll.*
7274. sculptilis *Uhler.*
7275. simplex *Lec.*
7276. subcarinatus *Mann.*
7277. 13-punctatus *Ill.*

7278. truncatus *Say.*
7279. validus *Lec.*
       procerus *Lec.*
7280. venatus *Say.*
7281. vomerinus *Lec.*
7282. zeæ *Walsh.*

Calandra Clairv.

7283. oryzæ (*Linn.*).
7284. remotepunctata *Gyll.*

Dryophthorus Schh.

7285. corticalis *Say.*

Lymantes Schh.

7286. scrobicollis *Say.*

Cossonus Clairv.

7287. californicus *Mots.*
7288. corticola *Say.*
7289. impressifrons *Boh.*
7290. piniphilus *Boh.*
7291. platalea *Say.*
7292. subarcatus *Boh.*

Phloeophagus Schh.

7293. pallidus *Boh.*

Rhyncolus Germ.

7294. angularis *Lec.*
7295. dorsalis *Lec.*
7296. brunneus *Mannh.*
7297. corticalis *Boh.*
7298. dorsalis *Lec.*
7299. latinasus *Say.*

Wollastonia Horn.

7300. quercicola *Boh.*

Stenoscelis Woll.

7301. brevis (*Boh.*).

SCOLYTIDÆ.

Platypus Hbst.

7302. flavicornis (*Fab.*).
7303. compositus *Say.*

7304. tremiferus *Chap.*
7305. perfossus *Chap.*
7306. rugosus *Chap.*

7307. Blanchardi *Chap.*
7308. punctulatus *Chap.*
7309. disciporus *Chap.*
7310. 4-dentatus (*Oliv.*).

Crypturgus Er.

7311. atomus *Lec.*

Aphanarthrum Woll.

7312. pumilum (*Mann.*).

Monarthrum Kirsch.

7313. fasciatum (*Say*).
7314. scutellare *Lec.*
7315. cavus *Lec.*
7316. dentiger *Lec.*
7317. mali (*Fitch*).
7318. punctatissimum *Zimm.*
7319. longulum *Eich.*
7320. simile *Eich.*
7321. dissimile *Zimm.*

Pityophthorus Eich.

7322. retusus *Lec.*
7323. sulcatus *Lec.*
7324. asperulus *Lec.*
7325. pubipennis (*Lec.*).
7326. pilosus *Lec.*
7327. hispidulus *Lec.*
7328. striatus *Lec.*
7329. atratulus *Lec.*
7330. nitidulus (*Mannh.*).
7331. puberulus *Lec.*
7332. comatus (*Zimm.*).
7333. 6-cribripennis *Eich.*
7334. infans *Eich.*
7335. lautus *Eich.*
7336. pulchellus *Eich.*
7337. pullus *Zimm.*
7338. materiarius *Fitch.*

Trypodendron Steph.

7339. retusus *Lec.*
7340. bivittatus (*Kirby*).
7341. scabricollis *Lec.*
7342. politus (*Say*).
       unicolor *Eich.*

Xyleborus Eich.

7343. tachygraphus *Zimm.*

7344. pyri (*Harr.*).
7345. obesus *Lec.*
  §
7346. celsus *Eich.*
7347. biographus *Lec.*
7348. retusicollis *Zimm.*
7349. fuscatus *Eich.*
7350. impressus *Eich.*
7351. xylographus (*Say*).
7352. pubescens *Zimm.*
7353. planicollis *Zimm.*
7354. caelatus *Zimm.*
7355. sparsus *Lec.*
7356. plagiatus *Lec.*
7357. propinquus *Eich.*

Dryocoetes Eich.

7358. septentrionis (*Mannh.*).
7359. affaber (*Mannh.*).
7360. granicollis *Lec.*

Tomicus Latr.

7361. calligraphus *Germ.*
7362. cacographus *Lec.*
7363. plastographus *Lec.*
  §
7364. pini (*Say*).
7365. interruptus (*Mannh.*).
7366. tridens (*Mannh.*).
7367. avulsus *Eich.*
  §
7368. concinnus (*Mann.*).
7369. decretus *Eich.*
7370. grandicollis *Eich.*
7371. hirsutus *Eich.*
7372. oregonis *Eich.*
7373. pallipes *Sturm.*
7374. praemorsus *Eich.*

Micracis Lec.

7375. suturalis *Lec.*
7376. aculeatus *Lec.*

Scolytus Geoff.

7377. 4-spinosus (*Say*).
       caryae ♀ *Riley.*
7378. fagi *Walsh.*
7379. californicus *Lec.*
7380. muticus *Say.*
7381. sulcatus *Lec.*
7382. ventralis *Lec.*

Cramesus Lec.
  7383. hicoriæ *Lec.*

Polygraphus Er.
  7384. rufipennis (*Kirby*).

Hylesinus Fab.
  7385. imperialis *Eich.*
  7386. sericeus (*Mannh.*).
  7387. nebulosus *Lec.*
  7388. fasciatus *Lec.*
  7389. opaculus *Lec.*
  7390. dentatus *Say.*
  7391. serratus *Lec.*
  7392. cristatus *Lec.*
  7393. hystrix *Lec.*
  7394. brevicornis *Kirby.*
  7395. pruinosus *Eich.*
  7396. ? rufitarsis *Kirby.*

Cnesinus Lec.
  7397. strigicollis *Lec.*

Hylurgus Latr.
  7398. analogus *Lec.*

Carphoborus Eich.
  7399. bifurcus *Eich.*

Dendroctonus Er.
  7400. terebrans *Lac.*
  7400a. valens *Lec.*
  7401. obesus (*Mann.*).
  7402. rufipennis (*Kirby*).
  7403. punctatus *Lec.*
  7404. simplex *Lec.*
  7405. frontalis *Zimm.*

Hylastes Er.
  7406. porculus *Er.*
  7407. cavernosus *Zimm.*
  7408. nigrinus *Mannh.*

  7409. gracilis *Lec.*
  7410. macer *Lec.*
  7411. porosus *Lec.*
  7412. tenuis *Zimm.*
  7413. granulatus *Lec.*
  7414. pinifex (*Fitch*).
  7415. rugipennis (*Mann.*).
  7416. subcostulatus (*Mann.*).
  7417. exilis *Chap.*
  7418. granosus *Chap.*
  7419. rufipes *Eich.*
  7420. salebrosus *Eich.*
  7421. scobinosus *Eich.*

Nemophilus Chap.
  7422. strigillatus *Chap.*

Phloeosinus Chap.
  7423. graniger *Chap.*
  7424. Haagii *Chap.*
  7425. liminaris *Harr.*

Dendrocinus Chap.
  7426. aculeatus *Say.*

Phloeophthorus Wollast.
  7427. granicollis *Eich.*

Phloeotribus Latr.
  7428. frontalis (*Oliv.*).

Rhopalopleurus Chap.
  7429. Lecontei *Chap.*
  7430. pumilus *Chap.*

Cryphalus Er.
  7431. robustus *Eich.*
  7432. terminalis *Mann.*

Stephanoderes Eich.
  7433. asperulus *Eich.*
  7434. Chapuisi *Eich.*
  7435. seriatus *Eich.*

ANTHRIBIDÆ.

Aræocerus Schh.
  7436. fasciculatus (*DeG.*).
    coffeæ (*Fabr.*).

Anthribus Geoff.
  7437. cornutus *Say.*
    coronatus *Schh.*

Cratoparis Dej.
- 7438. lunatus *Fab.*
- 7439. lugubris *Oliv.*
- 7440. paganus *Gyll.*

Tropideres Schh.
- 7441. bimaculatus (*Oliv.*).
  - 4-notatus (*Say*).
- 7442. fasciatus (*Oliv.*).

Brachytarsus Schh.
- 7443. variegatus *Say*.
  - obsoletus *Schh*.
- 7444. tomentosus *Say*.
  - brevis *Schh*.
- 7445. limbatus *Say*.
- 7446. sticticus *Schh*.
- 7447. alternatus *Say*.

BRENTHIDÆ.

Eupsalis Lac.
- 7448. minuta (*Drury*).
  - maxillosus (*Oliv.*).

Brenthus Fab.
- 7449. peninsularis *Horn*.
- 7450. lucanus *Horn*.

OMISSIONS AND ERRORS.

Page 49, *add* to **COCCINELLIDÆ**, before 2823,

    Epilachna Redt.

        borealis (*Fab.*).

        corrupta *Muls.*

        maculiventris *Bld.*

Page 50, before 2871 *add* bipustulatus (*Dej.*).

Page 65, No. 3827, pubiventris *Crotch*, *should be* cuneus *Lec.*, of which the former is a synonym.

Page 82, 4896 and 4897 are probably varieties. 4889 and 4890 are probably sexes of the one species.

Page 87, **Clytus** nitidus *Horn* is omitted; is possibly imported (= mysticus ?).

Page 88, No. 5166, nitida, *should be* rubida.

Page 89, 5239 is not described and is a var. of 5240.

Page 92, 5395 *should be* 5394a.

Page 96, to **Fidia** *add* vitis *Walsh.*

Page 97, *add*, before **Timarcha,**

    Chalcophana Chev.

        picipes (*Oliv.*).

Page 103, after **Centrioptera** *omit* Lec., *add* Mann.

Page 108, to **Strongylium** *add* crenatum *Mäkl.*

Page 117, to **Cononotus** *add* macer *Horn.*

REMARKS.

While the sheets of the "List" were passing through the press, the Author was unable, from absence, to revise the proofs, and it has fallen upon me to attend to this portion of the work. Should errors in reading be found, the Author must not be held responsible. As far as known to me, all matter written or published up to Sept. 30, 1873, has been incorporated.

It is the intention of the publishers to issue at intervals (probably annually) supplementary parts, to contain such additions and changes as may occur; and, as it may probably be my lot to furnish the manuscript, I would feel greatly indebted for information concerning any errors or omissions which may exist in the body of the "List." A few striking errors are noticed on the preceding page.

GEO. H. HORN, M.D.

874 *North 4th street,*

  Philadelphia.

INDEX.

Abacidus, 14.
Acalles, 121.
Acanthocerus, 58.
Acanthocinus, 91.
Acanthoderes, 91.
Achryson, 84.
Acidota, 34.
Acilius, 23.
Acmæodera, 65.
Acmæops, 88.
Acratus, 59.
Acrepis, 82.
Acritus, 55.
Actenodes, 64.
Acylophorus, 30.
Adalia, 50.
Adelocera, 67.
Adelops, 38.
Adelothyreus, 67.
Adonia, 50.
Adoxus, 96.
Adranes, 35.
Aegialia, 58.
Aegialites, 108.
Aeletes, 56.
Aethecerus, 86.
Aethiopoctinus, 91.
Agabetes, 23.
Agabinus, 23.
Agabus, 24.
Agallissus, 88.
Aganosoma, 18.
Agathidium, 38.
Agelastica, 98.
Aglyptus, 38.
Agonoderus, 17.
Agraphus, 118.
Agrilus, 65.
Agriotes, 70.
Agrypnus, 67.
Agyrtes, 37.
Alaephus, 105.
Alaudes, 106.
Alaus, 67.
Alcochara, 29.
Alexia, 42.
Alindria, 47.
Allecula, 108.
Allonyx, 78.
Allopoda, 111.
Allorhina, 62.
Alobus, 60.

Alophus, 119.
Alphitobius, 106.
Amannus, 86.
Amara, 15.
Amartus, 47.
Amblychila, 5.
Amerizus, 19.
Ammodonus, 106.
Amphasia, 17.
Amphicerus, 82.
Amphichroum, 34.
Amphicrossus, 49.
Amphicyrta, 51.
Amphidora, 105.
Amphionycha, 93.
Amphizoa, 21.
Amphotis, 48.
Anachilus, 73.
Anaedus, 107.
Anaemia, 107.
Analcis, 121.
Anamesus, 73.
Anapleus, 54.
Anaspis, 112.
Anatis, 50.
Anatrichis, 16.
Ancæus, 35.
Anchastus, 69.
Anchomma, 45.
Anchytarsus, 74.
Ancistronycha, 76.]
Ancylocera, 86.
Ancyronyx, 53.
Ancyrophorus, 34.
Andrector, 98.
Androchirus, 109.
Androlyperus, 98.
Aneflus, 85.
Anelastes, 67.
Anepsius, 103.
Anillus, 19.
Anisocalvia, 50.
Anisodactylus, 17.
Anisomera, 25.
Anisosticta, 50.
Anisotarsus, 18.
Anisotoma, 38.
Anisoxya, 112.
Anobium, 81.
Anogdus, 38.
Anomala, 61.
Anomoea, 94.

Anomoglossus, 16.
Anophthalmus, 19.
Anorus, 74.
Anthaxia, 64.
Antherophagus, 43.
Anthicus, 110.
Anthobium, 35.
Anthocomus, 77.
Anthonomus, 121.
Anthophagus, 34.
Anthophilax, 88.
Anthrenus, 41.
Anthribus, 126.
Apagiognathus, 83.
Apenes, 11.
Aphanarthrum, 124.
Aphanotus, 106.
Aphelogenia, 10.
Aphodius, 57.
Aphonus, 62.
Aphrastus, 118.
Aphricus, 73.
Aphthona, 100.
Apion, 120.
Aplastus, 73.
Apocellus, 34.
Apocrypha, 108.
Apristus, 11.
Apsectus, 41.
Aracanthus, 119.
Aræocerus, 125.
Aræoschizus, 103.
Ardistomis, 9.
Argoporis, 105.
Argutor, 14.
Arhopalus, 87.
Arthmius, 36.
Arthromacra, 109.
Asaphes, 73.
Asbolus, 37.
Asclera, 116.
Asemum, 83.
Asida, 103.
Aspidoglossa, 9.
Astrotus, 103.
Atænius, 57.
Ataxia, 92.
Atemeles, 29.
Athous, 71.
Atimia, 88.
Atinus, 36.
Atomaria, 44.

Atractopterus, 72.
Atranus, 16.
Attagenus, 41.
Attalus, 77.
Attelabus, 120.
Anchnobius, 102.
Aulicus, 79.
Antonium, 46.
Axestinus, 84.
Axinopalpus, 11.

Babia, 95.
Bacanius, 55.
Bactridium, 46.
Bactrocerus, 110.
Badister, 15.
Baeocera, 40.
Bagous, 120.
Balaninus, 121.
Baptolinus, 32.
Baris, 122.
Barynotus, 117.
Barytachys, 21.
Batophila, 100.
Batrisus, 36.
Batulius, 102.
Batyle, 86.
Belionota, 65.
Bellamira, 89.
Belonuchus, 31.
Bembidium, 10.
Berginus, 42.
Berosus, 26.
Betarmon, 70.
Bitoma, 45.
Bius, 105.
Bladus, 71.
Blapstinus, 106.
Blapylis, 104.
Blauta, 68.
Blechrus, 11.
Bledius, 33.
Blepharida, 101.
Blethisa, 6.
Bolboceras, 58.
Boletobius, 30.
Bolitochara, 29.
Bolitophagus, 107.
Bolitotherus, 107.
Bonvouloiria, 40.
Boros, 117.
Bostrychus, 82.
Bothrideres, 46.
Brachyacantha, 50.
Brachybamus, 120.
Brachynotus, 75.
Brachynus, 9.
Brachypterus, 47.
Brachys, 66.
Brachystylus, 118.
Brachytarsus, 126.
Braderochus, 83.
Bradycellus, 18.
Bradycinetus, 58.
Bradytus, 15.
Branchus, 103.
Brathinus, 39.
Brenthus, 126.
Brontes, 45.
Brothylus, 84.
Bruchus, 93.

Bryaxis, 36.
Brychius, 22.
Bryoporus, 30.
Buprestis, 63.
Byrrhus, 52.
Byrsopages, 118.
Bythinus, 36.
Byturosomus, 78.
Byturus, 47.

Cacoplia, 91.
Cacolemnus, 81.
Caenia, 74.
Cænocara, 82.
Calandra, 123.
Calathus, 11.
Calitys, 47.
Callichroma, 86.
Callida, 11.
Callidium, 84.
Callimoxys, 85.
Callimus, 85.
Calloides, 87.
Calopteron, 74.
Calopus, 116.
Calosoma, 7.
Calospasta, 115.
Calyptocephalus, 75.
Calyptomerus, 38.
Camptorhina, 59.
Camptorhinus, 121.
Campylus, 71.
Canifa, 111.
Cantharis, 115.
Canthon, 59.
Capnochroa, 109.
Carabus, 7.
Carebara, 111.
Cardiophorus, 68.
Carphoborus, 125.
Carpophilus, 48.
Caryoborus, 93.
Casnonia, 10.
Cassida, 101.
Catogenus, 44.
Catopomorphus, 38.
Catops, 38.
Catoptrichus, 37.
Catorama, 81.
Cebrio, 73.
Cedius, 35.
Celia, 15.
Celina, 22.
Centrinus, 122.
Centrioptera, 103.
Centrodera, 88.
Centronopus, 105.
Ceophyllus, 35.
Cephaloon, 116.
Cephaloscymnus, 51.
Cephennium, 39.
Ceracis, 43.
Ceraltica, 101.
Ceratomegilla, 49.
Cercocerus, 36.
Cercopinus, 118.
Cercus, 47.
Cercyon, 27.
Cerenopus, 105.
Cerophytum, 66.
Cerotoma, 98.

Ceruchus, 56.
Cerylon, 46.
Ceutorrhynchus, 122.
Chætarthrin, 26.
Chaetochnema, 101.
Chalcodermus, 121.
Chalcolepidius, 67.
Chalcoparia, 97.
Chalcophana, 128.
Chalcophora, 63.
Chalepus, 62.
Chariessa, 80.
Charistena, 101.
Chauliognathus, 75.
Chelymorpha, 101.
Chevrolatia, 39.
Chilocorus, 50.
Chion, 84.
Chlaenius, 16.
Chlamys, 95.
Choeridium, 56.
Choleva, 37.
Chromatia, 109.
Chrysobothris, 64.
Chrysochus, 96.
Chrysomela, 97.
Cibdelis, 105.
Cicindela, 5.
Cicones, 45.
Cinyra, 64.
Cis, 42.
Cistela, 52.
Cistela, 108.
Climbus, 38.
Cleonus, 119.
Clerus, 79.
Clinidium, 46.
Clivina, 9.
Cloeotus, 58.
Clytanthus, 87.
Clytus, 87.
Cnemeplatia, 105.
Cnemidotus, 22.
Cnemodus, 102.
Cnesinus, 125.
Coccidula, 51.
Coccinella, 50.
Coelioides, 122.
Coelocnemis, 105.
Coelogaster, 122.
Coelus, 104.
Colaspis, 97.
Colastus, 47.
Colenis, 38.
Collops, 77.
Colon, 38.
Colpius, 23.
Colydium, 46.
Colymbetes, 24.
Compsa, 85.
Compsus, 117.
Conibius, 106.
Conontis, 104.
Conithassa, 40.
Cononotus, 117.
Conosoma, 30.
Conotelus, 48.
Conotrachelus, 121.
Copelatus, 24.
Copidita, 116.
Copris, 56.
Coproporus, 30.

INDEX. 131

Coptocycla. 102.
Coptodera. 11.
Coptotomus, 24.
Coptostethus, 68.
Copturus, 122.
Corphyra. 110.
Corticaria, 40.
Corticeus, 107.
Corylophus, 39.
Corymbites. 72.
Corynetes, 80.
Coryphium. 35.
Coscinoptera, 95.
Cossonus, 123.
Cotalpa, 61.
Cotinis, 62.
Coxelus, 45.
Cramesus, 125.
Craniotus, 102.
Cratacanthus, 17.
Cratidus, 105.
Cratocara, 17.
Cratoparis, 126.
Cregya. 80.
Cremastochilus, 62.
Creophilus, 31.
Crepidodera, 100.
Crigmus, 70.
Criocephalus, 83.
Crioceris. 91.
Crossidius, 86.
Crymodes, 117.
Cryobius, 14.
Cryphalus, 125.
Cryptadius, 102.
Cryptamorpha, 44.
Cryptarcha. 49.
Crypticus. 106.
Cryptobium, 32.
Cryptocephalus, 95.
Cryptoglossa. 103.
Cryptohypnus, 68.
Cryptohagistes, 44.
Cryptophagus, 42.
Cryptophagus, 44.
Cryptopleurum, 27.
Cryptorhopalum, 41.
Cryptorhynchus, 121.
Crypturgus. 124.
Ctenopus. 100.
Ctenistes, 36.
Ctenobium. 81.
Cucujus. 44.
Cupes. 80.
Curculio. 119.
Curius. 85.
Cybister, 23.
Cybocephalus, 49.
Cychramus, 49.
Cychrus. 8.
Cyclocephala. 61.
Cycloneda, 50.
Cyclonotum, 27.
Cylistix. 54.
Cyllene, 87.
Cyllodes, 49.
Cymatodera, 78.
Cymatopterus, 24.
Cymindis, 11.
Cynaeus, 106.
Cyparium. 40.
Cypherotylus, 43.

Cyphon, 71.
Cyrtinus. 90.
Cyrtomoptera, 76.
Cyrtomoptila, 76.
Cyrtophorus, 87.
Cyrtotriplax, 43.
Cyrtusa, 38.
Cysteodemus, 114.
Cytilus, 52.

Dacne, 43.
Dacnochilus, 33.
Dacoderus, 103.
Dadopora, 48.
Dascyllus, 74.
Dasydera, 59.
Dasytes, 78.
Decarthron, 36.
Dectes. 92.
Deleaster, 34.
Deltochilum, 56.
Deltometopus. 66.
Dendrobias, 86.
Dendrocharis. 67.
Dendrocinus, 125.
Dendroctonus, 125.
Dendroides, 102.
Dendrophagus, 45.
Dendrophilus, 54.
Deretaphrus. 49.
Dermestes. 41.
Derobrachus. 83.
Derodontus, 40.
Desmiphora, 92.
Desmocerus, 88.
Diachila, 6.
Diabrotica. 98.
Dialytes. 57.
Dianchomena, 10.
Dianous, 33.
Diaperis. 107.
Diaphorus, 10.
Diazus. 60.
Dibolia, 100.
Dicaelus, 15.
Dicerca, 63.
Dichelonycha, 59.
Dichirus. 17.
Diclidia, 112.
Dicranopselaphus. 74.
Dicrepidius, 70.
Dictyoptera. 74.
Dineutus, 25.
Dinoderus. 82.
Dinopsis, 30.
Diochus, 32.
Dioedus, 106.
Diplochila, 15.
Diplocoelus. 44.
Diplotaxis, 60.
Dircaea, 112.
Discoderus, 17.
Discogenia, 104.
Disonycha, 99.
Distemnus, 34.
Distenia. 88.
Ditemnus, 76.
Ditoma, 45.
Ditylus, 116.
Dolichosoma, 78.
Dolopius, 70.

Donacia, 94.
Dorcaschema, 91.
Dorcasta, 92.
Dorcatoma, 81.
Dorcus, 56.
Dorytomus, 120.
Drapetes. 66.
Drasterius, 69.
Dromaeolus, 66.
Dromius. 11.
Dryobius, 84.
Dryocoetes. 124.
Dryophthorus, 123.
Dularius, 83.
Dynastes. 62.
Dyschirius, 8.
Dysidius, 14.
Dyslobus, 118.
Dysphaga, 93.
Dystaxia, 65.
Dytiscus, 24.

Eanus, 71.
Eburia. 84.
Echinodes, 54.
Echocerus, 106.
Ectopria. 74.
Ecyrus, 92.
Edaphus, 33.
Edrotes, 102.
Ega, 10.
Elaphidion, 85.
Elaphrus, 6.
Elasmocerus, 78.
Elater. 68.
Elateropsis, 83.
Elatrinus, 69.
Eledona, 108.
Eleodes, 104.
Eleusis. 35.
Ellipolampis, 75.
Ellychnia, 75.
Elmis, 52.
Embaphion. 104.
Emmenadia. 113.
Emmenastus. 102.
Emmenotarsus, 78.
Emmesa. 111.
Empelus. 38.
Emphyastes. 120.
Enchodes. 112.
Encyclops, 88.
Endalus, 120.
Endecatomus, 82.
Endectus, 46.
Endeodes. 77.
Endomychus, 42.
Endrosa. 60.
Eugis. 43.
Eunearthron, 43.
Enoplium. 80.
Entomophthalmus, 67.
Entomoscelis. 98.
Entomosterna, 86.
Ephalus, 106.
Ephistemus. 44.
Epicaerus. 117.
Epicauta, 114.
Epicerus, 54.
Epilachna, 128.
Epiphanis, 67.

INDEX.

Epipocus, 42.
Epitragus, 102.
Epitrix, 101.
Epuræa, 48.
Epuræanella, 48.
Eretes, 22.
Ergates, 82.
Eriopis, 49.
Erirhipis, 62.
Erirrhinus, 120.
Ernobius, 81.
Eros, 74.
Eschatocrepis, 78.
Esthesopus, 68.
Euaesthetus, 33.
Eucaerus, 10.
Eucinetus, 74.
Euerada, 81.
Eucrossus, 84.
Euderces, 88.
Eudesma, 45.
Eudiagogus, 119.
Eudocimus, 119.
Eudromus, 20.
Eugastra. 60.
Eugnamptus, 120.
Eulabis, 104.
Eumichthus, 85.
Eumicrus, 39.
Eunectes, 22.
Eupactus, 81.
Euparia, 58.
Euphoria, 62.
Euplectus, 37.
Euplectroscelis, 101.
Eupogonius, 92.
Eupompha, 115.
Eupristocerus, 65.
Eupsalis, 126.
Eupsenius, 36.
Eupsophus, 105.
Eurygenius, 110.
Eurymetopon, 102.
Euryporus, 30.
Eurytrichus, 18.
Euryomia, 62.
Eurypogon. 73.
Euryptera, 90.
Euryscopa. 95.
Euryusa, 29.
Eusattus, 104.
Eustroma. 85.
Eustrophus, 112.
Eutessus, 92.
Eutheia, 39.
Euthysanius, 73.
Eutochia, 107.
Evarthrus, 13.
Evolenes, 16.
Evoplus, 106.
Exema, 95.
Exochomus, 50.
Exopioides, 82.

Falagria, 28.
Faronus, 37.
Fidia, 96.
Formicomus, 110.
Fornax, 66.
Fustiger, 35.

Galerita, 10.
Galeruca, 98.
Galerucella, 99.
Ganimus, 84.
Gastrogyna, 98.
Gastrophysa, 97.
Gaurodytes, 24.
Gaurotes, 89.
Geopinus, 17.
Georyssus, 51.
Geotrypes, 58.
Gibbium, 80.
Glipa, 112.
Glipodes, 113.
Glycia, 11.
Glycobius, 87.
Glyphonyx, 70.
Glyptoma, 35.
Glyptoscelis, 96.
Glyptotus, 105.
Gnaphalodes, 84.
Gnathium, 115.
Gnathocerus, 106.
Gnorimus, 63.
Goes, 91.
Gonioctena, 98.
Gonocallus, 84.
Gracilia, 84.
Graphisurus, 91.
Graphoderes, 23.
Graphorrhinus, 117.
Graptodera, 100.
Griburius, 96.
Grynocharis, 47.
Gyascutus, 63.
Gymnetis, 62.
Gymnusa, 30.
Gynandropus, 18.
Gynandrotarsus, 18.
Gynaptera, 75.
Gynnis, 61.
Gyretes, 25.
Gyrinus, 25.
Gyrohypnus, 32.
Gyrophaena, 29.

Hadrobregmus, 81.
Hadrotes, 31.
Haplandrus, 105.
Haliplus, 22.
Hallomenus, 112.
Halophalerus, 107.
Haltica, 100.
Hamletia, 99.
Hammaticherus, 84.
Hammatomerus, 13.
Haplandrus, 105.
Haplidus, 84.
Haplocentrus, 17.
Haplochile, 16.
Haploderus, 34.
Harmonia, 50.
Harpalus, 18.
Helluomorpha, 10.
Helopeltis, 27.
Helops, 108.
Helichus, 52.
Helochares, 26.
Helodes, 74.
Helophorus, 25.
Hemicyphon, 74.

Hemipeplus, 45.
Hemiptychus, 81.
Hemirhipus, 68.
Henous, 114.
Hesperobænus, 46.
Hetærius, 54.
Heterachthes, 85.
Heteraspis, 96.
Heterocerus, 53.
Heterothops, 32.
Hetoemis, 91.
Hilipus, 119.
Hippodamia, 49.
Hippopsis, 92.
Hister, 53.
Holciophorus, 13.
Hololepta, 53.
Holoparamecus, 40.
Holopleura, 86.
Holotrichia, 61.
Homaesthesis, 83.
Homalota, 28.
Homoeusa, 29.
Hoplandria, 28.
Hoplia, 59.
Hoplocephala, 107.
Hoplosia, 92.
Horistonotus, 68.
Hybodera, 85.
Hybosorus, 58.
Hydaticus, 23.
Hydnobius, 38.
Hydnocera, 79.
Hydraena, 26.
Hydrium, 21.
Hydrobius, 27.
Hydrocanthus, 23.
Hydrocharis, 26.
Hydrochus, 25.
Hydrophilus, 26.
Hydroporus, 22.
Hydrovatus, 22.
Hylastes, 125.
Hylecoetus, 80.
Hylesinus, 125.
Hylobius, 119.
Hylochares, 67.
Hylotrupes, 83.
Hylurgus, 125.
Hymenorus, 108.
Hyperaspidius, 51.
Hyperaspis, 51.
Hyperplatys, 91.
Hypherpes, 13.
Hypocoelus, 67.
Hypocyptus, 30.
Hypolampsis, 99.
Hypophloeus, 107.
Hyporhagus, 109.
Hypotrichia, 59.
Hypulus, 112.

Ichnea, 79.
Ilybiosoma, 24.
Ilybius, 24.
Iphthimus, 105.
Ipochus, 90.
Irichroa, 8.
Ischalia, 109.
Ischiodontus, 70.
Ischnocnemis, 87.

Ischyrus. 43.
Isomira, 108.
Ithycerus, 119.

Laccobius, 26.
Lacconotus, 116.
Laccophilus, 23.
Lachnocrepis, 16.
Lachnophorus. 10.
Lachnosterna, 60.
Lacon, 67.
Laemophlaeus, 45.
Laemosaccus, 121.
Lagochirus, 91.
Languria, 43.
Lara, 52.
Laricobius, 80.
Larinus. 119.
Lasconotus, 45.
Lasioderma, 81.
Lathridius, 40.
Lathrimaeum, 34.
Lathrobium, 32.
Lathropus, 45.
Lebasiella, 80.
Lebia, 10.
Leia, 20.
Leistotrophus, 31.
Leistus, 7.
Lema, 94.
Lepidophorus, 119.
Lepidosoma, 118.
Leptacinus, 32.
Leptalia, 88.
Leptinus, 27.
Leptolinus, 32.
Leptostylus, 91.
Leptotrachelus, 10.
Leptura, 89.
Lepturges, 91.
Lepyrus, 119.
Lesteva, 34.
Leucoparyphus, 30.
Lichnanthe, 59.
Licinus, 16.
Ligyrus, 62.
Limnichus, 52.
Limnocharis, 26.
Limonius, 71.
Limulodes, 28.
Liocnemis. 15.
Liodema, 107.
Liodes, 38.
Liophloeus, 117.
Liopus, 91.
Liparocephalus, 33.
Lirus, 15.
Lispinus, 35.
Lissonotus, 86.
Listrochelus, 61.
Listroderes, 118.
Listrus, 78.
Liturgus, 42.
Lithocharis, 32.
Litochrus, 49.
Lixus, 119.
Loberus, 44.
Loberus, 76.
Lobiopa, 48.
Longitarsus, 100.
Lopha, 21.

Lophoglossus, 15.
Lophopoeum, 91.
Loricera, 6.
Loxandrus, 13.
Loxopeza, 10.
Lucanus, 56.
Lucidota, 75.
Ludius, 70.
Luperus, 98.
Lutrochus, 52.
Lycoperdina, 41.
Lyctus, 45.
Lycus, 74.
Lymantes, 123.
Lymexylon, 80.
Lymnaeum, 19.
Lymnastus, 21.
Lyperaltica, 100.
Lyprophotus, 75.
Lypsimena, 92.
Lyrosoma, 37.

Macranoxia, 61.
Macratria, 110.
Macrobasis, 114.
Macrodactylus, 59.
Macronychus, 53.
Macroplea, 94.
Macropogon, 73.
Macrops, 118.
Macrosiagon, 113.
Madarus, 122.
Magdalis, 120.
Malachius, 77.
Mallodon, 82.
Mallodon, 83.
Malthacus, 76.
Malthinus, 76.
Malthodes, 77.
Mannophorus, 86.
Mantura, 101.
Margarinotus, 53.
Marginus, 44.
Marolia, 112.
Mastogenius, 65.
Matus, 24.
Mecas, 92.
Mecynotarsus, 110.
Mecysmus, 106.
Megacetes, 122.
Megaderus, 86.
Megalodacne, 43.
Megalops, 33.
Megapenthes, 69.
Megarthrus, 35.
Megasoma, 62.
Megasternum, 27.
Megatoma, 41.
Megetra, 114.
Megilla, 49.
Megobrium, 85.
Melanactes, 73.
Melandrya, 111.
Melanophila, 64.
Melanotus, 70.
Melasis, 66.
Meligethes, 48.
Meloe, 114.
Melyris, 78.
Meracantha, 108.
Merinus, 105.
Meristhus, 67.

Merium, 84.
Merotemnus, 106.
Mesomphalia, 101.
Metabletus, 11.
Metachroma, 97.
Metaclisa, 106.
Metaparia, 97.
Metrius, 8.
Mezium, 80.
Michthysoma, 90.
Micracis, 124.
Micralymma, 35.
Micrixys, 9.
Microcara, 74.
Microclytus, 87.
Microlipus, 77.
Micropeplus, 49.
Microphotus, 75.
Microrhopala, 101.
Microrrhagus, 67.
Microscapha, 112.
Microschatia, 103.
Microsporus, 27.
Microstemma, 39.
Microtonus, 116.
Minetes, 117.
Miscodera, 16.
Molorchus, 85.
Monachus, 95.
Monarthrum, 124.
Monilema, 90.
Monius, 120.
Monocesta, 98.
Monocrepidius, 69.
Monohammus, 90.
Mononychus, 122.
Monotoma, 46.
Monoxia, 99.
Mordella, 112.
Mordellistena, 113.
Morio, 9.
Motschulskium, 28.
Murmidius, 46.
Myas, 15.
Mycetaea, 42.
Mycetina, 41.
Mycetochares, 108.
Mycetophagus, 42.
Mycetoporus, 30.
Mychocerus, 46.
Mycotretus, 43.
Mycotragus, 106.
Mycterus, 116.
Mylabris, 93.
Myllaena, 30.
Myochrous, 96.
Myodites, 113.
Myrmecochara, 39.
Myrmedonia, 29.
Mysia, 50.
Mystaxis, 112.

Nacerdes, 116.
Nanosella, 28.
Narthecius. 45.
Nausibius, 44.
Nebria, 7.
Necrobia, 80.
Necrobora, 37.
Necrophilus, 37.
Necrophorus, 37.

134　　　　　　　　　　　　INDEX.

Necydalis, 88.
Nematidium, 46.
Nematodes, 67.
Nematoplus, 110.
Nemognatha, 115.
Nemophilus, 125.
Nemosoma, 47.
Nemotarsus, 11.
Neoclytus, 87.
Nephanes, 28.
Nicagus, 58.
Nicobium, 81.
Niptus, 80.
Nitidula, 48.
Nomaretus, 7.
Nomaspis, 114.
Nomius, 16.
Nomophloeus, 46.
Noserus, 103.
Nosodendron, 51.
Nosodes, 47.
Nossidium, 28.
Notaphus, 20.
Nothodes, 71.
Nothopleurus, 82.
No'hopus, 17.
Nothorhina, 83.
Notibius, 106.
Notiophilus, 7.
Notoxus, 110.
Nyctobates, 105.
Nyctoporis, 103.

Oberea, 92.
Obrium, 85.
Ochodæus, 58.
Ochthebius, 26.
Ocypus, 31.
Odontaeus, 58.
Odontium, 19.
Odontonyx, 74.
Odontota, 101.
Oedionychis, 99.
Oedostethus, 68.
Oeme, 84.
Oenois, 50.
Oestodes, 71.
Olibrus, 49.
Oligomerus, 81.
Oligota, 29.
Olisthopus, 13.
Ologlyptus, 103.
Olophrum, 34.
Omalium, 35.
Omaseus, 14.
Omethes, 75.
Omophron, 6.
Omorgus, 58.
Omosita, 48.
Onus, 5.
Oncerus, 59.
Oncideres, 92.
Onthophagus, 57.
Onthophilus, 54.
Oodes, 16.
Opatrinus, 106.
Opetiopalpus, 80.
Ophryastes, 118.
Opilus, 79.
Opisthius, 7.
Opsimus, 83.

Orchesia, 112.
Orchestes, 121.
Orchestris, 100.
Orphilis, 41.
Orsodachna, 94.
Orsonyx, 60.
Orthaltica, 100.
Orthoperus, 39.
Orthopleura, 80.
Orthosoma, 83.
Orthostethus, 70.
Osmidus, 84.
Osmoderma, 63.
Osorius, 33.
Osphya, 111.
Ostoma, 47.
Othius, 32.
Othnius, 109.
Otidocephalus, 120.
Otiorhynchus, 117.
Oxacis, 116.
Oxoplus, 86.
Oxygonus, 72.
Oxylæmus, 46.
Oxyomus, 57.
Oxypoda, 29.
Oxyporus, 33.
Oxytelus, 34.
Ozognathus, 81.

Pachnaeus, 117.
Pachybrachys, 96.
Pachyonychus, 99.
Pachyscelus, 66.
Pachyta, 88.
Pachyteles, 9.
Pactopus, 66.
Paederus, 33.
Palaminus, 33.
Pallodes, 49.
Panagæus, 9.
Pandeletius, 117.
Panscopus, 118.
Pantomallus, 84.
Paramecosoma, 44.
Parandra, 82.
Paranomus, 71.
Paraptochus, 118.
Paratenetus, 107.
Paria, 97.
Paromalus, 54.
Pasimachus, 8.
Passalus, 56.
Patrobus, 19.
Pediacus, 45.
Pedilophorus, 52.
Pedinus, 106.
Pelecotoma, 113.
Pelidnota, 61.
Pelonomus, 52.
Pelophila, 7.
Pelosoma, 27.
Peltastica, 40.
Peltis, 37.
Peltis, 47.
Pentaphyllus, 107.
Pentaria, 112.
Pentelus, 118.
Penthe, 111.
Perarthrus, 87.
Pericompsus, 21.

Perilypus, 78.
Peristethus, 14.
Perothops, 67.
Perthalycra, 48.
Peryphus, 20.
Petalium, 81.
Phæa, 93.
Phaedromus, 99.
Phænocerus, 64.
Phalacrus, 49.
Phaleria, 107.
Phaleria, 107.
Phanaeus, 57.
Phausis, 75.
Phelister, 54.
Phellopsis, 103.
Phengodes, 75.
Phenolia, 48.
Phileurus, 62.
Philhydrus, 26.
Philonthus, 31.
Philophuga, 11.
Philotecnus, 11.
Philotermes, 29.
Philothermus, 46.
Phlegon, 67.
Phloeodes, 103.
Phlqeophagus, 123.
Phlocophthorus, 125.
Phloeoporn, 29.
Phlocosinus, 125.
Phloeotribus, 125.
Phobetus, 61.
Phodaga, 115.
Phosphyga, 37.
Photinus, 75.
Photuris, 75.
Phryganophilus, 111.
Phyconomus, 46.
Phylethus, 107.
Phyllechthrus, 98.
Phyllobaenus, 79.
Phyllobrotica, 98.
Phyllodecta, 98.
Phyllophaga, 60.
Phymaphora, 42.
Phymatodes, 83.
Physemus, 52.
Physonota, 101.
Phytalus, 61.
Phytobius, 122.
Phyton, 85.
Phytonomus, 119.
Phytosus, 28.
Phyxelis, 118.
Piazorhinus, 121.
Picsmus, 14.
Pilema, 85.
Pinacodera, 11.
Pinophilus, 33.
Piodes, 88.
Piosoma, 17.
Pissodes, 119.
Pityobius, 71.
Pityophagus, 49.
Pityophthorus, 124.
Placusa, 29.
Plagiodera, 98.
Plastocerus, 73.
Platycerus, 56.
Platydema, 107.
Platynus, 12.

INDEX. 135

Platypsylla. 27.
Platypus, 123.
Platysma, 14.
Platysoma, 54.
Platystethus, 34.
Plectrodera. 19.
Plectrodes, 59.
Plectromerus, 85.
Plectrura. 90.
Plegaderus, 55.
Pleocoma, 58.
Pleotomus. 75.
Pleurophorus, 58.
Pleuropompha, 114.
Plinthus. 119.
Plochionus. 10.
Plusiotis, 61.
Pocadius, 48.
Podabrus, 75.
Podolasia, 59.
Poecilonota, 63.
Poecilus, 18.
Pogonocherus, 92.
Pogonus, 19.
Polemius, 76.
Polpochile. 17.
Polycaon. 82.
Polycesta. 65.
Polydrusus, 117.
Polygraphus, 125.
Polymoechus, 62.
Polyphylla, 61.
Polypleurus. 105.
Pomphopoea, 115.
Porcospasta. 114.
Porphyraspis, 101.
Porrhodites, 35.
Prasocuris, 98.
Prataeus. 107.
Priocera. 79.
Priognathus, 117.
Prionocyphon, 74.
Prionomerus, 121.
Prionus, 83.
Pristonychus. 12.
Pristoscelis, 78.
Probosca. 116.
Promecognathus, 8.
Promecops, 119.
Prometopia, 48.
Promus, 104.
Prothalpia, 111.
Protheca. 81.
Protinus, 35.
Psammodius, 58.
Psapharochrus, 91.
Pselaphus, 36.
Psenocerus. 90.
Psephenus, 52.
Pseudebaeus. 77.
Pseudocistela. 108.
Pseudoclerus. 79.
Pseudomorpha, 21.
Pseudomus. 121.
Pseudophanus. 44.
Pseudopelta. 37.
Pseudopsis. 35.
Psilocnemis. 62.
Psiloptera, 63.
Psilopyga, 48.
Psiloscelis, 53.
Psydrus, 17.

Psylliodes, 101.
Psyllobora, 50.
Ptenidium. 28.
Pterocolus, 122.
Pterolonia, 37.
Pteroplatus, 86.
Pterostichus, 13.
Pterotus, 75.
Pteryx. 28.
Ptilinus, 82.
Ptilium. 28.
Ptilodactyla, 74.
Ptinella, 28.
Ptinellodes. 28.
Ptinodes, 81.
Ptinus, 81.
Ptochus. 118.
Ptomaphagus, 37.
Ptosima, 65.
Ptychodes. 90.
Purpuricenus. 86.
Pycnomerus. 46.
Pyrectomera. 75.
Pyrectosoma. 75.
Pyrochoa. 109.
Pyrophorus, 73.
Pyropyga, 75.
Pyrota. 114.
Pyrotrichus, 88.
Pytho, 116.

Quedius, 31.

Rhadalus, 78.
Rhaeboscelis. 65.
Rhagodera. 45.
Rhagonycha, 76.
Rhanis. 42.
Rhantus, 24.
Rhexius, 36.
Rhinandrus. 105.
Rhinoplatia, 118.
Rhinonchus, 122.
Rhinosimus, 117.
Rhipidandrus. 108.
Rhipiphorus, 113.
Rhizopertha, 82.
Rhizophagus, 46.
Rhombodera, 11.
Rhombonyx. 61.
Rhopalophora, 86.
Rhopalopleurus, 125.
Rhopalopus, 83.
Rhynchites, 120.
Rhynchophorus, 123.
Rhyncolus, 123.
Rhyssemus, 58.
Rhyssomatus, 121.
Rhyssodes, 46.
Rhytidosomus, 122.
Romaleum. 85.
Rosalia, 86.
Rugilus, 32.
Rypobius, 39.

Sacium, 39.
Sacodes, 74.
Salpingus, 117.
Sandalus, 73.

Saperda. 92.
Saprinus, 54.
Sarpedon, 67.
Saxinis. 95.
Scaphidema, 107.
Scaphidium, 40.
Scaphinotus, 8.
Scaphinus, 82.
Scaphisoma, 40.
Scaphium. 40.
Scaptolenus, 73.
Scarites, 8.
Schizax. 86.
Schizogenius, 9.
Schizophilus, 67.
Schizopus, 65.
Schizotus, 109.
Schoenicus, 102.
Scirtes, 74.
Scolytus, 124.
Scopaeus. 32.
Scotobaenus, 105.
Scotodes, 111.
Scraptia, 111.
Scutopterus, 24.
Scydmaenus, 39.
Scymnus, 51.
Scyphophorus, 123.
Selenophorus, 18.
Serica, 59.
Sericoderus, 39.
Sericosomus, 72.
Serropalpus. 112.
Siagonium, 35.
Silis. 76.
Silpha. 37.
Silvanus, 44.
Simplocaria. 51.
Sinodendron. 56.
Sinoxylon. 82.
Sitodrepa. 81.
Sitones, 117.
Sitophagus, 105.
Smicronyx, 120.
Smicrus, 28.
Smodicum, 83.
Soronia. 48.
Sosylus. 46.
Spalacopsis, 92.
Spermophagus. 93.
Sphaenothecus, 87.
Sphaeridium. 27.
Sphaerites. 38.
Sphaerius, 27.
Sphaeroderus, 8.
Sphalma, 117.
Sphenophorus, 123.
Sphenostethus, 83.
Sphindus. 42.
Spilota. 61.
Spilotus, 111.
Spondylis, 82.
Spongopus. 17.
Staphylinus, 31.
Statira, 109.
Stelidota, 48.
Stenaspis. 86.
Stenelmis. 52.
Stenispa, 101.
Stenochidus, 108.
Stenocolus, 74.
Stenocorus, 88.

INDEX.

Stenolophus, 19.
Stenomorphus, 18.
Stenoscelis, 123.
Stenosphenus, 87.
Stenotarsus, 42.
Stenotrachelus, 111.
Stenotricus, 105.
Stenura, 89.
Stenus, 33.
Steuusa, 29.
Stephanoderes, 125.
Stephanucha, 62.
Stereocerus, 15.
Stereopalpus, 110.
Sternidius, 91.
Stethon, 66.
Stibia, 102.
Stigmatoma, 108.
Stilicopsis, 33.
Stilicus, 32.
Strangalia, 89.
Strategus, 62.
Strigoderma, 61.
Stromatium, 84.
Strongylium, 108.
Strophosomus, 117.
Stylops, 113.
Styloxys, 93.
Sunius, 33.
Suphis, 23.
Symphora, 112.
Synaphoeta, 91.
Synealypta, 52.
Synchita, 45.
Synchroa, 111.
Synchytodes, 45.
Syneta, 94.
Syntomium, 34.
Systena, 100.

Tachinus, 30.
Tachygonus, 122.
Tachyporus, 30.
Tachys, 21.
Tachyta, 21.
Tachyusa, 29.
Tanaops, 77.
Tanarthrus, 111.
Tanymecus, 117.
Tanyrhinus, 117.
Taphrocerus, 66.
Taphroscelidia, 44.
Taricanus, 92.
Tarsostenus, 79.
Tegrodera, 115.
Telephanus, 44.
Telephorus, 76.
Telmatophilus, 44.
Temnopsophus, 77.
Tenebrio, 105.
Tenebrioides, 47.
Tenebrionellus, 105.
Teretriosoma, 55.
Teretrius, 55.
Tetracha, 5.
Tetragonoderus, 11.
Tetraonyx, 115.
Tetraopes, 93.

Tetratoma, 111.
Tetropium, 83.
Tetrops, 93.
Teuchestes, 57.
Thalpius, 10.
Thalycra, 48.
Thanasimus, 79.
Thaneroclerus, 79.
Tharops, 66.
Tharsus, 107.
Theca, 81.
Thecosternus, 118.
Thermonectes, 23.
Thia, 93.
Thinopinus, 31.
Thrincopyge, 65.
Throscus, 66.
Thyce, 61.
Thymalus, 47.
Tillomorpha, 87.
Tillus, 78.
Timarcha, 97.
Tmesiphorus, 36.
Tomarus, 44.
Tomicus, 124.
Tomoderus, 10.
Tomoxia, 112.
Toposcopus, 113.
Tostegoptera, 61.
Toxidium, 40.
Toxotus, 88.
Trachodes, 119.
Trachykele, 63.
Trachypachys, 7.
Trachyphloeus, 118.
Trachyscelis, 107.
Tragidion, 86.
Tragosoma, 83.
Trechicus, 11.
Trechus, 19.
Triarthron, 38.
Tribalister, 54.
Tribalus, 54.
Tribolium, 106.
Trichesthes, 61.
Trichius, 63.
Trichochrous, 78.
Trichodesma, 81.
Trichopteryx, 28.
Tricrania, 114.
Tricrepidius, 69.
Trigonodemus, 35.
Trigonogenius, 80.
Trigonopeltastes, 63.
Trigonophorus, 31.
Trigonopleurus, 67.
Trigonoscuta, 117.
Trimytis, 102.
Trimium, 36.
Triorophus, 102.
Triphalus, 102.
Triphyllus, 42.
Triplax, 43.
Triplectrus, 17.
Tripopitys, 81.
Trirhabda, 99.
Tritoma, 42.
Trixagus, 47.
Trogoderma, 41.

Trogophloeus, 34.
Trogosita, 47.
Trogoxylon, 45.
Trophimus, 77.
Tropideres, 125.
Tropisternus, 26.
Trox, 58.
Trypherus, 76.
Trypodendron, 124.
Tychius, 121.
Tychius, 36.
Tyloderes, 118.
Tylonotus, 85.
Tylosis, 86.
Typhœa, 42.
Typocerus, 89.
Typophorus, 96.
Tyrus, 36.
Tytthonyx, 76.

Uliota, 45.
Ulochaetes, 88.
Uloma, 107.
Ulosonia, 106.
Ulus, 106.
Upis, 105.
Urodera, 95.
Usechus, 103.

Valgus, 63.

Wollastonia, 123.

Xanthochroa, 116.
Xantholinus, 32.
Xanthonia, 96.
Xanthopygus, 31.
Xenorhipis, 64.
Xenos, 113.
Xestobium, 81.
Xestonotus, 17.
Xyleborus, 124.
Xyletinus, 81.
Xylita, 111.
Xylobius, 67.
Xylocrius, 84.
Xylophilus, 111.
Xylopinus, 105.
Xyloryctes, 62.
Xylostetus, 88.
Xylotrechus, 87.
Xylotretus, 124.

Zacotus, 16.
Zagymnus, 88.
Zamodes, 85.
Zenoa, 73.
Zeugophora, 94.
Zilora, 111.
Zonitis, 115.
Zopherus, 102.
Zuphium, 10.

SUPPLEMENT

BY

E. P. AUSTIN.

PREFACE.

When the "Check List of Coleoptera" was published, a series of supplements was promised, to contain the additions and corrections which might be required by later studies. The interval of nearly seven years, which has elapsed since the issuing of the original list, has been one of great activity in Entomological matters, so that the old list has become in a great measure obsolete.

In the present list I have endeavored to indicate, as far as possible, without reprinting the entire list, the numerous changes in synonymy and additional species which are indicated by the recent studies.

As is well known, numerous species were omitted in the former list, some by accident and others because they had not been identified by modern authorities, or were considered by Mr. Crotch to be synonymes of other species. Many of these species have since been identified, others still remain unknown, and I have endeavored to insert all of these which seem entitled to rank as distinct species.

The following explanations will, I trust, render the list intelligible.

Genera which were not in the old list are indicated by having the authority printed after them.

If the name of a genus in the "Check List" is to be changed, it is indicated in one of the following ways: Either the new name is printed in full-face type, with the former name beneath in italic, as on p. 7,

Tecnophilus Chd.
Philotecnus,

which indicates that Philotecnus is a synonyme of Tecnophilus, or as on p. 16,

For **Choleva** read **Prionochæta** Horn,

which means that the species known as Choleva belongs to the (in this case new) genus Prionochæta, but indicates nothing as to the validity of the former genus.

The proper place of a new genus is indicated as on p. 7: "after 419 add **Onota** Chd." When the name of a new genus follows immediately after the additions to another, it of course belongs next to that genus, as on p. 11, **Anacyptus** comes next to **Hypocyptus**.

New or omitted species are given under the headings of their appropriate genera, and are indicated by a current number in continuation of those in the "Check List." In addition, all species which were in the old list as synonymes or varieties of other species, but which are now considered distinct, are given with a current number. When a species given in the old list has been transferred to a new genus it usually bears a new number, but in the earlier part of the list, where a species has been removed to a genus immediately preceding or following that in which it stood, it has been given with the old number, as on p. 7, Phlœoxena signata is numbered 425, the old number under Coptodera.

Changes of synonymy are indicated as follows: when a species is considered identical with another in the "Check List" it is shown as on p. 5, 92=91, which means that No. 92 semipunctata *Esch* is identical with 91, cœrulescens, (*Linn.*), or if the species is considered to be a variety of another it is identical as follows: 13=12a; 31=28b; etc.

If the specific name in the "Check List" is to be changed for any reason, it is indicated as on p. 7, 446=Maurus *Mots.* means that Platynus stygicus *Lec.* No. 446 is a synonyme of P. maurus *Mots.*

In a few instances a species described since the "Check List" was published is considered identical with a previously described species. This is indicated by printing the old name and number with the new name under it, as on p. 6:

237 pumilus *Putz.*
    falciger Lec.

or if the newly described species is a var. of the former one, as on p. 6, 349b, rhodopus *Sz.*

It was impossible without extending the list too much to indicate the proper place of the new species with reference to the others in the same genus, but in a few cases where many changes have been made, I have included all the species according to the new arrangement. The whole of the Rhynchophora have been given according to the new arrangement.

I am under great obligations to Drs. LeConte and Horn, and to Mr. Henshaw, for assistance in preparing this list, which has proved a much more difficult task than I anticipated.

                                                    E. P. AUSTIN.

Boston, Aug., 1880.

SUPPLEMENT TO THE CHECK LIST

– OF THE –

COLEOPTERA OF NORTH AMERICA.

CICINDELIDÆ.

Omus.

7451. sequoiarum *Cr.*
7452. Edwardsii *Cr.*
7453. Hornii *Lec.*

Cicindela.

13. =12*a*.
15. =rugifrons *Dej.*
15*d*. =scutellaris *Say.*
20. =22*a*.
21. =22*b*.
21*a*. =22*c*.
23. =22*d*.
25. generosa *Dej.*
25*a*. formosa *Say.*
25*b*. venusta *Lec.*
28. = vulgaris *Say.*
31. = 28*b*.

34. hyperborea *Lec.*
34*a*. limbata ‖ *Say.*
39. = 38*b*.
51. punctulata *Fab.*
51*a*. micans *Fab.*
67. Pilatei (*Guér*) maga *Lec.*
7454. striga *Lec.*
7455. hirtilabris *Lec.*
7456. Wapleri *Lec.*
7457. Magdalenæ *Lec.*
7458. nevadica *Lec.*
7459. Schauppii *Horn.*
7460. politula *Lec.*
7461. pamphila *Chd.*
7462. Belfragei (*Sallé.*) Pilatei ‡ *Lec.*
7463. Willistoni *Lec.*
7464. anthracina *Horn.*

CARABIDÆ.

Elaphrus.

7465. pallipes *Horn.*
7466. viridis *Horn.*

Loricera.

92. =91.
94. =91.

Notiophilus.
104. = 106.

Nebria.
7467. ovipennis *Lec.*
7468. purpurata *Lec.*
7469. obtusa *Lec.*
7470. longula *Lec.*
7471. trifaria *Lec.*

Leistus.
7472. piceus *Fröh.*

Calosoma.
7473. angulatum *Chev.*
7474. lugubre *Lec.*
7475. Palmeri *Horn.*
7476. simplex *Lec.*
7477. subæneum *Cha.*
7478. latipenne *Horn.*

Carabus.
omit 152 Not. N. Am.
156. = mæander *Fisch.*

Cychrus.
Sphaeroderus.
168a. Brevoortii *Lec.*
170a. Lecontei *Dej.*
170b. bicarinatus *Lec.*
Scaphinotus.
172 = 173a.
Irichroa.
175. = 174.
7479. Guyotii *Lec.*
7480. Ridingsii *Bland.*
Cychrus.
177. tuberculatus *Harris.*
7481. Hemphillii *Horn.*
180. angulatus *Harris.*
Pemphus Mots.
179. angusticollis *Fisch.*
178. = 179.
Brennus Mots.
190. = striatopunctatus *Chd.*
7482. mimus *Horn.*

Pasimachus.
199. = 198.
203. = 202.
204. = 205.
7483. strenuus *Lec.*

Dyschirius.
235. = 237.
237. pumilus *Putz.*
falciger *Lec.*
7485. brevispinus *Lec.*
7486. montanus *Lec.*
7487. salvivagans *Lec.*
7488. lævifasciatus *Horn.*

Ardistomis.
7489. morio *Dej.*

Clivina.
249. = 250.
249a. = 250.
249b. = 250.
251. = 250.
257. = pallida *Say.*
259. collaris *Hbst.*
omit 264 = 7489.
268. = 267.
272. = 265.
7490. texana *Lec.*

Schizogenius.
7491. Sallei *Putz.*

Galerita.
319. = 320.

Zuphium.
7492. longicolle *Lec.*
7493. mexicanum *Chd.*

Diaphorus.
Thaplius.
7494. tenuicornis *Chd.*
after 335 add

Anchonoderus Reiche.
7495. quadrinotatus *Horn.*

Anchus Lec.
7496. pusillus *Lec.*

Plochionus.
338. = pallens *Fab.*
339. = 338.
7497. amandus *Newm.*

Lebia.
349b. rhodopus *Sz.*
7598. bitæniata *Chev.*

Tetragonoderus.
7499. latipennis *Lec.*
7500. pallidus *Horn.*

Perigona *Cast.*
Trechichus.
373. =nigriceps *Dej.*
374. =373.

Apenes.
7500. angustata *Sz.*
omit **Glycia.**

Philophuga.
393. viridicollis *Lec.*
394. Hornii *Chd.*
purpurea ‡ *Auct.*

Callida.
414. =purpurea (*Say.*)
after 419 add.

Onota Chd.
7502. trivittata *Lec.*

Tecnophilus Chd.
Philotecnus.
7503. Pilatei.

Coptodera.
omit 425.
after 424 add

Phlœoxena Chd.
425. signata (*Dej.*)

Calathus.
435. =434.

Platynus.
446. =maurus *Mots.*
447. =446.
omit 448 =7495.
450. =454.
453. =454*a*.
459. =458.
469. =477.
477. =atratus *Lec.*
482. =481*a*.
493. =492*a*.

495. =494.
500. =499.
504. =503.
510. =511.
512. =511.
521. =520.
524. =quadripunctatus *Dej.*
7504. jejunus *Lec.*
7505. floridanus *Lec.*
7506. texanus *Lec.*
7507. reflexus *Lec.*
7508. piceolus *Lec.*
7509. ferruginosus *Dej.*
7510. erasus *Lec.*
7511. æneolus *Lec.*
7512. deceptivus *Lec.*
7513. Hardyi *Lec.*
7514. crenulatus *Lec.*
7515. retractus *Lec.*
7516. gemellus *Lec.*

Loxandrus.
537. =538*a*.
539. =538*b*.
540. =538*b*
7517. reflexus *Lec.*
7518. calathinus *Lec.*
7519. floridanus *Lec.*
7520. rectangulus *Lec.*

Holciophorus.
7521. serripes *Lec.*

Pterostichus
590. =gracilior *Lec.*
609. =relictus (*Newm.*)
628. =ebeninus (*Dej.*)
7522. longulus *Lec.*
7523. scutellaris *Lec.*
7524. agonus *Horn.*
7525. Hamiltoni *Horn.*
7526. surgens *Lec.*

Amara.
Lirus.
671. =669.
678. =679.
7527. canadensis *Putz.*
7528. tristis *Putz.*
7529. Holmbergi *Putz.*
7530. somnolentus *Putz.*
7531. reflexus *Putz.*

7532. adstrictus *Putz.*
7533. transversicollis *Putz.*
7534. fulvipes *Putz.*
7532. cylindrica *Lec.*
687. glacialis (*Mannh.*)

Bradytus.

682. =683.
684. =685.
 omit 687 =*Lirus.*
7536. laevistriatus *Putz.*
7537. Putzeysii *Horn.*
7538. apricarius *Payk.*

Amara.

606. =704.
703. =702.
7539. insularis *Horn.*
7540. cupreolata *Putz.*
7541. brunnipes *Mots.*
7542. protensa *Putz.*

Celia.

705. =704.
713. =708.
715. =brunneus *Gyll.*
716. =708.
718. =712.
7543. acutangula *Putz.*
7544. texana *Putz.*
7545. palustris *Dej.*
7546. relucens *Mannh.*

Badister.

7547. obtusus *Lec.*
 after 760 add

Brachylobus Chd.

7548. lithophilus (*Say.*)

Chlæius.

763. =herbacea *Chev.*
769. =774.
770. =768.
776. =cursor *Chev.*
779. =778.
 omit 771=7548.
7549. diffinis *Chd.*
 laticollis ‡ *Lec.*
7550. Chaudoiri *Horn.*
7551. platyderus *Chd.*
7552. obsoletus *Lec.*
7553. flaccidus *Horn.*
7554. simillimus *Chd.*
 vicinus ‡ *Mannh.*
7555. floridanus *Horn.*

7556. texanus *Horn.*
7557. interruptus *Horn.*
7558. validus *Chev.*
7559. maxillosus *Horn.*

Piosoma.

omit 821=7566.

Agonoderus.

7560. maculatus *Lec.*

Anisodactylus.

Gynandrotarsus.

847. =843.
854. =855.
858. =855.
7560. harpaloides (*Ferté*)
7561. opaculus (*Lec.*)
 elongatus *Chd.*
7562. agricola (*Say.*)
 omit 883 —885.

Selenophorus.

909. =palliatus (*Fabr.*)
7563. excisus *Lec.*
7564. Beauvoisii *Dej.*

Harpalus.

969. =954.
7565. alternans (*Mots.*)
7566. cordatus (*Lec.*)
7567. alienus *Lec.*
7568. depressicollis (*Mots.*)
7569. foveicollis *Lec.*
7570. obliquus *Horn.*
7571. clandestinus *Lec.*

Pogonus.

7572. planatus *Horn.*
 parallelus ∥ *Lec.*
7573. Lecontei *Horn.*
 depressus ∥ *Lec.*

Patrobus.

994. =septentrionis *Dej.*
993. to 1000 = 994.
1001. =rugicollis *Rand.*
1004. =1002.
1005. =1003.

Anophthalmus.

7574. striatus *Mots.*
7575. ventricosus *Mots*

Trechus.
1013. =1015.
1014. =1015.
1017. =1016

Bembidium.
1060. =erasum *Mots.*
omit 1061=1022.
1081. =rubiculosum *Chd.*
1092. =tetragonoderum *Chd.*
1093. =conspersum *Chd.*
7576. præcinctum *Lec.*
7577. Bowditchi *Lec.*
7578. Scudderi *Lec.*
7579. arcuatum *Lec.*
7580. versutum *Lec.*
7581. stabile *Lec.*
7582. acutifrons *Lec.*
7583. tigrinum *Lec.*
7584. rubiginosum *Lec.*
7585. carinula *Chd.*
7586. Lorquinii *Chd.*
7587. Pilatei *Chd.*
7588. sordidulum *Chd.*

Tachys.
1141. =1138.
1144. =1143.
omit 1146=373
1163. =1157

HALIPLIDÆ.

Cnemidotus.
7589. simplex *Lec.*

7590. muticus *Lec.*
7591. festivus *Wehnke.*

DYTISCIDÆ.

Hydroporus.
1211. =fuscatus *Cr.*
7592. unguicularis *Cr.*
7593. masculinus *Cr*
7594. exiguus *Aubé.*
7595. niger *Say.*
7596. congruus *Lec.*
7597. semilunum *Lec.*
7598. laccophilinus *Lec.*

Hydrocanthus.
7599. nanulus *Lec.*

Suphis.
7600. semipunctatus *Lec.*

Laccophilus.
7601. pumilis *Lec.*

Ilybius.
7602. angustior *Gyll.*

Gaurodytes.
7603. aeruginosus (*Aubé.*)
7604. lævidorsus (*Lec.*)
7605. bicolor (*Kb.*)
7606. leptapsis *Lec.*
7607. terminalis (*Mels.*)
7608. longulus *Lec.*
7609. nanus *Lec.*

GYRINIDÆ.

Dineutes.
7610. angustus *Lec.*

HYDROPHILIDÆ.

Hydrochus.
1432. =subcupreus *Rand.*
after 1437 add

Epimetopus Muls.
Sepidulum Lec.
7611. costatum (*Lec.*)

Ochthebius.
1443. =1442.
7612. discretus *Lec.*
7613. rectus *Lec.*
7614. attritus *Lec.*
7615. simplex *Lec.*
7616. tuberculatus *Lec.*
7617. lævipennis *Lec.*
7618. foveicollis *Lec.*
7619. benefossus *Lec.*
7620. sculptus *Lec.*

Tropisternus.
1451. =1454.

Hydrocharis.
1460. =1459.

Philhydrus.
7621. obtusiusculus *Mots.*

Cyclonotum.
7622. palmarum *Sz.*
7623. semiglobosum *Zimm.*

Hydrobius.
7624. feminalis *Lec.*
7625. castataneus *Lec.*
7626. cuspidatus *Lec.*

Cercyon.
7627. apicale *Say.*
1539. for *Er.* read *Payk.*

Sphæridium.
7628. melænum *Germ.*

after 1545 a_dd.

HYDROSCAPHIDÆ.

Hydroscapha Lec.
7629. natans *Lec.*

TRICHOPTERYGIDÆ.

Nossidium.
7630. posthumum *Mots.*
after 1557 add.

Actidium Math.
7631. Crotchii *Math.*
7632. politum *Math.*

Ptilium.
7633. columbanum *Math.*
7634. pumile *Math.*

7635. obscurum *Math.*

Trichopteryx.
7636. Crotchii *Math.*
7637. californica *Math.*
7638. xanthocera *Math.*
7639. vicina *Math.*
7640. parallelopipeda *Math.*
7641. cognata *Math.*
7642. castanea *Math.*
7643. Montandoni *Allib.*
7644. moerens *Math.*

STAPHYLINIDÆ.

Homalota.
1619. =1602.

Pelioptera Kraatz.
7645. ? gigantula (*Lec.*)

Oligota.
7646. exigua *Say.*

Gyrophæna.
7647. rufa *Mels.*

Myllæna.
7648. minuta *Grav.*

Hypocyptus.
1685. =longicornis *Payk.*
omit 1686=7651.
omit 1687=7652.
7649. crotchii *Horn.*
7650. nigritulus *Lec.*

Anacyptus Horn.
7651. testaceus (*Lec.*)

Trichopsenius Horn.
7652. depressus (*Lec.*)

Cilea Duv.
Leucoparyphus Kraatz.
omit 1689=7662.

Erchomus Mots.
Coproporus Kraatz.
omit 1690=7654.
7653. convexus *Er.*
inflatus *Horn.*

Physetophorus Horn.
7654. grossulus (*Lec.*)

Tachinus.
1694. luridus *Er.*
canadensis *Horn.*
1698. =1701.
1701. =pallipes *Grav.*
1706. =1700.
7655. semirufus *Horn.*
7656. tachyporoides *Horn.*
7657. agilis *Horn.*
7658. angustatus *Horn.*
7659. debilis *Horn.*
7660. repandus *Horn.*
7661. flavipennis *Dej.*
luridus ‡ *Horn.*
7662. scrutator *Horn.*
discoideus ‖ *Mels.*
7663. mimus *Horn.*
7664. addendus *Horn.*
7665. parallelus *Horn.*
7666. Schwarzii *Horn.*
7667. Crotchii *Horn.*
7668. elongatus *Gyll.*
7669. nitiduloides *Horn.*

Tachyporus.
1707. =1712.
7670. elegans *Horn.*
7671. californicus *Horn.*
7672. scitulus *Er.*

Conosoma.
7673. littoreum (*Linn.*)
7674. bisignatum *Horn.*
7675. castaneum *Horn.*
7676. pubescens (*Payk.*)
7677. parvulum *Horn.*
7678. opicum *Say.*
7679. scriptum *Horn.*

Boletobius.
1719. =trinotatus *Er.*
1720. =1722.
1725. =1721.
1729. =1726.
1730. =qæsitor *Horn.*
7680. intrusus *Horn.*
7681. anticus *Horn.*

Bryoporus.
1733. =1734.
1735. =1734.

Mycetoporus.
1741. =1737.
7682. humidus *Say.*
lepidus ‡ *Horn.*
7683. splendidus *Grav.*
americanus ‡ *Horn.*
7684. tenuis *Horn.*

Tanygnathus Er.
7685. collaris *Er.*

Acylophorus.
1745. =1744.
7686. densus *Lec.*
7687. flavipes *Lec.*

Heterothops.
1748. =1749*a*.
1750. =1749*b*.
after 1751 add.

Habrocerus Er.
7688. Schwarzii *Horn.*
7689. magnus *Lec.*

Quedius.

1756. =1755.
1757. =1763.
1758. =1754.a.
1762. =1763.
1764. =1763.
1765. =peregrinus *Grav.*
1767. =brunnipennis *Mannh.*
7690. ferox *Lec.*
7691. vernix *Lec.*
7692. desertus *Horn.*
7693. limbifer *Horn.*
7694. debilis *Horn.*
7695. prostans *Horn.*
7696. seriatus *Horn.*
7697. punc.iceps *Horn.*

Thinopinus.

1770. =1769a.

Creophilus.

1771. =maxillosus *Linn.*
1772. =1771.

Leistotrophus.

7698. capitatus (*Bland.*)

Staphylinus.

omit 1776 = 7698.
1783. =1797.
1785. =1786.
1792. =1790.
1793. =1793.
1795. =cæsareus *Cederh.*
7699. nigrellus *Horn.*
7700. erythropterus *Linn.*
cæsareus ‡ *Lec.*
7701. rutilicauda *Horn.*
7702. viridans *Horn.*

Philonthus.

1810. =1814.
7703. comptus *Hald.*
7704. lætulus *Say.*
7705. cinerascens *Grav.*

Xantholinus Serv.

Gyrohypnus.
7706. temporalis *Lec.*
7707. picipennis *Lec.*
7708. dimidiatus *Lec.*
7709. fusciceps *Lec.*
7710. gularis *Lec.*
7711. sanguinipennis *Lec.*
7712. nanus *Lec.*

Leptacinus.

1857 to 1861 belong here.
7713. brunnescens *Lec.*
7714. nigritulus *Lec.*
7715. pallidulus *Lec.*
7716. seriatus *Lec.*
7717. cephalicus *Lec.*

Metoponcus Kraatz.

7718. floridanus *Lec.*

Leptolinus.

omit 1857 to 1861.
7719. rufipennis *Lec.*
7720. pusio *Lec.*

Baptolinus.

1863. =macrocephalus(*Nord.*)

Lathrobium.

7721. bicolor *Lec.*
7722. nitidulum *Lec.*
7723. finitimum *Lec.*
7724. puncticeps *Lec.*
7725. subseriatum *Lec.*
7726. othioides *Lec.*
7727. simplex *Lec.*
7728. divisum *Lec.*
7729. debile *Lec.*
7730. confusum *Lec.*
7731. parcum *Lec.*
7732. ambiguum *Lec.*
7733. ventrale *Lec.*
7734. anale *Lec.*
7735. pallidulum *Lec.*
7736. lituarium *Lec.*

Cryptobium.

1885. =1884.
7737. floridanum *Lec.*
7738. texanum *Lec.*
7739. californicum *Lec.*
7740. flavicorne *Lec.*
7741. tumidum *Lec.*
7742. prospiciens *Lec.*
7743. lugubre *Lec.*
7744. obliquum *Lec.*
7745. parcum *Lec.*
7746. lepidum *Lec.*

Stilicus.

Rugilus.
7747. quadriceps *Lec.*
7748. opaculus *Lec.*
7749. biarmatus *Lec.*

Scopæus.
7750. dentiger *Lec.*
7751. brunnipes *Lec.*

Lithocharis.
7752. ochracea (*Grav.*)

Liparocephalus.
7753. cordicollis *Lec.*

Sunius.
1909. =trisignatus *Boh.*
7754. californicus *Aust.*
7755. lævipennis *Aust.*
7756. centralis *Aust.*
7757. similis *Aust.*

Pæderus.
7758. grandis *Aust.*
7759. littoreus *Aust.*
7760. palustris *Aust.*
7761. floridanus *Aust.*
7762. compotens *Lec.*
    nevadensis *Aust.*
7763. obliteratus *Lec.*

Palaminus.
7764. flavipennis *Lec.*
7765. normalis *Lec.*
7766. contortus *Lec.*
7767. cribratus *Lec.*
7768. humilis *Lec.*

Dianous.
1926. =cœrulescens *Gyll.*
7769. nitidulus *Lec.*

Stenus.
    omit 1950=2032.
7770. nitidulus *Fv.*
7771. strongularis *Fv.*
7772. Austini *Fv.*
7773. Schwarzii *Fv.*
7774. humilis *Er.*
7775. nigrator *Fv.*
7776. inflatus *Fv.*
7777. fraternus *Fv.*
7778. argus *Grav.*
7779. alpicola *Fv.*
7780. diversiformis *Fv.*
7781. pumilus *Er.*
7782. roreus *Fv.*
7783. tarsalis *Ljungh.*
7784. utricula *Fv.*

Oxyporus.
7785. elegans *Lec.*
7786. lepidus *Lec.*
7787. bicolor *Fv.*
7788. occipitalis *Fv.*

Osorius.
7789. politus *Lec.*
7790. planifrons *Lec*

Holotrochus Er.
7791. minor *Fv.*
7792. lævicauda (*Lec.*)

Bledius.
1979. =1983.
7793. gularis *Lec.*
7794. fortis *Lec.*
7795. mandibularis *Er.*
7796. brevidens *Lec.*
7797. ferratus *Lec.*
7798. jacobinus *Lec.*
7799. cribricollis *Lec.*
7800. rotundicollis *Lec.*
7801. nitidiceps *Lec.*
7802. opacifrons *Lec.*
7803. analis *Lec.*
7804. punctatissimus *Lec.*
7805. laticollis *Lec.*
7806. luteipennis *Lec.*
7807. sinuatus *Lec.*
7808. confusus *Lec.*
7809. pleuralis *Lec.*
7810. tau *Lec.*
7811. phytosinus *Lec.*
7812. cognatus *Lec.*
7813. dimidiatus *Lec.*

Oxytelus.
7814. niger *Lec.*
7815. convergens *Lec.*
7816. punctatus *Lec.*
7817. sobrinus *Lec.*
7818. placusinus *Lec.*
7819. depressus *Grav.*

Phlœonæus Er.
Haploderus.
1998. linearis *Lec.*
    annectens (*Lec.*)
    omit 1999 =7827.

Apocellus.
2000. =2001.
7820. stilicoides *Lec.*
7821. analis *Lec.*

Trogophloeus
2002. =4-punctatus (*Say.*)
7822. simplarius *Lec.*
7823. convexulus *Lec.*
7824. blediinus *Lec.*
7825. uniformis *Lec.*
7826. lithocharinus *Lec.*
7827. laticollis (*Lec.*)
7728. arcifer *Lec.*
7829. caloderinus *Lec.*
7830. phlœoporinus *Lec.*
7831. subtilis *Er.*
7832. memnonius *Er.*
after 2004 add.

Thinobius Kiesen.
7833. oxytelinus *Lec.*
7834. flavicornis *Lec.*
7835. brachypterus *Lec.*
7836. fimbriatus *Lec.*
7837. macropterus *Lec.*
after 2008 add.

Zalobius Lec.
7838. spinicollis *Lec.*
7839. serricollis *Lec.*
after 2009 add.

Coprophilus Er.
7640. striatus (*Fabr.*)
omit *Distemmus.*
2007. =2044.
for **Anthophagus** read **Geodromicus** Redt.
2012. =nigrita *Mull.*
omit 2013 =7842.
7841. ovipennis *Lec.*
after 2012 add.

Micrædus Lec.
7842. laticollis (*Mannh.*)
7843. austinianus *Lec.*

Orobanus Lec.
7844. simulator *Lec.*

Lesteva.
2014. =2015.
2016. = 2015
after 2017 add.

Tilea Fv.
7845. cavicollis *Fv.*

Acidota.
2018. =crenata *Fabr.*
2021. =quadrata *Zetter.*
2022. =2021.
omit 2020 =7849.
after 2022 add.

Arpedium Er.
7846. cribratum *Fv.*
7847. Schwarzii *Fv.*
7848. angulare *Fv.*
7849. tenue (*Lec.*)
7749a. brunnescens *Sahlb.*

Olophrum.
2923. =obtectum *Er.*
2924. for *Mäkl.* read *Kb.*
2926. =rotundicollis *Sahlb.*
omit 2029 =2024.

Lathrimæum.
7850. pictum *Fv.*

Deliphrum Er.
7851. expansum *Lec.*

Amphichroum.
2035. =2033.
7852. sparsum *Fv.*
7853. scutatum *Fv.*
7854. canaliculatum *Fv.*
7855. puberulum *Fv.*
7856. opaculum *Fv.*

Porrhodites.
2037. =fenestralis *Zett.*

Trigonodemus.
7857. singularis (*Mannh.*)

for **Coryphium** read **Ephelis** Fv.

Omalium.

Distemmus.

2045. =pusillum *Grav.*
   omit 2050 =7873.
   2054 =7870.
   2055 =7874.
7858. diffusum *Fv.*
7859. megarthroides *Fv.*
7860. hamatum *Fv.*
7861. humerosum *Fv.*
7862. punctiventre *Fv.*
7863. rufipes *Fv.*
7864. fractum *Fv.*
7865. texanum *Fv.*
7866. alutaceum *Fv.*
7867. cribrum *Fv.*
7868. Theveneti *Fv.*
7869. rivulare *Payk.*
   after 2053 add.

Acrulia Thoms.

7870. tumidula (*Mäkl.*)

Pycnoglypta Thoms.

7871. lurida (*Gyll.*)

Anthobium.

2056. =2059.
7872. californicum *Fv.*
7873. segmentarium (*Mäkl.*)
7874. marginatum (S*ay.*)
7875. convexum *Fv.*
7876. aurifluum *Fv.*
7877. Hornii *Fv*

Protinus.

2063. =limbatus *Mäkl.*
2063a. Maklini *Fv.*
2064. =atomarius *Er.*
7878. sulcatus *Fv.*

Megarthrus.

2069. =sinuaticollis *Lac.*
   after 2072 add.

Trigonurus Muls.

7879. rugosus *Sharp.*

7880. cælatus *Lec.*
7881. Edwardsii *Sharp.*
7882. Crotchii *Lec.*
7883. Leconteus *Sharp.*

Eleusis.

2076. =2075.
   omit 2077 =7884.
   after 2076 add.

Triga Fv.

7884. picipennis (*Lec.*)

Hypotelus Er.

7885. capito *Lec.*

Pseudopsis.

2080. =columbica *Fv.*
7886. obliterata *Lec.*
   after 2080 add.

Olisthærus Heer.

7887. megacephalus *Zett.*
7888. substriatus *Gyll.*
   nitidus *Lec.*
   omit **Ancæus.**

Lispinus.

2081. =exiguus *Er.*
2082. =linearis *Er.*
2084. =tenellus *Er.*
   omit 2083 =7792.
7889. prolixus *Lec.*

Transfer the Micropeplidæ from page 49 and include them as a subfamily of Staphylinidæ.

Micropeplus.

2798. =tesserula *Curt.*
2799. =2798.
7890. obliquus *Lec.*

Kalissus Lec.

7891. nitidus *Lec.*

PSELAPHIDÆ.

Tychus.
7892. cognatus *Lec.*

Bryaxis.
7893. Belfragei *Lec.*
7894. gemmifer *Lec.*
7895. radians *Lec.*
7896. divergens *Lec.*
7897. trigona *Lec.*
7898. sagax *Lec.*
7899. complectens *Lec.*
7900. deformata *Lec.*
7901. tumida *Lec.*

Eutrichius Lec.
7902. Zimmermanni *Lec.*

Pselaptus Lec.
7903. Belfragei *Lec.*

Scalenarthrus Lec.
7904. Hornii *Lec.*

Batrisus.
7905. simplex *Lec.*

Trichonyx Chd.
7906. striatus *Lec.*

Rhinoscepsis Lec.
7907. bistriatus *Lec.*

Rhexius.
7908. substriatus *Lec.*

Trimiun.
7909. convexulum *Lec.*
7910. californicum *Lec.*
7911. puncticolle *Lec.*
7912. simplex *Lec.*
7913. discolor *Lec.*
7914. foveicolle *Lec.*

Euplectus.
7915. debilis *Lec.*
7916. tenuis *Lec.*
7917. integer *Lec.*
7918. cavicollis *Lec.*

Eutyphlus Lec
7919. similis *Lec.*

SILPHIDÆ.

for **Silpha** read.
Necrophorus.
2180. =2181*a*.
2182. =2181*b*.
    for **Peltis** read
Silpha.
    omit 2197 not N. Am.
    after 2199 add.
Pelates Horn.
2200. latus (*Mannh.*)

Agyrtes.
    omit 2200 and 2202.

Pteroloma.
2202. tenuicornis (*Lec.*)
    after 2204 add.

Homœosoma Horn.
7920. cryptophagoides (*Mannh.*)

Platycholeus Horn.
7921. leptinoides *Er.*

    for **Choleva** read
Prionochæta Horn.

Ptomophagus.

  omit 2207 =7921.
       2212 =7920.
  7922. nevadicus *Horn.*
  § *Catopomorphus.*
  7923. parasitus *Lec.*
  7924. brachyderus *Lec.*

  for **Catops** read
Choleva *Latr.*

  omit 2216 not described.
  2217. =2219.
  2218. =2219.
  7925. egena *Horn.*
  7926. decipiens *Horn.*
  7927. clavicornis *Lec.*

Colon.

  7928. bidentatum *Sahlb.*
  7929. paradoxum *Horn.*
  7930. Hubbardi *Horn.*
  7931. celatum *Horn.*
  7932. putum *Horn.*
  7933. pusillum *Horn.*
  7934. thoracicum *Horn.*
  7935. asperatum *Horn.*
  7936. Nevadense *Horn.*

Hydnobius.

  7937. Matthewsii *Cr.*
  7938. strigilatus *Horn.*
  7939. longulus *Lec.*
         longidens *Lec.*
  2229. substriatus *Lec.*
         curvidens *Lec.*
  7940. latidens *Lec.*
         pumilus *Lec.*
  7941. obtusus *Lec.*

  for **Liodes** read
Anisotoma Illig.

  2236. =2230.
  2238. =2232.
  7942. humeralis *Horn.*
  7943. valida *Horn.*
  7944. difficilis *Horn.*
  7945. confusa *Lec.*
  7946. paludicola *Cr.*
  7947. ecarinata *Horn.*

Cyrtusa.

  2243. =2244.
       after 2245 add.

Isoplastus Horn.

  7948. fossor *Horn.*

  for **Anisotoma** read
Liodes Latr.

  2252. =2251.
  7949. Blanchardi *Horn.*
  7950. obsoleta *Horn.*
  7951. geminata *Horn.*
  7952. confusa *Horn.*

Agathidium.

  2253. oniscoides *Beauv.*
         globatile *Lec.*
  2259. politum *Lec.*
         parvulum *Lec.*
  2260. =2257.
  2263. =2258.
  7953. dentigerum *Horn.*
  7954. californicum *Horn.*
  7955. sexstriatum *Horn.*
  7956. bistriatum *Horn.*
  7957. estriatum *Horn.*

Clambus.

  7958. vulneratus *Lec.*
  7959. semilunum *Horn*

SCYDMÆNIDÆ.

  for **Microstemma** read
Eumicrus.

  for **Eumicrus** read
Cholerus Thoms.

Scydmænus.
  7960. divisus *Sz.*

Eutheia.
  7961. longula *Lec.*
  7962. impressa *Lec.*

CORYLOPHIDÆ.

Orthoperus.
7963. scutellaris *Lec.*
7964. suturalis *Lec.*
7965. elongatus *Lec.*

Sacium.
7966. mollinum *Sz.*
7967. splendens *Sz.*
7968. biguttatum *Lec.*

SCAPHIDIIDÆ.

Scaphidium.
2324 to 2327 = 2325.

LATRIDIIDÆ.

Holoparamecus.
7969. singularis *Bcck.*
after 2345 add.

Stephostethus Lec.
7970. liratus *Lec.*

Latridius Hbst.
Conithassa.
omit 2347 = 7970.
7971. laticollis *Lec.*
7972. opaculus *Lec.*

7973. maculatus *Lec.*
7974. duplicatus *Lec.*
7975. tenuicornis *Lec.*
7976. laticollis *Lec.*

for **Latridius** read
Corticaria Marsh.
2371. = 2365.
after 2931 add.

Myrmecoxenus Chev.
7977. latridioides *Cr.*

DERMESTIDÆ.

Dermestes.
2402. = signatus *Lec.*
7978. cadaverinus *Fabr.*
7979. murinus *Linn.*

Byturus Latr.
7980. unicolor *Say.*
7981. grisescens *Lec.*

for **Megatoma** read
Perimegatoma Horn.
2414. = 2413.
7982. Belfragei (*Lec.*)
7983. variegatum *Horn.*
7984. falsum *Horn.*

Anthrenus.
2429. = scrophulariæ *Linn.*
7985. claviger *Er.*

ENDOMYCHIDÆ.

Mycetina.
2438. for *Lec* read (*Ziegl.*)
after 2443 add.

Xenomycetes Horn.
7986. Morrisoni *Horn.*

Fhymaphora.
7987. californica *Horn.*

for **Alexia** read
Rhymbus Gerst.

for **TRITOMIDÆ** read **MYCETOPHAGIDÆ**.

for Tritoma read
Mycetophagus.

7988. californicus *Horn.*
7989. tenuifasciatus *Horn.*
7990. confusus *Horn.*

for **Cryptophagus** read
Triphyllus Latr.
7991. elongatus *Lec.*

Litargus.
2469. =2471.
2470. =2471.

SPHINDIDÆ.

after 2476 add.
Odontosphindus Lec.
7992. denticollis *Lec.*

Eurysphindus Lec.
7993. hirtus *Lec.*

CIOIDÆ.

omit all species with *Cr.* which are undescribed.

EROTYLIDÆ.

Languria.
7994. marginipennis *Sz.*

Dacne.
7995. picea *Lec.*

after 2519 add.
Hypodacne Lec.
7996. punctata *Lec.*

ATOMARIIDÆ.

after 2544 add.
Enphylus Er.
7997. americanus *Lec.*

Cryptophagus Hbst.
 Cryptophagistes.

Tomarus.
7998. acutus *Reit.*
hirtellus *Sz.*

Atomaria.
omit 2563 =7999.
2564 =7999.

af.er 2573 add.
Cœnoscelis Thoms.

7999. ferruginea (*Sahlb.*)
testacea (*Zimm.*)
cryptophaga (*Reit.*)

Diplocœlus.
Marginus.
2577. rudis (*Lec.*)
8000. angusticollis *Horn.*

Silvanus.
8001. cognatus *Lec.*

Psammœcus Latr.
Cryptamorpha.
2591. =Desjardinsi *Guér.*

CUCUJIDÆ.

after 2593 add.

Prostomis Latr.
8002. americanus *Cr.*

Lathropus.
8003. pictus *Sz.*

Læmophlœus.
8004. Gundlachii *Grouv.*

8005. Reitteri *Grouv.*
8006. convexulus *Lec.*
8007. Chæmeropis *Sz.*

for **Hemipeplus** read
Nemiceles Lec.
8008. microphthalmus *Sz.*

Coxelus.
8009. pacificus *Horn.*

COLYDIIDÆ.

Ditoma Illig.
Synchytodes.
8010. sulcata *Lec.*
after 2627 add.

Endophlœus Er.
8011. nosodermoides *Horn.*

Phlœonemus Er.
8012. catenulatus *Horn.*

Synchita.
2620. =fuliginosa *Mels.*

Cicones.
8013. lineaticollis *Horn.*

Lasconotus.
8014. borealis *Horn.*
8015. linearis *Cr.*

Nematidium.
2643. =mustela *Pasc.*
after 2643 add.

Aglenus Er.
8016. brunneus (*Gyll.*)

Sosylus.
8017. dentiger *Horn.*

Oxylæmus.
8018. californicus *Cr.*

Bothrideres.
omit 2647 =8020.
8019. montanus *Horn.*

Machlotes Pasc.
8020. exaratus (*Mels.*)

Penthelispa Pasc.
Endectus.

Philothermus.
8021. puberulus *Sz.*

Cerylon.
2653. =2654.

after 2654*a* add

MURMIDIIDÆ.

to include 2655 and 2656.

RHYSSODIDÆ.

Rhyssodes.

8022. hamatus *Lec.*

Clinidium.
2658. =sculptile *Newm.*
8023. calcaratum *Lec.*

for RHIZOPHAGIDÆ read MONOTOMIDÆ.

transfer **Rhizophagus** to the Nitidulidæ.

Bactridium.

2666. =ephippigerum (*Guér.*)
8024. striolatum (*Reitt.*)
8025. cavicolle *Horn.*

Europs Woll.
Nomophlœus.
8026. longicollis *Horn.*

Monotoma.
omit 2679 not described.
8027. texana *Horn.*
8028. longicollis *Gyll.*

TROGOSITIDÆ.

Trogosita.
8029. yuccæ *Cr.*

NITIDULIDÆ.

omit *Trixagus*=
Byturus of the Dermestidæ.

Cercus.
2708 =2711.

Brachypterus.
omit 2713 and 2713*a*.
8030. troglodites *Murr.*
8031. globularis *Murr.*

Amartus.
2713. tinctus (*Mannh.*)
2713*a*. ferugatus (*Murr.*)
after 2714 add

Anthonæus Horn.
8032. agavensis (*Cr.*)

Conotelus.
8033. mexicanus *Murr.*

Brachypeplus Er.
8034. glaber *Lec.*

Carpophilus.
2728. =2727.
2730. =dimidiatus *Fabr.*
8035. yuccæ (*Cr.*)
8036. tempestivus *Er.*
8037. decipiens *Horn.*

Epurea.
2733. =luteola *Er.*
2737. =2752.
2738. =immunda *Sturm.*
2739. =æstiva *Linn.*
2741. =2738.
2742. for *Mäkl* read *Mannh.*
2744. for *Mäkl* read *Mannh.*
2746. =2749.
2750. =2751.
8038. monogama *Cr.*
8039. helvola *Er.*
8040. integra *Horn.*
8041. Erichsonii *Reit.*
8042. fulvescens *Horn.*
8043. ovata *Horn.*
8044. peltoides *Horn.*
8045. umbrosa *Horn.*
8046. obtusicollis *Reit.*
8047. scaphoides *Horn.*
8048. macrophthalma *Reit.*

Soronia.
Lobiopa.
Amphotis.
2757. undulata (*Say.*)
2758. =guttulata (*Lec.*)
2759. Ulkei (*Lec.*)

Meligethes.
2767. =mutatus *Har.*
2769. =2768.
2770. =2771.
8049. pinguis *Horn.*

Perthalycra.
read *Horn* for *Cr.* in genus and species.

Pocadius.
8050. dorsalis *Horn.*

Orthopeplus Horn.
8051. quadricollis *Horn.*

Cycramus.
2779. =2778.
om't 2780 not described.
8052. Zimmermanni *Horn.*

Amphicrossus.
2782. =niger *Horn.*

Cybocephalus.
8053. californicus *Horn.*

Cryptarcha.
2787. =concinna *Mels.*

for **Pityophagus** read
Ips Fabr.
2788. =fasciatus *Oliv.*
after 2793 add

Pityophagus.
2794. cephalotes *Lec.*
2795. rufipennis *Horn.*
8054. verticalis *Horn.*

Tisiphone Reit.
Smicrips Lec.
8055. hypocoproides *Reit.*
palmicola *Lec.*

Rhizophagus.
8056. brunneus *Horn.*

omit **MICROPEPLIDÆ** see page 15.

PHALACRIDÆ.

Phalacrus.
8057. dispar *Lec.*

Olibrus.
8058. princeps *Sz.*

COCCINELLIDÆ.

before Megilla insert

Epilachna Redt.

8059. borealis (*Fabr.*)
8060. corrupta *Muls.*

Exochomus.

8061. tripustulatus *Deg.*

Pentilia *Muls.*

8062. misella *Lec.*
8063. marginata *Lec.*
8064. ovalis *Lec.*

Cryptognatha Muls.

Oeneis.

8065. pallida *Lec.*

Thalassa Muls.

8066. Montezumæ *Muls.*

Brachyacantha.

8067. querceti *Sz.*

Hyperaspis.

8068. maculifera *Muls.*
8069. nevadica *Cr.*
8070. paludicola *Sz.*
8071. Bolteri *Lec.*
8072. cruenta *Lec.*
8073. discreta *Lec.*
8074. taedata *Lec.*
8075. osculans *Lec.*
8076. gemina *Lec.*
8077. postica *Lec.*
8078. punctata *Lec.*

Scymnus.

8079. pacificus *Cr.*
8080. coniferarum *Cr.*
8081. Phelpsii *Cr.*
8082. nigripennis *Lec.*
8083. balteatus *Lec.*
8084. quadritæniatus *Lec.*
8085. cyaneus *Mels.*

GEORYSSIDÆ.

Georyssus.

2936. for *Cr.* read *Lec.*

for CISTELIDÆ read BYRRHIDÆ.

Nosodendron.

8086. californicum *Horn.*

Simplocaria.

2942. =2941.

Pedilophorus.

8087. subcanus *Lec.*

for Cistela read
Byrrhus Fabr.

8088. fasciatus *Fabr.*

Syncalypta.

8089. grisea *Lec.*

Limnichus.

2962. =2963.
2964. =2965.
8090. montanus *Lec.*
8091. nebulosus *Lec.*
8092. analis *Lec.*
8093. californicus *Lec.*
8094. lutochrinus *Lec.*
after 2968 add

Chelonarium Fabr.

8095. Lecontei *Thoms.*

PARNIDÆ.

after 2972 add

Throscinus Lec.
8096. Crotchii *Lec.*

ELMIDÆ.

Elmis.
8097. divergens *Lec.*
8098. seriatus *Lec.*
8099. corpulentus *Lec.*
8100. foveatus *Lec.*

8101. vulneratus *Lec.*
8102. cæsus *Lec.*

for *Stenelmis* read
Stenelmis.

HETEROCERIDÆ.

Heterocerus.
8103. brunneus *Mels.*

8104. undatus *Mels.*

HISTERIDÆ.

Hister.
Psiloscelis.
8105. repletus *Lec.*
8106. perpunctatus *Lec.*
8107. tornatus *Lec.*

Epierus.
8108. brunnipennis *Mars.*
after 3097*b* add

Peploglyptus Lec.
8109. Belfragei *Lec.*

Hetærius.
8110. tristriatus *Horn.*
8111. Blanchardi *Lec.*

Paromalus.
8112. teres *Lec.*
8113. difficilis *Horn.*
8114. debilis *Lec.*

Saprinus.
8115. dentipes *Mars.*
8116. braziliensis (*Payk.*)
8117. permixtus *Lec.*

Teretrius.
8148. placitus *Horn.*
8119. montanus *Horn.*

Teretriosoma.
8120. facetum *Lewis.*
after 3188 add

Abræus *Leach.*
8121. Bolteri *Lec.*

Acritus.
8122. salinus *Lec.*

LUCANIDÆ.

Lucanus.
3205. mazama (*Lec.*)

Platycerus.
3209. =oregonensis *West.*

SCARABÆIDÆ.

Chœridium.
8123. Lecontei *Har.*

Onthophagus.
substitute the following:
3244. =Hecate *Panz.*
3245. =Janus *Panz.*
3245a. Orpheus *Panz.*
    canadensis *Fabr.*
3245b. subæneus *Beauv.*
3245c. striatulus *Beauv.*
    castaneus *Mels.*
    scabricollis *Kb.*
8124. velutinus *Horn.*
    §
8125. tuberculifrons *Har.*
8126. pensylvanicus *Har.*
    ovatus ‡ *Lec.*

Aphodius.
3266. =3264.
8127. prodromus *Brobin.*
8128. bidens *Lec.*
8129. duplex *Lec.*
8130. obtusus *Lec.*
8131. cribratus *Lec.*
8132. anthracinus *Lec.*
8133. brevicollis *Lec.*
8134. marginatus *Lec.*
8135. phæopterus *Lec.*
8136. cruentatus *Lec.*
8137. subtruncatus *Lec.*
8138. scabriceps *Lec.*
8139. explanatus *Lec.*
8140. guttatus *Esch.*
8141. rudis *Lec.*
8142. sparsus *Lec.*
8143. humeralis *Lec.*

Dialytes.
8144. Ulkei *Horn.*

Atænius.
3312 =3320.
8145. figurator *Har.*
8146. sculptilis *Har.*

Ochodæus.
3341. =3338.
3343. =3337.
8147 Ulkei *Horn.*

Aegialia.
8148. rufa *Lec.*
8149. latispina *Lec.*
8150. spissipes *Lec.*
    after 3347 add

Pachyplectrus.
8151. lævis *Lec.*

Geotrypes.
8152. chalybæus *Lec.*
8153. occidentalis *Horn.*

Pleocoma.
3365. =Edwardsii *Lec.*
8154. Behrensii *Lec.*

Trox.
3370 to 3373 =3371.
3375. =monachus *Hbst.*
3378. =3379.
3383. =unistriatus *Beauv.*

Dasydera.
8155. Cooperi *Horn.*

Hoplia.
8156. Sackenii *Lec.*
8157. dispar *Lec.*
8158. equina *Lec.*

Dichelonycha.
3415. =elongata *Fabr.*
3419. =3415.
    omit 3424=8162.
8159. canadensis *Horn.*
8160. Crotchii *Horn.*
8161. clypeata *Horn.*
    after 3428 add

Cœnonycha *Horn.*
8162. rotundata (*Lec.*)
8163. socialis *Horn.*
8164. ovipennis *Horn.*

Macrodactylus.
3446. =3447.
8165. uniformis *Horn.*

Plectrodes.
8166. palpalis *Horn.*
8167. Carpenteri *Lec.*

Diplotaxis.
8168. insignis *Lec.*
8169. languida *Lec.*

Lachnosterna Hope.
Eugastra.
Endrosa.
Gynnis.
Tostegoptera.
Phyllophaga.
3487. =3488.
3500. =glaberima *Bl.*
3508. =micans.
3533. =3508.
3534. =3518.
omit **Phytalus.**
3554. =3500.

Listrochelus.
3558. =3557.
8170. disparilis *Horn.*
8171. opacicollis *Horn.*
8172. sociatus *Horn.*
8173. timidus *Horn.*
8174. senex *Horn.*

Polyphylla Harr.
Macranoxia.

Phobetus.
3575. =3574.

Anomala.
Rhombonyx.
8175. semilivida *Lec.*

Strigoderma.
8176. exigua *Sz.*

Pelidnota.
8177. lugubris *Lec.*

Cotalpa.
8178. flavida *Horn..*

Cyclocephala.
3604. =dimidiata *Burm.*
for **Chalepus** read

Dyscinetus Harold.

Ligyrus.
3608. =3609.
3610. =3609.

for **Euryomia** read
Euphoria Burm.
omit 3641 to 3643
and 3649 not N. Am.
8179. verticalis *Horn.*
8180. æstuosa *Horn.*
8181. hirtipes *Horn.*
8182. devulsa *Horn.*
8183. ? discicollis *Thoms.*

Cremastochilus.
3652. =3653
3656. Schaumii *Lec.*
crassipes *West.*
8184. retractus *Lec.*
8185. crinitus *Lec.*
8186. Wheeleri *Lec.*
8187. leucostictus *Burm.*
polita *Schaum.*
8188. Westwoodii *Horn.*
Schaumii ‡ *West.*

Trichius.
8189. texanus *Horn.*

BUPRESTIDÆ.

Gyascutus.
8190. californica *Horn.*

Chalcophora.
8191. Fulleri *Horn.*

Dicerca.
3799. for *Lap.* read *Chev.*
8192. Hornii *Cr.*

Buprestis.
8193. ? viridula *Oliv.*
8194. connexa *Horn.*

Anthaxia.
8195. deleta *Lec.*
8196. bivittata *Gray.*

Chrysobothris.

8197. errans *Lap.*
8198. dissimilis *Lap.*
8199. posticalis *Lap.*
8200. carinipennis *Lec.*
8201. subcylindrica *Mots.*

Actenodes.

8202. calcarata *Chev.*

Acmæodera.

8203. amabilis *Horn.*
8204. macra *Horn.*
8205. robusta *Horn.*
8206. pubiventris *Horn.*
8207. lanata *Horn.*
8208. plagiaticauda *Horn.*
8209. miliaris *Horn.*
8210. sparsa *Horn.*
8211. tuta *Horn.*
8212. Hepburnii *Horn.*
8213. acuta *Lec.*
8214. retifera *Lec.*
8215. Dohrnii *Horn.*
8216. variegata *Lec.*
8217. lanata *Horn.*
8218. obtusa *Horn.*
8219. consors *Horn.*
8220. versuta *Horn.*
8221. mariposa *Horn.*
8222. gemina *Horn.*
8223. alacris *Horn.*

after 3800 add

Chrysophana Lec.

8224. placida (*Lec.*)

Agrilus.

3827. =cuneus *Lec.*
    omit 3831 =3819.
8225. lateralis *Say.*
8226. nigricans *Góry.*
8227. obsoletoguttatus *Gory.*
8228. virens *Gory.*
8229. floridanus *Cr.*
8230. imbellis *Cr.*
8231. Washinghami *Cr.*

Taphrocerus.

8232. puncticollis *Sz.*
8233. lævicollis *Lec.*

Brachys.

omit 5843 =8235.
8234. fascifera *Sz.*

Pachyscelus.

8235. carbonatus (*Lec.*)
8236. cœruleus *Sz.*

ELATERIDÆ.

Deltometopus.

8237. ereptus *Bonv.*

Entomophthalmus.

3882. =3883.

Nematodes.

8238. punctatus *Lec.*
    omit 3898 not N. Am.

Hypocœlus.

8239. terminalis *Lec.*
    after 3901 add

Cryptostoma Latr.

8240. Dohrnii *Horn.*

Adelocera.

8241. modesta *Boisd.*
8242. sparsa *Cand.*

Meristhus.

3927. =scobinula *Cand.*

Alaus.

3932. =lusciosus *Hope.*

Cardiophorus.

3935. =convexus *Say.*
3943. =3941.
3949. =3946*a.*
8243. floridæ *Cand.*

Cryptohypnus.
3980. =3983.
3984. =3983.
3993. =3992.
8244. dubius *Horn.*

Elater.
omit 4004 =4314.
4009. =4010.
4017. for *Lec.* read (*Germ.*)
4018. for *Lec.* read (*Germ.*)
4020. =4021.
4024. =4022.
4025. =4019.
4026. =4027.
4027. for *Lec.* read *Germ.*
4028. =4027.
4032. =4035.
4033. =4036.
4034. =4036.
4035. for *Cand* read (*Germ.*)
4039. =4040.
4044. for *Cand* read (*Germ.*)
8245. Phelpsii *Horn.*
8246. mœrens *Lec.*

Drasterius.
8247. rufulus *Cand.*

Megapenthes.
8248. 4-maculatus (*Horn.*)

Anchastus.
4073. digitatus *Lec.*
longulus *Lec.*
8249. asper *Lec.*
8250. bicolor *Lec.*

Monocrepidius.
8251. debilis (*Lec.*)
after 4095 add

Atractodes Germ.
8252. infumatus *Cand.*

Ischiodontus.
4097. =4098.
8253. fuscus (*Lec.*)

Agriotes.
4113. =isanus *Cand.*

Glyphonyx.
8224. mimeticus *Horn.*

Melanotus.
4132. =4134.
4133. =4134.
4165. =4164.

Limonius.
4177. =4176.
4179. =4180.
omit 4185 =8248.
4198. =consimilis *Walk.*
4200. =4197a.
4204. =4130.
4208. 4209.
8255. angulatus *Mots.*

Campylus.
4215. =variabilis *Esch.*

Athous.
4220. =4219.
4223. =4219.
4235. =4234.
4240. =orophilus *Har.*
8256. pallidipennis *Mannh.*
8257. affinis *Coup.*
8258. cribratus *Lec.*
8259. simplex *Lec.*

Oestodes.
8260. puncticollis *Horn.*

Corymbites.
4314. =semivittatus (*Say.*)
4321. =4322.
8261. obversus *Horn.*
8262. pruinius *Horn.*
8263. planulus *Lec.*

Asaphes.
4321. =4340.
4333. =4332.
4338. =4337.
4339. =4340.
4344 to 4349 =4347.
8264. soccifer *Lec.*

Aplastus.
8265. angusticollis *Horn.*
8266. tenuiformis *Horn.*

8267. corymbitoides *Horn*.
8268. molestus *Horn*.

Scaptolenus.
8269. estriatus *Lec*.

RHIPICERIDÆ.

after 4376 add

Brachypsectra Lec.
8270. fulva *Lec*.

DASCYLLIDÆ.

Macropogon.
   8271. testaceipennis *Mots*.
   8272. rufipes *Horn*.

Eurypogon.
   8273. californicus *Horn*.

Allopogon Horn.
   8274. villosus *Horn*.

Anchytarsus.
   4380. =bicolor (*Mels*.)

after 4380 add
Anchycteis Horn.
   8275. velutina *Horn*

Aræopus Lec.
   8276. monachus *Lec*.

Dascyllus.
   omit 4382 not N. Am.
   8277. plumbeus *Horn*.

for Dicranopselaphus read
Ectopria Lec.
   4385. =4386.
   4387. =4386.

after 4387 add
Dicranopselaphus Guer.
   8278. variegatus *Horn*.

Acneus Horn.
   8279. quadrimaculatus *Horn*.

Cyphon.
   4388. =4395.
   4389. =variabilis (*Thunb*.)
   4390 to 4393 =4389.
   4394. =padi *Linn*.
   4397. =4396.
   8280. robustus *Lec*.
   8281. impressus *Lec*.
   8282. brevicollis (*Lec*.)
   8283. exiguus *Horn*.

after 4399 add
Paconycha Horn.
   8284. Edwardsii (*Lec*.)

Helodes.
   omit 4406 =8286.
       4407 =8282.
   8285. maculicollis *Horn*.

after 4405 add
Microcara Thoms.
   8286. explanata (*Lec*.)

Scirtes.
   4411. =4410.
   8287. Troberti *Guér*.

Eucinetus.
   8288. strigosus *Lec*.
   8289. punctulatus *Lec*.

Ptilodactyla.
   4418. =4417.
   8290. angustata *Horn*.

LAMPYRIDÆ.

Dictyoptera.
8291. rubripennis *Lec.*
8292. dimidiata *Lec.*
8293. ruficollis *Lec.*
  after 4445 add
Matheteus Lec.

8294. Thevenetii *Lec.*

Lucidota.
8295. luteicollis *Lec.*
8296. californica *Gorham.*

Photinus.
8297. nitidiventris *Lec.*
8298. punctiventris *Lec.*
8300. undulatus *Lec.*

Phausis.
8301. inaccensa *Lec.*

Microphotus.
8302. angustus *Lec.*

Phengodes.
8303. integripennis *Lec.*

TELEPHORIDÆ.

Chauliognathus.
8304. Lewisii *Cr.*

Podabrus.
4501. for *Lec* read (*Fabr.*)
4509. for (*Kirby*) read *Lec.*
8305. brevipennis *Lec.*
8306. lateralis *Lec.*

Telephorus.
4540. for (*Mots*) read *Lec.*
8307. oriflavus *Lec.*

Silis.
8308. spinigera *Lec.*

8309. flavida *Lec.*
8310. cara *Lec.*
8311. vulnerata *Lec.*
8312. lutea *Lec.*
8313. filigera *Lec.*

Ditemnus.
8314. obtusus *Lec.*

for **Loberus** read
Lobetus.
  after 4575 add
Mastinocerus Sol.
8315. texanus *Lec.*

MALACHIDÆ.

Collops.
8316. hirtellus *Lec.*
8317. reflexus *Lec.*

Temnopsophus.
8318. impressus *Sz.*

Malachius.
8319. montanus *Lec.*
8320. macer *Horn.*
8321. spinipennis *Horn.*
8322. Theventii *Horn.*

Pseudebæus.
8323. obscurus *Lec.*

Dolichosoma.
8324. tenuiforme *Horn.*

Melyris.
8325. atra *Lec.*
8326. flavipes *Lec.*

CLERIDÆ.

Cymatodera.
- 4708. =4703.
- 4709. =cylindricollis *Chev.*
- 8327. gigantea *Horn.*
- 8328. Xanti *Horn.*
- 8329. Belfragei *Horn.*
- 8330. oblita *Horn.*
- 8331. ovipennis *Lec.*
- pilosella *Lec.*

for **Clerus** read
Trichodes Hbst.
- omit 4717 not U S.
- 8332. illustris *Horn.*
- 8333. bimaculatus *Lec.*
- 8334. simulator *Horn.*

after 4721 add
Trogodendron Horn.
- 8335. Edwardsi *Horn.*

Cleronomus Klug.
- 8336. ornaticollis *Lec.*

for **Thanasimus** read
Clerus Geoff.

Hydnocera.
- 8337. hamata *Lec.*

Lebasiella.
- 8338. maculicollis *Lec.*

LYMEXYLIDÆ.

Hylecœtus.
- 4796. =4795.

after 4796 add
Micromalthus Lec.
- 8339. debilis *Lec.*

CUPESIDÆ.

Cupes.
- omit 4799 =8341.
- 8340. lobiceps *Lec.*

Priacma Lec.
- 8341. serrata (*Lec.*)

PTINIDÆ.

after 4803 add
Hedobia Latr.
- 8342. granosa *Lec.*

Ernobius.
- 8343. tristis *Lec.*
- 8344. gracilis *Lec.*
- 8345. luteipennis *Lec.*
- 8346. filicornis *Lec.*

Ozognathus.
- 8347. floridanus *Lec.*

Xestobium.
- 8368. affine *Lec.*
- 8349. squalidum *Lec.*

after 4839 add
Gastragallus Duv..
- 8350. marginipennis *Lec.*

Eupactus.
- 8351. viticola *Sz.*

Xyletinus.
- 8352. lugubris *Lec.*
- 8353. pubescens *Lec.*

Vrilletta.
- 8354. Murrayi *Lec.*
- 8355. expansa *Lec.*
- 8356. convexa *Lec.*

Catorama.
8357. frontalis *Lec.*
8358. holosericea *Lec.*
8359. sectans *Lec.*
8360. punctulata *Lec.*
8361. obsoleta *Lec.*
8362. minuta *Lec.*

Hemiptychus.
8363. debilis *Lec.*
8364. similis *Lec.*
8365. abbreviatus *Lec.*
8366. auctus *Lec.*

Dorcatoma.
8367. granum *Lec.*
8368. tristriatum *Lec.*
8369. pallicorne *Lec.*

Cænocara.
8370. lateralis *Lec.*
8371. intermedia *Lec.*
8372. californica *Lec.*

Byrrhodes.
8373. setosus *Lec.*

after 4868 add

Euceratocerus Lec.
8374. Hornii *Lec.*

Sinoxylon.
4871. =4872.

8375. texanum *Horn.*
8376. dinoderoides *Horn.*
8377. bidentatum *Horn.*
8378. suturale *Horn.*

Tetrapriocera Horn.
8379. longicornis (*Oliv.*)
Schwarzi *Horn.*

Bostrychus.
8380. californicus *Horn.*

Amphicerus.
8381. fortis *Lec.*
8382. teres *Horn.*

Dinoderus.
Rhizoperta.
8383. truncatus *Horn.*
8384. brevis *Horn.*

Polycaon.
Exopioides.
4890. =4889.
4892. =4893.
4895. =4894.
8385. plicatus *Lec.*
8386. obliquus *Lec.*

Psoa Hbst.
Acrepis.

SPONDYLIDÆ.

Parandra.
4899 to 4903 =4898.

CERAMBYCIDÆ.

Dicentrus Lec.
8387. Blüthneri *Lec.*

Phymatodes.
8388. nitens *Lec.*
8389. maculicollis *Lec.*

Oeme.
8390. strangulata *Horn.*

Elaphidion.
8391. alienum *Lec.*
8392. tectum *Lec.*

Hybodera.
8393. debilis *Lec.*

after 5066 add

Crioprosopus Serv.
8394. magnificus (*Lec.*)

Aethecerus.
8395. latecinctus *Horn.*

Batyle.
5078. =5079.
5080. =5079.
5081. =5079a.

Crossidius.
8396. Allegewahri *Lec.*

Cyllene.
omit 5101 not U. S.
5104 to 5106 and 5108, 5109 =5105.
8397. crinicornis *Chev.*
erythropus ‡ *Lec.*

after 5115 add
Plagithmysus Mots.
8398. pulverulentus *Mots.*

Xylotrechus.
8399. nitidus (*Horn.*)
8400. planifrons *Lec.*

Neoclytus.
8401. ascendens *Lec.*

for **Stenocorus** read
Rhagium Fabr.

Toxotus.
8402. virgatus *Lec.*

Acmæops.
5191. read bivittata.

Strangalia.
8403. delicata *Lec.*

Typocerus.
8404. sparsus *Lec.*
8405. balteatus *Horn.*

Leptura.
5239. =5240.
5244. =5291.

5291. =ruficollis *Say.*
5291a. sphæricollis *Say.*
8406. anthracina *Lec.*
8407. rhodopus *Lec.*

Acanthoderes.
8408. peninsularis *Horn.*

Lagochirus.
8409. aranciformis (*Linn.*)

Cœnopœus Horn.
8410. Palmeri (*Lec.*)
omit *Lophopœum.*
5345. =8417.

Leptostylus.
omit 5346 =8410.
8411. terræcolor *Horn.*
transversatus ‡ *Lec.*
8412. arcuatus *Lec.*
8413. argentatus *Chev.*

Liopus.
Sternidius.
8414. Wiltii *Horn.*
8415. ? dorsalis *White.*

Mecotetartus Bates.
Eutessus.
8416. antennatus *Bates.*

Lepturges.
include 5363 to 5366.
5367. =5375.
5368. =5369.

after 5372 add
Urographis Horn.
5373. triangulifer (*Hald.*)
5374. fasciatus (*Deg.*)
despectus *Lec.*

Graphisurus.
5375. pusillus *Kb.*
omit *Eutessus.*
5380. =8416.

Dectes.
5382. =5381.

Pogonocherus.
5387. =5388.
5389. =5388a.
omit 5390 =8418.
8417. volitans (*Lec.*)

Estola Fairm.
8418. sordida (*Lec.*)

after 5392 add
Zaplous Lec.
8419. Hubbardi *Lec.*

Eupogonius.
5395. =5394a.

after 5406 add
Sicyobius Horn.
8420. Brausii *Horn.*

Mecas.
5426. =5425.
8421. ruficollis *Horn.*

Oberea.
5429. for *Hald* read *Fabr.*
5430. =5432a.
5432. =tripunctata (*Swed.*)
5333. =bimaculata (*Oliv.*)
8422. texana *Horn.*
8423. quadricallosa *Lec.*

Tetraopes.
5446. =5448.
5447a. texanus *Horn.*
5448. read femoratus.
5449. =5448.
5450. =5448.
5452. =5451.
8424. collaris *Horn.*

Amphionycha.
5454. =5453.

after 5455 add
Idœmea Horn.
8425. Fulleri *Horn.*

for **SPERMOPHAGIDÆ** read **BRUCHIDÆ**.

for **Mylabrus** read
Bruchus Linn.
5474. =ramicornis *Boh.*

CHRYSOMELIDÆ

Donacia.
5508. for *Cr.* read *Suffr.*
5532. for *Lec.* read *Lac.*
8426. rugosa *Lec.*
8427. æqualis *Say.*
8428. ærea *Lac.*
8429. assimilis *Lac.*
8430. carolina *Lac.*
8431. cataractæ *Newm.*
8432. chalcea *Lac.*
8433. cœrulea *Oliv.*
8434. flavipennis *Mannh.*
8435. fulvipes *Lac.*
8436. militaris *Lac.*
8437. nitida *Germ.*
8438. pallipes *Lac.*
8339. parva *Lac.*
8340. rufa *Say.*
8441. vicina *Lac.*

Hæmonia Latr.
Macroplea.
5533. =nigricornis *Kb.*

Zeugophora.
8442. californica *Cr.*
8443. Kirbyi *Baly.*
8444. Reineckii *Grote.*

Thricolema Cr.
8445. anomala Cr.

Lema.
8446. circumvittata Clark.
8447. melanocephala Say.
8448. pubipes Clark.
8449. signaticornis Chev.

Coscinoptera.
5569. for Cr. read Lec.
5570. for Cr. read Lec.

Chlamys.
8450. cribripennis Lec.

Monachus.
8451. Guerini Perbosc.

Diachus Lec.
8452. auratus Fahr.
8453. crasus Lec.
8454. levis Hald.
8455. squalens Suffr.
8456. æruginosus Lec.
8457. catarius Suffr.
8458. pallidicornis Suffr.
8459. ? chlorizans Suffr.

Triachus Lec.
8460. atomus Suffr.
8461. cerinus Lec.
8462. vacuus Lec.
8463. postremus Lec.

Cryptocephalus.
substitute the following:
§ *Bassoreus* Hald.
8464. congestus Fabr.
8465. formosus Mels.
8465a. sulfuripennis Mels.
8466. detritus Oliv.
8467. mammifer Newm.
8467a. sellatus Suffr.
8467b. pretiosus Mels.
8467c. luteipennis Mels.
8468. croceipennis Lec.
8469. lituratus Fabr.
8469a. lativittis Germ.

8470. ? areolatus Suffr.
8471. ? egenus Suffr.
§ *Cryptocephalus.*
8472. mucoreus Lec.
8473. 4-maculatus Say.
8473a. fulvipennis Hald.
8474. distinctus Hald.
8475. quadruplex Newm.
8476. sanguinicollis Suffr.
nigerrimus Cr.
8477. guttulatus Oliv.
8478. cribripennis Lec.
8479. bivius Newm.
8480. leucomelas Suffr.
8481. castaneus Lec.
8482. amatus Hald.
8483. defectus Lec.
8484. confluens Say.
8485. spurcus Lec.
8486. venustus Fabr.
8486a. ornatus Fabr.
8486b. hamatus Mels.
8486c. cinctipennis Rand.
8486d. simplex Hald.
8487. obsoletus Germ.
8488. nanus Fabr.
8489. carinatus Lec.
8490. insertus Hald.
8491. calidus Suffr.
? bispinus Suffr.
8492. albicans Hald.
8493. gibbicollis Hald.
8494. aulicus Hald.
8495. trivittatus Oliv.
8496. incertus Oliv.
8497. pumilus Hald.
8498. mutabilis Mels.
8499. fulguratus Lec.
8500. badius Suffr.
8501. Schreibersii Suffr.
8502. tinctus Lec.
8503. lateritius Newm.
8504. striatulus Lec.
8505. ? luteolus Newm.
8506. ? quadriforis Newm.

Griburius.
8507. equestris Oliv.

Pachybrachys.
5627. =morosus Hald.
5637. =intricatus Suffr.

5657. =5648.
8508. donneri *Cr.*
8509. circumcinctus *Cr.*
8510. striatus *Lec.*
8511. virgatus *Lec.*
8512. dubiosus *Lec.*
8513. limbatus *Newm.*
8514. cruentus *Lec.*
8515. lustrans *Lec.*
8516. renidens *Lec.*
8517. subvittatus *Lec.*
8518. turbidus *Lec.*
8519. brevicollis *Lec.*
8520. sparsus *Newm.*
8521. flavicornis *Mels.*
8522. pectoralis *Mels.*
8523. modestus *Fabr.*

Fidia.
8524. viticida *Walsh.*

for **Heteraspis** read
Scelodonta West.

Glyptoscelis.
5676. =pubescens *Fabr.*
8525. varicolor *Cr.*
8526. longior *Lec.*

for **Typophorus** read
Tymnes Chap.
5691. =picipes (*Oliv.*)

Chrysodina Baly.
Chalcoparia.

Paria.
8527. canella *Fabr.*
8528. thoracica *Mels.*

Metachroma.
8529. maculipenne *Sz.*
8530. atrata *Fabr.*

Colaspis.
8531. californica *Boh.*
8532. chrysis *Oliv.*

Timarcha.
5721. =5720.

Chysomela.
8533. cephalanthi *Sz.*
8534. multivagans *Lec.*
8535. subopaca *Rog.*
8536. festiva *Fabr.*

Gastroidea Hope.
Gastrophysa.
8537. aenea *Mels.*

Prasocuris.
5758. for (*Ill.*) read (*Linn.*)
5759. for *Cr.* read *Lec.*
5760. for *Cr.* read *Lec.*

Luperus.
8538. brunneus *Cr.*
8539. graptoderoides *Cr.*
8540. nigrocyaneus *Lec.*

Scelolyperus Cr.
8541. tejonicus *Cr.*

Metacycla Baly.
Gastrogyna.

Diabrotica.
8542. vincta *Lec.*

Galerucella.
8543. ? dorsata *Say.*

Monoxia.
8544. ? atomaria *Fabr.*
8545. ? puncticollis *Say.*

Hypolampsis.
8546. rugosa *Oliv.*

Oedionychis.
8547. jocosa *Harold.*
8548. longula *Harold.*
8549. obsidiana *Fabr.*
8550. indigoptera *Lec.*
8551. suturella *Say.*

Disonycha.
8552. rufa *Illig.*
8553. caroliniana *Fabr.*

Graptodera.
5875. =bimarginata *Say*.
8554. tombacina *Mannh*.
8555. verticalis *Boh*.
8556. Kalmiæ *Mels*.

Lactica Er.
8557. ocreata *Say*.
8558. specularis *Hald*.
8559. tibialis *Oliv*.

Longitarsus.
8560. lituratus *Oliv*.

Glyptina Lec.
Batophila.

for **Orchestris** read
Phyllotreta Foudras.
5903. =sinuata *Stephens*.
8561. ramosa *Cr*.
8562. robusta *Lec*.

Systena.
8563. pallipes *Sz*.
8564. pallidula *Boh*.

Orthaltica.
5923. =recticollis (*Lec.*)

Crepidodera.
8565. fuscoænea *Mels*.
8566. Iris *Oliv*.
8567. robusta *Lec*.
8568. basalis *Cr*.
8569. suturella *Boh*.
8570. vafra *Boh*.

Epitrix Fabr.
5937. =parvula (*Fabr.*)
8571. brevis *Sz*.

Chætocnema.
8572. crenulata *Sz*.
8573. quadricollis *Sz*.
8574. pinguis *Lec*.
8575. protensa *Lec*.
8576. hiemalis *Aust*.
       cylindrica ‖*Lec*.
8577. opaculа *Lec*.
8578. flavicornis *Lec*.
8579. obesula *Lec*.
8580. decipiens *Lec*.
8581. cribrata *Lec*.
8582. rudis *Lec*.
8583. cribrifrons *Lec*.
8584. æneola *Lec*.
8585. americana *Mots*.
8586. minuta *Mels*.
8587. semichalcea *Mels*.
8588. ? alternata (*Ziegl.*)

Odontota.
8589. Melsheimeri (*Cr.*)
       Hardyi *Cr*.
8590. collaris (*Say.*)
       Walshii *Cr*.

Microrhopala.
omit 5973 =8589.
8591. floridana *Sz*.
8592. Erebus *Newm*.

after 5974 add
Dolichotoma Hope.
8593. aterrima *Hbst*.

Chelymorpha.
5976. =argus (*Licht.*)
5977. =17-punctatum (*Say.*)

Coptocycla.
8594. marylandica *Hbst*.

TENEBRIONIDÆ.

Stibia.
8595. ovipennis *Horn*.
8596. hispidula *Horn*.

after 6001 add
Chilometopon Horn.
8597. abnorme (*Horn.*)
8598. helopioides *Horn*.

omit 6004 = 8597.
omit 6005 = 8599.

Eurymetopon.
Cryptadius.
8599. inflatum (*Lec.*)

Phlœodes.
6042. = 6041.

Noserus.
8600. emarginatus *Horn.*

Centrioptera for *Lec.* read *Mannh.*
after 6062 add
Schizillus Horn.
8601. laticeps *Horn.*

Microschatia.
8602. morata *Horn.*

Asida.
6096. = Gabbii *Horn.*
8603. mancipata *Horn.*
8604. acerba *Horn.*
8605. quadricollis *Horn.*

after 6103 add
Cœlotaxis Horn.
8606. punctulata *Horn.*
8607. muricata *Horn.*

after 6126 add
Blaps Fabr.
8608. mortisaga (*Linn.*)

Eleodes.
8609. veterator *Horn.*

after 6178 add
Trogloderus Lec.
8610. costatus *Lec.*

Nyctobates.
8611. subnitens *Horn.*

Iphthimus.
8612. zoperoides *Horn*

Centronopus Sol.
Scotobænus.

for **Centronopus** read
Scotobates Horn.

after 6221 add
Zophobas Blanch.
8613. morio (*Fabr.*)

Blapstinus.
8614. latifrons *Lec.*
8615. fortis *Lec.*
8616. opacus *Lec.*
8617. estriatus *Lec.*

after 6267 add
Phthora Muls.
8618. americana *Horn.*

for **Phaleria** read
Uloma Cast.
Phaleria Latr.
Halophalerus.

Platydema.
8619. crenatum *Lec.*

Scaphidema.
8620. pictum *Horn.*

Hypophlœus Fabr.
Corticcus.
8621. substriatus *Lec.*
8622. glaber *Lec.*
8623. tenuis *Lec.*
8624. piliger *Lec.*
8625. opaculus *Lec.*

Helops.
6357. convexulus *Lec.*
montanus *Lec.*
8626. arizonensis *Horn.*

8627. viridinicans *Horn.*
8628. difficile *Horn.*
8629. perforatus *Horn.*
8630. spretus *Horn.*

after 6365 add
Pyanisia Cast.
8631. opaca *Sol.*

Strongylium.
8632. crenatum *Mäkl.*
8633. anthrax *Sz.*
8634. simplicicolle *Lec.*

for ALLECULIDÆ read CISTELIDÆ.

Hymenorus.
8635. dorsalis *Sz.*

Cistela Fabr.
Pseudocistela.
8636. Thevenetii *Horn.*
8637. variabilis *Horn.*

Isomira
8638. valida *Sz.*

Mycetochares.
8639. gracilis *Lec.*
8640. pubipennis *Lec.*
8641. laticollis *Lec.*
8642. analis *Lec.*
8643. lugubris *Lec.*
8644. marginata *Lec.*
8645. longula *Lec.*

MONOMIDÆ

Hyporhagus.
omit 6413 not U. S.

PYROCHROIDÆ.

Dendroides.
8646. picipes *Horn.*

ANTHICIDÆ

Eurygenius.
8647. campanulatus *Lec.*

Stereopalpus.
8648. pruinosus *Lec.*

Corphyra.
8649. abnormis *Horn.*
8950. Crotchii *Horn.*
8651. monticola *Horn.*

8652. inconspica *Horn.*
8653. Bardii *Horn.*
8654. distinguenda *Horn.*

Notoxus.
8655. digitatus *Lec.*

Mecynotarsus.
8656. elegans *Lec.*
8657. candidus *Lec.*

Tanarthrus.
8658. salicola *Lec.*

Xylophilus.
8659. impressus *Lec.*
8660. ater *Lec.*

8661. nebulosus *Lec.*
8662. subfasciatus *Lec.*
8663. brunnipennis *Lec.*
8664. ventricosus *Lec.*
8665. quercicola *Sz.*
8666. ptinoides *Sz.*
8667. nubifer *Lec.*

MELANDRYIDÆ.

Canifa.
8668. pallipennis *Lec.*

Tetratoma.
8669. concolor *Lce.*

Nothus Oliv.
Osphya.
8670. luteus *Horn.*

after 6551 add
Scotochroa Lec.
8671. atra *Lec.*
8672. basalis *Lec.*

Amblyctis Lec.
8673. præses *Lec.*

for **Hypulus** read
Dircaea Muls.
8674. prona *Lec.*
8675. fusca *Lec.*

Hallomenus.
8676. serricornis *Lec.*

Eustrophus.
8677. impressicollis *Lec.*

MORDELLIDÆ.

Glipa.
6590. hilaris (*Say.*)
hieroglyphica *Sz.*

Mordella.
8678. fascifera *Lec.*
8679. angulata *Lec.*
8680. jovialis *Lec.*
8681. obliqua *Lec.*

Rhipiphorus Fabr.
Macrosiagon.
Emmenadia.
6670. =6669.

6673. =6672.
8682. bifoveatus *Horn.*

for **Rhipiphorus** read
Myodites Latr.
8683. Popenoi *Lec.*
8684. nevadicus *Lec.*
8685. californicus *Lec.*
8686. Schwarzii *Lec.*
8687. Zeschii *Lec.*

MELOIDÆ.

Meloe.
6688. =6699.

8688. americanus *Leach.*
angusticollis ‡ *Lec.*

Nomaspis.
  8689. sublævis *Horn.*
      after 6707 add
Hornia Riley.
  8690. minutipennis *Riley.*
      after 6709 add
Cordylospasta Horn.
  8691. Fulleri *Horn.*
Gnathospasta.
  8692. mimetica *Horn.*
Macrobasis.
  8993. Gissleri *Horn.*
Epicauta.
  6729. =trichrus (*Pallas.*)
  8694. Rileyi *Horn.*

  8695. Alphonsii *Horn.*
  8696. Batesii *Horn.*
  8697. oregona *Horn.*

Cantharis.
  8698. Crotchii *Horn.*
  8699. insperata *Horn.*
  8700. mutilata *Horn.*

Calospasta.
  8701. mœsta *Horn.*
  8702. Fulleri *Horn.*

Zonitis.
  8703. rufa *Lec.*
  8704. vittipennis *Horn.*

Nemognatha.
  8705. ⸗unctipennis *Lec.*

CEPHALOIDÆ.

Cephaloon.
  8706. ungulare *Lec.*
  8707. tenuicorne *Lec.*

ŒDEMERIDÆ.

Xanthochroa.
  8708. californica *Horn.*

Asclera.
  8709. discolor *Lec.*

MYCTERIDÆ.

Mycterus.
  6868. =6866.
  8710. quadricollis *Horn.*
  8711. canescens *Horn.*

Lacconotus.
  8712. pinicolus *Horn.*

PYTHIDÆ.

Cononotus.
  8713. macer *Horn.*
Rhinosimus.
  6088. =viridiæneus *Rand.*

  omit
Tanyrhinus.
  omit 6887 =7857.

omit all after 6887 and substitute the following:

RHINOMACERIDÆ.

Rhinomacer Fabr.
8714. pilosus *Lec.*
8715. elongatus *Lec.*
8716. comptus *Lec.*
8717. bombifrons *Lec.*

Diodyrhynchus Sch.
8718. byturoides *Lec.*

RHYNCHITIDÆ.

Auletes.
8719. ater *Lec.*
8720. nasalis *Lec.*
8721. subcœruleus *Lec.*
8722. cassandræ *Lec.*

Eugnamptus Sch.
8723. striatus *Lec.*
8724. angustatus *Gyll.*
8725. collaris *Gyll.*
8726. puncticeps *Lec.*
8727. sulcifrons *Gyll.*

Rhynchites Ilbst
8728. bicolor (*Fabr.*)

8729. æneus *Boh.*
8730. mexicanus *Gyll.*
8731. eximius *Lec.*
8732. velatus *Lec.*
8733. hirtus (*Fabr.*)
8734. glastinus *Lec.*
8735. planifrons *Lec.*
8736. aureus *Lec.*
8737. fossifrons *Le c.*
8738. cyanellus *Lec.*
8739. æratus *Say.*
8740. ? humeralis *Boh.*
8741. ? congrua *Walk.*

Pterocolus Sch.
8742. ovatus (*Fabr.*)

ATTELABIDÆ.

Attelabus Linn.
8743. analis *Illig.*
8744. nigripes *Lec.*

8745. bipustulatus *Fabr.*
8746. genalis *Lec.*
8747. rhois *Boh.*

BYRSOPIDÆ.

Thecesternus Say.
748. humeralis (*Say.*)

OTIORHYNCHIDÆ.

Minyomerus Horn.
8749. innocuus *Horn.*
8750. languidus *Horn.*

Graphorhinus Sch.
8751. vadosus *Say.*

Epicærus Sch.
　8752. imbricatus *Say.*
　8753. formidolosus *Boh.*

Anomadus Horn.
　8754. obliquus *Horn.*

Barynotus Germ.
　8755. Schœnherri *Zett.*
　8756. ? granulatus *Say.*

Hormorus Horn.
　8757. undulatus (*Uhler.*)

Agasphærops Horn.
　8758. nigra *Horn.*

Trigonoscuta Mots.
　8759. pilosa *Mots.*

Calyptillus Horn.
　8760. cryptops *Horn.*

Ophryastes Sch.
　8761. vittatus (*Say.*)
　8762. tuberosus *Lec.*
　8763. latirostris *Lee·*
　8764. sulcirostris (*Say.*)
　8765. porosus *Lec.*

Eupagoderes Horn.
　8766. speciosus (*Lec.*)
　8767. decipiens.(*Lec.*)
　8768. sordidus (*Lec.*)
　8769. argentatus (*Lec.*)
　8770. lucanus *Horn.*
　8771. desertus *Horn.*
　8772. varius (*Lec*)
　8773. geminatus *Horn.*
　8774. plumbeus *Horn.*

Rhigopsis Lec.
　8775. effracta *Lec.*

Dichoxenus Horn.
　8776. setiger *Horn.*

Melamomphus Horn.
　8777. niger *Horn.*

Dyslobus Lec.
　8778. segnis (*Lec.*)

Panscopus Sch.
　8779. erinaceus (*Say.*)

Anametis Horn.
　8780. grisea *Horn.*

Orimodema Horn.
　8781. protracta *Horn.*

Mimetes Sch.
　8782. setulosus *Lec.*
　8783. seniculus *Horn.*

Diamimus Horn.
　8784. subsericeus *Horn.*

Peritaxia Horn.
　8785. rugicollis *Horn.*
　8786. hispida *Horn.*

Thricomigus Horn.
　8787. luteus *Horn.*

Amnesia Horn.
　8788. granicollis (*Lec.*)
　8789. decorata (*Lec.*)
　8790. ursina *Horn.*
　8791. rauca *Horn.*
　8792. alternata *Horn.*
　8793. sordida *Horn.*
　8794. decidua *Horn.*
　8795. elongata *Horn.*

Phymatinus Lec.
　8796. gemmatus (*Lec.*)

Nocheles Horn.
　8797. torpidus (*Lec.*)
　8798. æqualis *Horn.*

Cimbocera Horn.
　8799. pauper *Horn.*

Phyxelis Sch.
　8800. rigidus (*Say.*)

Agraphus Sch.
   8801. bellicus (*Say.*)

Otiorhynchus Germ.
   8862. sulcatus *Fabr.*
   8803. ligneus *Oliv.*
   8804. rugifrons *Gyll.*
   8805. maurus *Gyll.*
   8806. monticola *Germ.*

Sciopithes Horn.
   8807. obscurus *Horn.*

Agronus Horn.
   8808. cinerarius *Horn.*
   8809. deciduus *Horn.*

Neoptochus Horn.
   8810. adspersus (*Boh.*)

Paraptochus Seidl.
   8811. sellatus (*Boh.*)

Mylacus Sch.
   8812. saccatus (*Lec.*)

Thricolepis Horn.
   8813. inornata *Horn.*
   8814. simulator *Horn.*

Peritelopsis Horn.
   8815. globiventris (*Lec.*)

Geoderces Horn.
   8816. melanothrix (*Kb.*)
   8817. incomptus *Horn.*

Aragnomus Horn.
   8818. griseus *Horn.*

Dysticheus.
   8819. insignis *Horn.*

Eucyllus Horn.
   8820. vagans *Horn.*

Thinoxenus Horn.
   8821. squalens *Horn.*

Rhypodes Horn.
   8822. dilatatus *Horn.*
   8823. brevicollis *Horn.*

Cercopeus Sch.
   8824 chryssorrhœus (*Say.*)

Chætechus Horn.
   8825. setiger *Horn.*

Trachyphlœus Germ.
   8826. asperatus *Boh.*

D,rotognathus Horn.
   8827. sordidus *Horn.*

Pachnæus Sch.
   8828. opalus *Oliv.*
   8829. distans *Horn.*

Tanymecus Sch.
   8830. lacæna (*Hbst.*)
   8831. confertus *Gyll.*

Hadromerus Sch.
   8832. opalinus *Horn.*

Pandeletejus Sch.
   8833. hilaris (*Hbst.*)
   8834. cinereus *Horn.*

Compsus Sch.
   8835. auricephalus (*Say.*)

Cyphus Germ.
   8836. lautus (*Lec.*)
   8837. placidus *Horn.*

Brachystylus Sch.
   8838. acutus (*Say.*)

Artipus Sch.
   8839. floridanus *Horn.*

Aramigus Horn.
   8840. tesselatus (*Say.*)
   8841. Fulleri *Horn.*

Phacepholis Horn.
  8842. elegans *Horn.*
  8843. obscura *Horn.*
  8844. candida *Horn.*

Achrastenus Horn.
  8845. griseus *Horn.*

Aphrastus Sch.
  8846. tæniatus *Gyll.*
  8847. unicolor *Horn.*

Lachnopus Sch.
  8848. floridanus *Horn.*

Omileus Horn.
  8849. epicæroides *Horn.*

Eyotus Lec.
  8850. naso (*Lec.*)

Phyllobius Germ.
  8851. calcaratus (*Fabr.*)

Cyphomimus Horn.
  8852. dorsalis *Horn.*

Scythropus Sch.
  8853. elegans (*Couper.*)
  8854. californica *Horn.*

Mitostylus Horn.
  8855. tenuis *Horn.*

Coleocerus Sch.
  8856. dispar (*Lec.*)
  8857. marmoratus *Horn.*

Aracanthus Sch.
  8858. pallidus (*Say.*)

Eudiagogus Sch.
  8859. pulcher *Fahrs.*
  8860. Rosenschœldi *Fahrs.*

CURCULIONIDÆ.

Sitones Sch.
  8861. lineellus *Gyll.*
  8862. californicus *Fahrs.*
  8863. sordidus *Lec.*
  8864. vittatus *Lec.*
  8865. hispidulus *Germ.*
  8866. flavescens (*Marsh.*)
  8867. tibialis (*Hbst.*)
  8868. crinitus (*Oliv.*)

Triglyphus Lec.
  8869. ater *Lec.*

Plinthodes Lec.
  8870. tæniatus (*Lec.*)

Acmægenius Lec.
  8871. hylobinus *Lec.*

Trichalophus Lec.
  8872. didymus (*Lec.*)
  8873. constrictus (*Lec.*)
  8874. alternatus (*Say.*)
  8875. seriatus (*Mannh.*)
  8876. planirostris *Lec.*
  8877. simplex *Lec.*

Lophalophus Lec.
  8878. inquinatus (*Mannh.*)

Lepidophorus Kb.
  8879. lineaticollis *Kb.*

Ithycerus Sch.
  8880. noveboracensis (*Forst.*)

Phytonomus Sch.
  8881. opimus *Lec.*
  8882. elongatus (*Payk.*)
  8883. setigerus *Lec.*
  8884. comptus *Say.*
  8885. eximius *Lec.*
  8886. pubicollis *Lec.*
  8887. Castor *Lec.*
  8888. nigrirostris (*Fabr.*)
  8889. quadricollis *Lec.*
  ? trivittatus *Say.*

Lepyrus Sch.
  8890. gemellus *Kb.*
  8891. colon (*Linn.*)
  8892. geminatus *Say.*

Listronotus Jekel.
  8893. obliquus *Lec.*
  8894. sordidus (*Gyll.*)
  8895. tuberosus *Lec.*
  8896. squamiger *Say.*
  8897. callosus *Lec.*
  8898. inæqualipennis (*Boh.*)
  8899. caudatus (*Say.*)
  8900. americanus *Lec.*
  8901. rotundicollis *Lec.*
  8902. appendiculatus (*Boh.*)
  8903. sulcirostris *Lec.*
  8904. nebulosus *Lec.*
  8905. frontalis *Lec.*
  8906. oregonensis (*Lec.*)
  8907. latiusculus (*Boh.*)
  8908. cribricollis *Lec.*
  8909. impressifrons *Lec.*
  8910. setosus *Lec.*
  8911. punctiger *Lec.*
  8912. teretirostris *Lec.*
  8913. gracilis *Lec.*
  8914. nevadicus *Lec.*

Macrops Kb.
  8915. delumbis (*Gyll.*)
  8916. lineatulus (*Say.*)
  8917. sparsus *Say.*
  8918. spurcus (*Boh.*)
  8919. immundus (*Boh.*)
  8920. humilis (*Gyll.*)
  8921. porcellus (*Say.*)
  8922. vittaticollis *Kb.*
  8923. solutus *Boh.*

Emphyastes Mannh.
  8924. fucicola *Mannh.*

Plinthus Germ.
  8925. carinatus *Boh.*

Hypomolyx Lec.
  8926. pinicola (*Couper.*)

Pachylobius Lec.
  8927. picivorus (*Germ.*)

Hylobius Sch.
  8928. pales (*Hbst.*)
  8929. confusus *Kb.*
  8930. ? assimilis *Boh.*
  8931. ? stupidus *Boh.*

Hilipus Germ
  8932. squamosus (*Lec.*)

Eudocimus Sch.
  8933. Mannerheimi *Boh.*

Pissodes Germ.
  8934. strobi (*Peck.*)
  8935. costatus *Mannh.*
  8936. fasciatus *Lec.*
  8937.* affinis *Rand.*
  8938. dubius *Rand.*
  8939. rotundatus *Lec.*

Centrocleonus Lec.
  8940. pilosus *Lec.*
  8941. angularis (*Lec.*)
  8942. porosus *Lec.*
  8943. molitor (*Lec.*)

Stephanocleonus Motsch.
  8944. plumbeus *Lec.*
  8945. cristatus *Lec.*

Cleonopsis Lec.
  8946. pulvereus (*Lec*).

Cleonus Sch.
  8947. collaris *Lec.*
  8848. trivittatus *Say.*
  8849. inornatus *Lec.*
  8950. frontalis *Lec.*
  8951. virgatus *Lec.*
  8952. quadrilineatus (*Chev.*)
  8953. canescens *Lec.*
  8954. puberulus *Lec.*
  8955. carinicollis *Lec.*
  8956. vittatus *Kb.*
  8957. calandroides (*Rand.*)
  8958. sparsus *Lec.*

Cleonaspis Lec.

8959. lutulentus (*Lec.*)

Lixus Fabr.

8960. pleuralis *Lec.*
8961. mixtus *Lec.*
8962. texanus *Lec.*
8963. rubellus *Rand.*
8964. auctus *Lec.*
8965. caudifer *Lec.*
8966. asper *Lec.*
8967. sylvius *Boh.*
8968. fossus *Lec.*
8969. punctinasus *Lec.*
8970. parcus *Lec.*
8971. terminalis *Lec.*
8972. rectus *Lec.*
8973. mucidus *Lec.*
8974. concavus *Say.*
8975. musculus *Say.*
8976. perforatus *Lec.*
8977. scrobicollis *Boh.*
8978. placidus *Lec.*
8979. læsicollis *Lec.*
8980. macer *Lec.*
8981. marginatus *Say.*
8982. præpotens (*Say.*)
8983. poricollis *Mannh.*
8984. modestus *Mannh.*

Procas Steph.

8985. picipes *Steph.*

Grypidius Sch.

8986. equiseti (*Fabr.*)
8987. brunnirostris (*Fabr.*)

Erycus Tourn.

8988. morio (*Mannh.*)
8989. puncticollis *Lec.*

Dorytomus Sch.

8990. mucidus (*Say.*)
8991. laticollis *Lec.*
8992. rufulus (*Mannh.*)
8993. brevicollis *Lec.*
8994. luridus (*Mannh.*)
8995. subsignatus (*Mannh.*)
8996. longulus *Lec.*
8997. sqamosus *Lec.*

8998. Mannerheimii (*Germ.*)
8999. hirtus *Lec.*
9000. hispidus *Lec.*

Desmoris Lec.

9001. scapalis *Lec.*
9002. constrictus (*Say.*)

Pachytychius Jekel.

9003. amœnus (*Say.*)
9004. discoideus *Lec.*

Smicronyx Sch.

9005. corpulentus *Lec.*
9006. ovipennis *Lec.*
9007. griseus *Lec.*
9008. obtectus *Lec.*
9009. flavicans *Lec.*
9010. pusio *Lec.*
9011. tychoides *Lec.*
9012. vestitus *Lec.*
9013. seriatus *Lec.*
9014. fulvus *Lec.*
9015. sordidus *Lec.*
9016. cinereus *Motsch.*
9017. squamulatus *Lec.*
9018. corniculatus (*Fabr.*)

Phyllotrox Sch.

9019. nubifer *Lec.*
9020. ferrugineus *Lec.*

Endalus Lap.

9021. setosus *Lec.*
9022. limatulus (*Gyll*)
9023. æratus *Lec.*
9024. cribricollis *Lec.*
9025. punctatus *Lec.*
9026. ovalis *Lec.*

Tanysphyrus Sch.

9027. lemnæ (*Fabr.*)

Brachybamus Germ.

9028. electus *Germ.*
9029. inceratus *Boh.*

Onychilis Lec.

9030. nigrirostris (*Boh.*)
9031. longulus *Lec.*
9032. alternans *Lec.*

Stenopelmus Sch.
9033. rufinasus *Gyll*,

Anchodemus Lec.
9034. angustus *Lec.*
9035. Hubbardi *Lec.*
9036. Schwarzi *Lec.*

Lixellus Lec.
9037. filiformis *Lec.*

Lissorhoptrus Lec.
9038. simplex (*Say.*)
9039. apiculatus (*Gyll.*)

Bagous Germ.
9040. mammillatus *Say.*
9041. sellatus *Lec.*
9042. planatus *Lec.*
9043. obliquus *Lec.*
9044. americanus *Lec.*
9045. cavifrons *Lec.*
9046. magister *Lec.*
9047. nebulosus *Lec.*
9048. californicus *Lec.*
9049. restrictus *Lec.*
9050. pusillus *Lec.*
9051. bitubercsus *Lec.*
9052. transversus *Lec.*

Pnigodes Lec.
9053. setosus *Lec.*

Phycocœtes Lec.
9054. testaceus *Lec.*

Trachodes Germ.
9055. ptinoides *Germ.*
9056. quadrituberculatus (*Mots*)
9057. horridus *Mannh.*

Otidocephalus Chev.
9058. vittatus *Horn.*
9059. Ulkei *Horn.*
9060. myrmex *Hbst.*
9061. scrobicollis *Boh.*
9062. Chevrolatii *Horn.*
9063. lævicollis eh*Horn.*
9064. divrous c*Lc.*
9065. perforatus *Horn.*

Magdalis Germ.
9066. perforata *Horn.*
9067. cuneiformis *Horn.*
9068. Lecontei *Horn.*
9069. imbellis *Lec.*
9070. barbita *Say.*
9071. ænescens *Lec.*
9072. olyra *Hbst.*
9073. gentilis *Lec.*
9074. gracilis *Lec.*
9075. subtincta *Lec.*
9076. salicis *Horn.*
9077. hispoides *Lec.*
9078. inconspicua *Horn.*
9079. pandura *Say.*
9080. armicollis *Say.*
9081. pallida *Say.*
9082. alutacea *Lec.*

Coccotorus Lec.
9083. scutellaris *Lec.*

Anthonomus Germ.
9084. quadrigibbus *Say.*
9085. nebulosus *Lec.*
9086. fulvus *Lec.*
9087. gularis *Lec.*
9088. profundus *Lec.*
9089. ater *Lec.*
9090. brunipennis *Mannh.*
9091. scutellatus *Say.*
9092. signatus *Say.*
9093. rubidus *Lec.*
9094. juniperinus (*Sanb.*)
9095. sycophanta *Walsh.*
9096. rufipennis *Lec.*
9097. suturalis *Lec.*
9098. musculus *Say.*
9099. sulcifrons *Lec.*
9100. flavicornis *Boh.*
9101. morulus *Lec.*
9102. nigrinus *Boh.*
9103. corvulus *Lec.*
9104. pusillus *Lec.*
9105. elegans *Lec.*
9106. squamosus *Lec.*
9107. tectus *Lec.*
9108. hirtus *Lec.*
9109. inermis *Boh.*
9110. subvittatus *Lec.*

9111. pauperculus *Lec.*
9112. disjunctus *Lec.*
9113. rufipes *Lec.*
9114. elongatus *Lec.*
9115. cratægi *Walsh.*
9116. subfasciatus *Lec.*
9117. robustulus *Lec.*
9118. nubilus *Lec.*
9119. ungularis *Lec.*
9120. mixtus *Lec.*
9121. decipiens *Lec.*
9122. canus *Lec.*
9123. affinis *Lec.*
9124. nanus *Lec.*

Orchestes Illig.

9125. puberulus *Boh.*
9126. pallicornis *Say.*
9127. canus *Horn.*
9128. minutus *Horn.*
9129. rufipes *Lec.*
9130. niger *Horn.*
  parvicollis *Lec.*
9131. subhirtus *Horn.*
9132. ephippiatus *Say.*

Macrorhoptus Lec.

9133. estriatus *Lec.*

Elleschus Steph.

Alyca Lec.
9134. bipunctatus (*Linn.*)
9135. ephippiata (*Say.*)

Acalyptus Sch.

9136. carpini (*Hbst.*)

Prionomerus Sch.

9137. calceatus (*Say.*)

Piazorhinus Sch.

9138. scutellaris (*Say.*)
9139. pictus *Lec.*

Proctorus Lec.

Encalus Lec.
9140. armatus *Lec.*
9141. decipiens (*Lec.*)

Plocetes Lec.

9142. ulmi. *Lec.*

Thysanocnemis Lec.

9143. fraxini *Lec.*
9144. helvolus *Lec.*

Tylopterus Lec.

9145. pallidus *Lec.*
9146. varius *Lec.*

Tychius Sch.

9147. arator *Gyll.*
9148. lineellus *Lec.*
9149. sordidus *Lec.*
9150. tectus *Lec.*
  ? aratus *Say.*
9151. semisquamosus *Lec.*
9152. hirtellus *Lec.*
9153. setosus *Lec.*

Sibynes Germ.

9154. fulvus *Lec.*

Paragoges Lec.

9155. maculatus *Lec.*

Nanophyes Sch.

9156. pallidulus (*Grav.*)

Cionus (*Clairv.*)

9157. scrophulariæ (*Linn.*)

Gymnetron Sch.

9158. teter (*Fabr.*)

Miarus Sch.

9159. hispidulus *Lec.*

Notolomus Lec.

9160. bicolor *Lec.*
9161. myricæ *Lec.*
9162. basalis *Lec.*

Læmosacus Sch.

9163. plagiatus (*Fabr.*)

Conotrachelus Sch.

9164. juglandis *Lec.*
9165. albicinctus *Lec.*
9166. nenuphar (*Hbst.*)
9167. retentus (*Say.*)
9168. seniculus *Lec.*
9169. affinis *Boh.*
9170. elegans (*Say.*)
9171. aratus (*Germ.*)
9172. nivosus *Lec.*
    plagiatus *Lec.*
9173. cratægi *Walsh.*
9174. ventralis *Lec.*
9175. adspersus *Lec.*
9176. Belfragei *Lec.*
9177. similis *Boh.*
9178. naso *Lec.*
9179. posticatus *Boh.*
9180. cognatus *Lec.*
9181. pusillus *Lec.*
9182. geminatus *Lec.*
9183. infector *Boh.*
9184. cribricollis (*Say*).
9185. coronatus *Lec.*
9186. tuberosus *Lec.*
9187. anaglypticus (*Say.*)
9188. leucophæetus (*Fahr.*)
9189. fissunguis *Lec.*
9190. erinaceus *Lec.*
9191. hispidus *Lec.*

Micralcinus Lec.

9192. cribatus *Lec.*

Rhyssematus Sch.

9193. palmacollis *Say.*
9194. lineaticollis *Say.*
9195. æqualis *Horn.*
9196. pubescens *Horn.*
9197. pruinosus (*Boh.*)

Chalcodermus Sch.

9198. æneus *Boh.*
9199. inæquicollis *Horn.*
9200. collaris *Horn.*

Zaglyptus Lec.

9201. sulcatus *Lec.*
9202. striatus *Lec.*

Microhyus Lec.

9203. setiger *Lec.*

Acamptus Lec.

9204. rigidus *Lec.*

Acalles Sch.

9205. nobilis *Lec.*
9206. Hubbardi *Lec.*
9207. basalis *Lec.*
9208. porosus *Lec.*
9209. turbidus *Lec.*
9210. clathratus *Lec.*
9211. carinatus *Lec.*
9212. granosus *Lec.*
9213. sordidus *Lec.*
9214. clavatus *Say.*
9215. crassulus *Lec.*
9216. longulus *Lec.*
9217. nuchalis *Lec.*
9218. ventrosus *Lec.*
9219. pectoralis *Lec.*
9220. subhispidus *Lec.*

Eurhoptus Lec.

9221. pyriformis *Lec.*

Micromastus Lec.

9222. gracilis *Boh.*

Pseudomus Sch.

9223. truncatus *Lec.*
9224. sedentarius (*Say.*)

Tyloderma Say.

9225. morbillosum (*Lec.*)
9226. foveolatum *Say.*
9227. variegatum (*Horn.*)
9228. fragariæ (*Riley.*)
9229. longum *Lec.*
9230. æreum (*Say.*)
9231. baridium *Lec.*

Phyrdenus Lec.
9232. undatus *Lec.*

Cryptorhynchus Illig.
9233. parochus (*Hbst.*)
9234. bisignatus *Say.*
9235. pumilus *Boh.*
9236. fuscatus *Lec.*
9237. obliquus *Say.*
9238. helvus *Lec.*
9239. obtentus (*Hbst.*)
9240. fallax *Lec.*
9241. minutissimus *Lec.*
9242. apiculatus *Gyll.*
9243. tristis *Lec.*
9244. oblongus *Lec.*
9245. ferratus *Say.*

Zascelis Lec.
9246. serripes *Lec.*
9247. squamigera *Lec*
9248. irrorata *Lec.*

Cœlosternus Sch.
9249. hispidulus *Lec.*

Baropsis Lec.
9250. cribatus *Lec.*

Piazurus Sch.
9251. californicus *Lec.*
9252. oculatus (*Say.*)
9253. subfasciatus *Lec.*

Copturus Sch.
9254. operculatus (*Say.*
9252. nanulus *Lec.*
9256. mammillatus *Lec.*
9257. adspersus *Lec.*
9258. quercus (*Say.*)
9259. longulus *Lec.*
9260. binotatus *Lec.*
9261. lunatus *Lec.*
9262. minutus (*Lec.*)

Acoptus Lec.
9263. suturalis *Lec.*

Tachygonus Sch.
9264. Lecontei *Gyll.*
9265. centralis *Lec.*
9266. tardipes *Lec.*
9267. fulvipes *Lec.*

Mononychus Germ.
9268. vulpeculus (*Fabr.*)

Craponius Lec.
9269. inæqualis (*Say.*)

Cnemogonus Lec.
9270. epilobii (*Payk.*)

Cœliodes Sch.
9271. curtus (*Say.*)
9272. acephalus (*Say.*)
9273. tenuipes *Lec.*
9274. asper *Lec.*
9275. cruralis *Lec.*
9276. nebulosus *Lec.*
9277. nasalis *Lec.*
9278. flavicaudis *Boh.*

Acallodes Lec.
9279. ventricosus *Lec.*

Ceutorhynchus Germ.
9280. subpubescens *Lec.*
9281. rapæ *Gyll.*
9282. sulcipennis *Lec.*
9283. decipiens *Lec.*
9284. rudis *Lec.*
9285. sericans *Lec.*
9286. convexicollis *Lec.*
9287. pusillus *Lec.*
9288. pusio *Mannh.*
9289. squamatus *Lec.*
9290. angulatus *Lec.*
9291. obliquus *Lec.*
9292. tau *Lec.*
9293. semirufus *Lec.*
9294. medialis *Lec.*
9295. septentrionalis *Gyll.*
9296. Zimmermanni *Gyll.*
9297. puberulus *Lec.*

Phytobius Sch.
9298. velatus (*Beck.*)

Pelenomus Thoms.
9299. sulcicollis (*Fabr.*)
9300. squamosus *Lec.*
9301. cavifrons *Lec.*

Cœlogaster Sch.
9302. Zimmermanni *Gyll.*
9303. cretura (*Hbst.*)
9304. obscurus *Lec.*

Rhinoncus Sch.
9305. pericarpius (*Linn.*)
9306. pyrrhopus *Lec.*
9307. longulus *Lec.*

Orthoris Lec.
9308. Crotchii *Lec.*

Rhoptobaris Lec.
9309. canescens *Lec.*

Trichobaris Lec.
9310. texana *Lec.*
9311. trinotata (*Say.*)
9312. plumbea (*Lec.*)

Aulobaris Lec.
9313. scolopax (*Say.*)
9314. ibis (*Lec.*)
9315. naso *Lec.*

Baris Germ.
9316. strenua (*Lec.*)
9317. umbillicata (*Lec.*)
9318. striata (*Say.*)
9319. subovalis (*Lec.*)
9320. transversa (*Say.*)
9321. carinulata (*Lec.*)
9322. subænea (*Lec.*)
9323. tumescens (*Lec.*)
9324. nitida *Lec.*
9325. interstitialis (*Say.*)
9326. confinis (*Lec.*)
9327. ærea (*Boh.*)
9328. sparsa (*Lec.*)
9329. macra (*Lec.*)
9330. pruinosa *Lec.*

Onychobaris Lec.
9331. densa (*Lec.*)
9332. subtonsa *Lec.*
9333. pectorosa *Lec.*
9334. distans (*Lec.*)
9335. seriata (*Lec.*)
9336. cribrata *Lec.*
9337. rugicollis *Lec.*

Pseudobaris Lec.
9338. farcta (*Lec.*)
9339. pectoralis *Lec.*
9340. nigrina (*Say.*)
9341. anthracina (*Boh.*)
9342. angustula (*Lec.*)
9343. pusilla (*Lec.*)
9344. albilata *Lec.*
9345. T-signum (*Boh.*)

Ampeloglypter Lec.
9346. Sesostris (*Lec.*)
9347. ater *Lec.*
9348. crenatus *Lec.*

Madarus Sch.
9349. undulatus (*Say.*)

Pachybaris Lec.
9350. porosus *Lec.*

Stethobaris Lec.
9351. tubulatus (*Say.*)
9352. corbulentus *Lec.*

Eisonyx Lec.
9353. crassipes *Lec.*

Microcholus Lec.
9354. striatus *Lec.*
9355. puncticollis *Lec.*
9356. lævicollis *Lec.*
9357. erasus *Lec.*

Calandrinus Lec.
9358. grandicollis *Lee.*

Centrinus Sch.
9359. scutellum-album *Say.*
9360. penicellus (*Hbst.*)
9361. pistor (*Germ.*)
9362. dilectus Harris.
9363. lævirostris *Lec.*
9364. punctirostris *Lec.*
9365. striatirostris *Lec.*
9366. modestus *Boh.*
9367. perscillus *Gyll.*
9368. neglectus *Lec.*
9369. capillatus *Lec.*
9370. picumnus (*Hbst.*)
9371. perscitus (*Hbst.*)
9372. lineellus *Lec.*
9373. griseus *Lec.*
9374. decipiens *Lec.*
9375. linecollis *Lec.*
9376. punctiger *Lec.*
9377. nasutus (*Lec.*)
9378. calvus *Lec.*
9379. rectirostris (*Lec.*)
9380. falsus *Lec.*
9381. canus *Lec.*
9382. longulus *Lec.*
9383. concinnus *Lec.*
9384. confusus *Boh.*
9385. prolixus *Lec.*
9386. confinis *Lec.*
9387. strigatus *Lec.*

Zygobaris Lec.
9388. nitens *Lec.*
9389. conspersa *Lec.*
9390. subcalva *Lec.*
9391. convexa *Lec.*

Barilepton Lec.
9392. filiforme *Lec.*
9393. lineare *Lec.*
9394. cribricolle *Lec.*
9395. bivittatum *Lec.*
9396. quadricolle *Lec.*
9397. lutescens *Lec.*
9398. albescens *Lec.*

Euchætes Lec.
9399. echidna *Lec.*

Plocamus Lec.
9400. hispidulus *Lec.*

Hormops Lec.
9401. abducens *Lec.*

Balaninus Germ.
9402. caryatrypes *Boh.*
9403. quercus *Horn.*
9404. rectus *Say.*
9405. uniformis *Lec*
9406. caryæ *Horn.*
9407. nascicus *Say.*
9408. ?porrectus *Boh.*

BRENTHIDÆ.

Eupsalis (Lec.)
9409. minuta (*Drury.*)

Brenthus Fabr.
9410. peninsularis *Horn.*

9411. lucanus *Horn.*

Cylas Latr.
9412. formicarius (*Fabr.*)

CALANDRIDÆ.

Rhynchophorus Hbst.
9413. palmarum (*Linn.*)
9414. cruentatus (*Fabr.*)

Scyphophorus Sch.
9415. acupunctatus *Gyll.*
6419. robustior *Horn.*

9417. yuccæ *Horn.*

Metamasius Horn.
9418. sericeus (*Latr.*)

Cactophagus Lec.
9419. validus (*Lec.*)

Trichischius Lec.
9420. crenatus Lec.

Rhodobænus Lec.
9421. tredecimpunctatus Illig.
9421a. quinquepunctatus Say.
9422. pustulosus Gyll.

Sphenophorus Sch.
9423. simplex Lec.
9424. vomerinus Lec.
9425. Ulkei Horn.
9426. inæqualis Say.
9427. æqualis Gyll.
ochreus Lec.
9428. discolor Mannh.
9429. pletus Lec.
9430. pertinax Oliv.
9431. robustus Horn.
9432. costipennis Horn.
9433. cariosus Oliv.
callosus Oliv.
9434. velutinus Lec.
9435. isthmus Horn.
9436. scoparius Horn.
9437. sculptilis Uhler.
new Walsh.
9438. melanocephalus Fabr.
9439. Sayi Gyll.
9440. apicalis Lec.
9441. oblitus Lec.
9442. placidus Say.
9443. variolosus Lec.
9444. gentilis Lec.
9445. parvulus Gyll.
9446. pumilus Gyll.
9447. retusus Gyll.
9448. arizonensis Horn.
9449. gagatinus Gyll.
9450. cultellatus Horn.
9451. compressirostris Say.
9452. Germari Horn.

Calandra Clairv.
9453. oryzæ Linn.
9454. remotepunctata Gyll.
9455. granaria Linn.

Yuccaborus Lec.
9456. frontalis (Lec.)

Dryophthorus Sch.
9457. corticalis Say.

Dryotribus Horn.
9458. mimeticus Horn.

Gononotus Lec.
9459. lutosus Lec.

Himatium Woll.
9460. errans Lec.
6461. conleum Lec.

Homaloxenus Woll.
9462. dentipes Woll.

Cossonus Clairv.
9463. Bohemanni Horn.
9464. platalea Say.
9465. subareatus Boh.
9466. piniphilus Boh.
9467. concinnus Boh.
9468. corticola Say.
9469. crenatus Horn.
9470. impressifrons Boh.

Macrorhyncolus Woll.
9471. protractus (Horn.)

Macrancylus Lec.
9472. linearis Lec.

Allomimus Lec.
9473. dubius (Horn.)

Stenomimus Woll.
9474. pallidus (Boh.)

Caulophilus Woll.
   9475. latinasus (*Say.*)

Mesites Sch.
   9476. rufipennis *Lec.*
   9477. subcylindricus (*Horn.*)

Phlœophagus Sch.
   9478. apionides *Horn.*
   9479. minor *Horn.*

Wollastonia Horn.
   9480. quercicola (*Boh.*)

Amaurorhinus *Fairm.*
   9481. nitens *Horn.*

Hexarthrum Woll.
   9482. Ulkei *Horn.*

Ellasoptes Horn.
   9483. marinus *Horn.*

Rhyncholus Germ.
   9484. oregonensis *Horn.*
   9485. brunneus *Mannh.*
   9486. dorsalis *Lec.*
   9487. angularis *Lec.*
   9488. corticalis *Boh.*

Stenoscelis Woll.
   9489. brevis (*Boh.*)

SCOLYTIDÆ.

Platypus Hbst.
   9490. flavicornis *Fabr.*
   9491. quadridentatus (*Oliv.*)
   9492. compositus *Say.*
   9493. rugulosus *Chap.*
   9494. punctulatus *Chap.*

Corthylus Er.
   9495. punctatissimus (*Zimm.*)

Monarthrum Kirsch.
   9496. fasciatum (*Say.*)
   8497. scutellare (*Lec.*)
   9498. dentiger (*Lec.*)
   9499. mali (*Fitch.*)

Pityophthorus Eich.
   9500. retusus (*Lec.*)
   9501. materiarius (*Fitch.*)
   9502. asperulus (*Lec.*)
   9503. minutissimus (*Zimm.*)
   9504. pubipennis (*Lec.*)
   9505. pilosulus (*Lec.*)
   9506. carinulatus (*Lec.*)
   9507. hamatus (*Lec.*)
   9508. pullus (*Zimm.*)
   9509. pulchellus *Eich.*
   9510. pullcarius (*Zimm.*)
   9511. cariniceps *Lec.*
   9512. fossifrons *Lec.*
   9513. confinis *Lec.*
   9514. nitidulus (*Mannh.*)
   9515. annectens *Lec.*
   9516. deletus *Lec.*
   9517. consimilis *Lec.*
   9518. hirticeps *Lec.*
   9519. puncticollis (*Lec.*)
   9520. pulio *Lec.*
   9521. lautus *Eich.*
   9522. puberulus (*Lec.*)
   9523. digestus (*Lec.*)
   9524. obliquus *Lec.*
   9525. seriatus *Lec.*
   8526. comatus (*Zimm.*)
   9527. opaculus *Lec.*
   9528. sparsus (*Lec.*)
   9529. plagiatus (*Lec.*)

Hypothenemus West.
   9530. hispidulus (*Lec.*)
   9531. erectus *Lec.*
   9532. dissimilis (*Zimm.*)
   9533. striatus (*Lec.*)

Xyloterus Er.
   9534. retusus *Lec.*
   9535. bivittatus (*Hb.*)
   9536. scabricollis *Lec.*
   9537. politus (*Say.*)
   9538. unicolor *Eich.*

Xyleborus Eich.

9539. tachygraphus *Zimm.*
9540. pyri (*Peck.*)
9541. obesus *Lec.*
9542. celsus *Eich.*
9543. fuscatus *Eich.*
9544. biographus *Lec.*
9545. retusicollis *Zimm.*
9546. xylographus (*Say.*)
9547. pubescens *Zimm.*
9548. cælatus *Eich.*
9549. impressus *Eich.*
9550. punctipennis *Lec.*
9551. planicollis *Zimm.*

Dryocœtes Eich.

9552. septentrionis (*Mannh.*)
9553. affaber (*Mannh.*)
9554. granicollis (*Lec.*)

Cryphalus Er.

9555. rigidus *Lec.*
9556. miles *Lec.*
9557. striatulus *Mannh.*
9558. robustus *Eich.*

Xylocleptes Ferran.

9559. decipiens *Lec.*
9560. concinnus (*Mannh.*)
9561. cucurbitæ *Lec.*

Tomicus Latr.

9562. calligraphus *Germ.*
9563. cacographus *Lec.*
9564. confusus *Lec.*
9565. plastographus *Lec.*
9566. emarginatus *Lec.*
9567. rectus *Lec.*
9568. pini (*Say.*)
9569. hudsonicus *Lec.*
9570. interruptus (*Mannh.*)
9571. mucronatus *Lec.*
9572. tridens (*Mannh.*)
9573. avulsus *Eich.*
9574. latidens *Lec.*
9575. balsameus *Lec.*
9576. oregonus *Eich.*
9577. perturbatus *Eich.*

Micracis Lec.

9578. suturalis *Lec.*
9579. aculeata *Lec.*
9580. nanula *Lec.*
9581. opacicollis *Lec.*
9582. rudis *Lec.*
9583. asperulus *Lec.*
9584. hirtellus *Lec.*

Thysanœs Lec.

9585. fimbricornis *Lec.*

Scolytus Oliv.

9586. quadrispinosus *Say.*
9587. fagi *Walsh.*
9588. unispinosus *Lec.*
9589. californicus *Lec.*
9590. muticus *Say.*
9591. præceps *Lec.*
9592. subscaber *Lec.*
9593. sulcatus *Lec.*
9594. ventralis *Lec.*
9595. rugulosus *Ratz.*

Chramesus Lec.

9596. icoriæ *Lec.*
9597. Chapuisii *Lec.*

Polygraphus Er.

9598. rufipennis (*Kb.*)

Phlœotribus Latr.

9599. liminaris (*Harr.*)
9600. puberulus *Lec.*
9601. frontalis (*Fabr.*)

Cnesinus Lec.

9602. strigicollis *Lec.*

Hylesinus Fabr.

9603. imperialis *Lec.*
9604. aculeatus (*Say.*)
9605. fasciatus *Lec.*
9606. sericeus (*Mannh.*)
9607. opaculus *Lec.*
9608. aspericollis *Lec.*

Phlœosinus Eich.
9609. serratus *Lec.*
9610. cristatus *Lec.*
9611. dentatus (*Say.*)
9612. punctatus *Lec.*
9613. Haagii (*Eich.*)
9614. graniger *Chap.*

Chætophlœus Lec.
9615. hystrix (*Lec.*)

Carphoborus Eich.
9616. simplex *Lec.*
9617. bifurcus *Eich.*
9618. bicristatus *Chap.*

Dendroctonus Er.
9619. terebrans (*Oliv.*)
9620. similis *Lec.*
9621. rufipennis *Hb.*
9622. punctatus *Lec.*
9623. simplex *Lec.*
9624. brevicomis *Lec.*
9625. frontalis *Zimm.*

Crypturgus Er.
9630. atomus *Lec.*

Dolurgus Eich.
9631. pumilus (*Mannh.*)

Hylastes Er.
9632. macer *Lec.*
9633. longus *Lec.*
9634. nigrinus (*Mannh.*)
9635. porculus *Er.*
9636. cavernosus *Zimm.*
9637. gracilis *Lec.*
9638. porosus *Lec.*
9639. tenuis *Zimm.*
9640. exilis *Chap.*

Hylurgops Lec.
9641. granulatus (*Lec.*)
9642. pinifex (*Fitch.*)
9643. rugipennis (*Mannh.*)
9644. subcostulatus (*Mannh.*)
9645. ?rufipes (*Eich.*)
9646. ?cristatus *Mannh.*

Scierus Lec.
9647. annectens *Lec.*

ANTHRIBIDÆ.

Ischnocerus Sch.
9648. infuscatus *Fabr.*

Gonotropis Lec.
9649. gibbosus *Lec.*

Eurymycter Lec.
9650. fasciatus (*Oliv.*

Tropideres Sch.
9651. bimaculatus *Oliv.*
9652. rectus *Lec.*

Allandrus Lec.
9653. bifasciatus *Lec.*

Hormiscus Woll.
9654. saltator *Lec.*

Toxotropis Lec.
9655. pusillus *Lec.*
9656. approximatus *Lec.*

Gonops Lec.
9657. fisssunguis *Lec.*

Eusphyrus Lec.
9658. Walshii *Lec.*

Phœnicobius Lec.
9659. Chamæropis *Lec.*

Piezocorynus Sch.
9660. dispar *Gyll.*
9661. mixtus *Lec.*
9662. moestus (*Lec.*)

Anthribus Fabr.
9663. cornutus *Say.*
9664. lividus *Lec.*

Toxonotus Lec.
9665. fascicularis (*Sch.*)

Cratoparis Sch.
9666. lunatus (*Fabr.*)
9667. lugubris (*Oliv.*)

Brachytarsus Sch.
9668. alternatus (*Say.*)
9669. griseus *Lec.*
9670. limbatus (*Say.*)
9671. plumbeus *Lec.*
9672. vestitus *Lec.*
9673. tomentosus (*Say.*)
9674. variegatus (*Say.*)

Anthribulus Lec.
9675. rotundatus *Lec.*

Aræocerus Sch.
9676. fasciculatus (*Deg.*)

Choragus Kb.
9677. Zimmermanni *Lec.*
9678. Sayi *Lec.*
9679. Harrisii *Lec.*

Xenorchestes Woll.
9680. americanus *Mots.*

Euxenus Lec.
9681. punctatus *Lec.*
9682. piceus *Lec.*

APIONIDÆ.

Apion Hbst.

9683. cavifrons *Lec.*
9684. cinereum *Gerst.*
9685. crassinasum *Lec.*
9686. cribricolle *Lec.*
9687. cuprescens *Mannh.*
9688. lanuginosum *Walsh.*
9689. melanarium *Gerst.*
9690. metallicum *Gerst.*
9691. nigrum *Hbst.*
9692. nodirostre *Gerst.*
9693. œdorhynchum *Lec.*
9694. pensylvanicum *Boh.*
9695. porcatum *Boh.*
9696. proclive *Lec.*
9697. protensum *Lec.*
9698. reconditum *Gyll.*
9699. rostrum *Say.*
9700. segnipes *Say.*
9701. subglobosum *Gerst.*
9702. troglodytes *Mannh.*
9703. ventricosum *Lec.*
9704. vile *Gerst.*

ERRATA AND ADDITIONS.

Cicindela instead of 15 = rugifrons, etc., read 15 = scutellaris and 15d = rugifrons, the intention being to indicate that scutellaris is the oldest name.
After 39 add 42 = 34a.
Loxopeza add 9705 testacea *Lec.*
Dromius add 9706 atriceps *Lec.*
Axinopalpus 387 = 386. Add 9707 nigriceps *Lec.*
Amara (*Percosia*) add 9708 fortis *Lec.*
Badister 730 = 731 add
9709 bipustulatus *Fabr.*
9710 elegans *Lec.*
9711 reflexus *Lec.*
Haliplus add 9712 tumidus *Lec.*
7633 for columbanum read columbianum.
After 7652 add **Xenistusa** Lec. 9713 cavernosa *Lec.*
          9714 fossata *Lec.*
          9715 pressa *Lec.*
For **Physetophorus** read **Physetoporus**.
7709 = 1850a.
Leptacinus add 9716 batychrus *Gyll.*
7719 for rufipennis read rubripennis.
Sunius 1906 = 1907 1909 = 1908.
7755 for lævipennis read brevipennis.
7756 = 1907.
7757 = 1908.
1910 belongs to **Stilicopsis**.
Bryaxis add 9717 sanguinea *Leach*.
    9718 intermedia *Brend*.
    9719 floridana *Brend*.
    9720 propinqua *Lec.*
For **Eutrichius** read **Eutrichites**.
For **Homœosoma** read **Pinodytes** *Horn*.
For **Ptomophagu** read **Ptomaphagus**.
Agathidium add 9721 repentinum *Horn.*
7959 for semilunum read seminulum.
p 18 2d column for "after 2031" read after 2391.
Before **Myrmecoxenus** add
Dasycerus Brogn. 9722 sulcatus *Brogn.*
Triphyllus 2466 = elongatus *Lec.* Omit 7961.
For **Nemiceles** read **Nemicelus**.
After 2608 add **Ino** Cast. 9723 reclusa *Lec.*
Coxelus belongs to the Colydiidæ.
8030 for troglodites read troglodytes.
3713 for tinetus read tinctus.

For Cycramus read **Cychramus**.
8052 read Zimmermanni.
Hyperaspis 8068 = 2894. Add 9724 quadrioculata *Mots.*
9725 quadrivittata Lec. 9726 tristis *Lec.* ·
Simplocaria omit 2944 = 2940.
8094 for lutochrinus read lutrochinus.
8127 for *Brobin* read *Brahm*.
Pachyplectrus add Lec.
Hoplia 3405 = 3407 3406 = 3407.
3409 = trivialis *Harold.* 3411 = 3410.
8156 read Sackenii.
Add 9727 hirta *Lec.*
3607 for *Burn* read *Burm*.
3656 for Schanmii read Schaumii.
8212 for *Horn* read *Lec.*
8214 = 8213.
Esthesopus add 9728 bicolor *Horn*.
For Paconycha read **Placonycha**.
Cænia 4426 for *Newm* read *Lec.*
After 4599 add **Chætocœlus** Lec. 9729 setosus *Lec.*
p 32 **Dicentrus** belongs after **Opsimus**.
After 5052 add **Evander** Thoms. 9730 xanthomelas (*Guer*).
8420 for Brausii read Brousii.
Metachroma add 9731 cuprea *Prov.*
For Chvsomela read **Chrysomela**.
After 5912 add **Sphæroderma** Stephens. 9732 opima *Lec.*
Argopistes Mots. 9733 scyrtoides *Lec.*
8612 read zopheroides.
p 39 for MONOMIDÆ read MONOMMIDÆ.
Zilora add 9734 nuda *Prov.*
Gnathospasta add Horn.
Epicauta add 9635 fissilabris *Lec.*
8712 read pinicola.
Tanyrhinus is a synonym of **Trigonodemus**.
Auletes add Sch.
8722 read cassandræ.
For Peritelopsi read **Peritelopsis**.
8825 read setiger.
For Eyotus read **Evotus**.
8853 for *Conper* read *Couper*.
8909 read impressifrons.
8939 read rotundatus.
9041 for *Lee.* read *Lec.*
9063 read lævicollis *Horn*.
9064 read dichrous *Lec.*
9075 read subtincta.
9082 read alutacea.
9093 for *Lee.* read *Lec.*
For Læmosacus read **Læmosaccus**.
9192 read cribratus.
9258 read quercus.
9350 for *Lee.* read *Lec.*
9352 read corpulentus.

INDEX.

Abraeus, 24.
Acalles. 50.
Acallodes, 51.
Acalyptus, 49.
Acamptus. 50.
Acanthoderes, 33.
Achrastenus, 45.
Acidota, 14.
Acmægenius, 45.
Acmæodera, 27.
Acmæops. 33.
Acneus. 29.
Acoptus, 51.
Acrepis, 32.
Acritus, 24.
Acrulia, 15.
Actenodes, 27.
Actidium. 10.
Acylophorus, 11.
Adelocera. 27.
Aegialia, 25.
Aethecerus. 33.
Agasphærops, 43.
Agathidium, 17, 59.
Aglenus. 20.
Agonoderus, 8.
Agraphus, 44.
Agrilus, 27.
Agriotes, 28.
Agronus, 44.
Agyrtes, 16.
Alaus, 27.
Alexia. 19.
Allandrus, 57.
ALLECULIDÆ, 39.
Allomimus. 54.
Allopogon, 29.
Alyca, 49.
Amara. 7, 59.
Amartus, 21.
Amaurorhinus, 55.
Amblyctis, 40.
Amnesia, 43.

Ampeloglypter, 52.
Amphicerus, 32.
Amphichroum. 14.
Amphicrossus. 22.
Amphionycha, 34.
Amphotis. 22.
Anacyptus, 11.
Anametis, 43.
Ancæus. 15.
Anchastus, 28.
Anchodemus. 48.
Anchonoderus, 6.
Anchus, 6.
Anchycteis, 29.
Anchytarsus, 29.
Anisodactylus. 8, 70.
Anisotoma, 17.
Anomadus, 43.
Anomala, 26.
Anophthalmus, 8.
Anthaxia, 26.
ANTHICIDÆ, 39.
Anthobium, 15.
Anthonæus, 21.
Anthonomus, 48.
Anthophagus, 14.
Anthrenus, 18.
ANTHRIBIDÆ, 57.
Anthribulus, 58.
Anthribus, 58.
Apenes. 7.
Aphodius, 25.
Aphrastus, 45.
Apion, 58.
APIONIDÆ. 58.
Aplastus, 28.
Apocellus, 14.
Aracanthus, 45.
Aræocerus, 58.
Aræopus. 29.
Aragnomus. 44.
Aramigus, 44.
Ardistomis. 6.

Argopistes, 60.
Arpedium. 14.
Artipus. 44.
Asaphes, 28.
Asclera, 41.
Asida. 38.
Atænius, 25.
Athous, 28.
Atomaria, 19.
ATOMARIDÆ, 19.
Atractodes, 28.
ATTELABIDÆ, 42.
Attelabus, 42.
Auletes, 42.
Aulobaris, 52.
Axinopalpus, 59.

Bactridium, 21.
Badister, 8, 59.
Bagous, 48.
Balaninus. 53.
Baptolinus, 12.
Barilepton, 53.
Baris, 52.
Baropsis, 51.
Barynotus, 43.
Bassoreus, 35.
Batophila. 37.
Batrisus, 15.
Batyle. 33.
Bembidium, 9.
Blaps. 38.
Blapstinus, 38.
Bledius, 13.
Bolitobius, 11.
Bostrychus. 32.
Bothrideres, 20.
Brachyacantha, 23.
Brachybamus, 47.
Brachylobus, 8.
Brachypeplus, 21.
Brachypsectra, 29.
Brachypterus, 21.

INDEX.

Brachys, 27.
Brachystylus, 44.
Brachytarsus, 58.
Bradytus, 8.
Brennus, 6.
BRENTHIDÆ, 53.
Brenthus, 53.
BRUCHIDÆ, 34.
Bruchus, 34.
Bryaxis, 16, 59.
Bryoporus, 11.
BUPRESTIDÆ, 26.
Buprestis, 26.
BYRRHIDÆ, 23.
Byrrhodes, 32.
Byrrhus, 23.
BYRSOPIDÆ, 42.
Byturus 8. 21.

Cactophagus, 53.
Cænia, 60.
Cænocara, 32.
CALANDRIDÆ, 53.
Calandra, 54.
Calandrinus, 53.
Calathus, 7.
Callida, 7.
Calosoma, 6.
Calospasta, 41.
Calyptillus, 43.
Campylus, 28.
Cantharis, 41.
Canifa, 40.
CARABIDÆ, 5.
Carabus, 6.
Cardiophorus, 27.
Carphoborus, 57.
Carpophilus, 21.
Catopomorphus, 17.
Catops, 17.
Catorama, 32.
Caulophilus, 55.
Celia, 8.
Centrinus, 53.
Centrioptera, 38.
Centrocleonus, 46.
Centronopus, 38.
CEPHALOIDÆ, 41.
Cephaloon, 41.
CERAMBYCIDÆ, 32.
Cercopeus, 44.
Cercus, 21.
Cerylon, 21.
Cercyon, 10.

Ceutorhynchus, 51.
Chætechus, 44.
Chætocnema, 37.
Chætocœlus, 60.
Chætophloeus, 57.
Chalcodermus, 50.
Chalcoparia, 36.
Chalcophora, 26.
Chalepus, 26.
Chauliognathus, 30.
Chelonarium, 23.
Chelymorpha, 37.
Chilometopon, 37.
Chlænius, 8.
Chlamys, 35.
Chœridium, 25.
Cholerus, 17.
Choleva, 16, 17.
Choragus, 58.
Chramesus, 56.
Chrysobothris, 27.
Chrysodina, 36.
Chrysomela, 36.
CHRYSOMELIDÆ, 34.
Chrysophana, 27.
Cicindela, 5, 59.
CICINDELIDÆ, 5.
Cicones, 20.
Cilea, 11.
Cimbocera, 43.
CIOIDÆ, 19.
Cionus, 49.
Cistela, 23, 39.
CISTELIDÆ, 23, 39.
Clambus, 17.
Cleonaspis, 47.
Cleonopsis, 46.
Cleonus, 46.
CLERIDÆ, 31.
Cleronomus, 31.
Clerus, 31.
Clinidium, 21.
Clivina, 9.
Cnemidotus, 9.
Cnemogonus, 51
Cnesinus, 56.
COCCINELIDÆ, 23.
Coccotorus, 48.
Cœliodes, 51.
Cœlogaster, 52.
Cœlosternus, 21.
Cœlotaxis, 38.
Cœnopœus, 33.
Cœnonycha, 25.

Cœnoscelis, 19.
Colaspis, 36.
Coleocerus, 45.
Collops, 30.
Colon, 17.
COLYDIIDÆ, 20.
Compsus, 44.
Conithassa, 18.
Cononotus, 41.
Conosoma, 11.
Conotelus, 21.
Conotrachelus, 50.
Coproporus, 14.
Coproporus, 11.
Coptocycla, 37.
Coptodera, 7.
Copturus, 51.
Cordylospasta, 41.
Corphyra, 39.
Corthylus, 55.
Corticaria, 18.
Corticeus, 38.
CORYLOPHIDÆ, 18.
Corymbites, 28.
Coryphium, 14.
Coscinoptera, 35.
Cossonus, 54.
Cotalpa, 26.
Coxelus, 20, 59.
Craponius, 51.
Cratoparis, 58.
Cremastochilus, 26
Creophilus, 12.
Crepidodera, 37.
Crioprosopus, 32.
Crossidius, 33.
Cryphalus, 56.
Cryptadius, 38.
Cryptamorpha, 20.
Cryptarcha, 22.
Cryptobium, 12.
Cryptocephalus, 35.
Cryptohypnus, 28.
Cryptognatha, 23.
Cryptophagistes, 19.
Cryptophagus, 19.
Cryptorhynchus, 51.
Cryptostoma, 27.
Crypurgus, 57.
CUCUJIDÆ, 20.
Cupes, 31.
CUPESIDÆ, 31.
CURCULIONIDÆ, 45.
Cybocephalus, 22.

INDEX.

Cychramus, 22.
Cychrus, 6.
Cyclocephala, 26.
Cyclonotum, 10.
Cylas, 53.
Cyllene, 33.
Cymatodera, 31.
Cyphomimus, 45.
Cyphon, 29.
Cyphus, 44.
Cyrtusa, 17.

Dacne, 19.
DASCYLLIDÆ, 29.
Dascyllus, 29.
Dascycerus, 59.
Dasydera, 25.
Dectes, 33.
Deliphrum, 14.
Deltometopus, 27.
Dendroctonus, 57.
Dendroides, 39.
Dermestes, 18.
DERMESTIDÆ, 18.
Desmoris, 47.
Diabrotica, 36.
Diachus, 35.
Dialytes, 25.
Diamimus, 43.
Dianous, 13.
Diaphorus, 6.
Dicerca, 26.
Dicentrus, 32.
Dichelonycha, 25.
Dichoxenus, 43.
Dicranopselaphus, 29.
Dictyoptera, 30.
Dineutes, 9.
Dinoderus, 32.
Diodyrhynchus, 42.
Diplocœlus, 20.
Diplotaxis, 26.
Dircæa, 40.
Dirotognathus, 44.
Disonycha, 36.
Distemmus, 14, 15.
Ditemnus, 30.
Ditoma, 20.
Dolichosoma, 30.
Dolichotoma, 37.
Dolurgus, 57.
Donacia, 34.
Dorcatoma, 32.
Dorytomus, 47.

Drasterius, 28.
Dromius, 59.
Dryocœtes, 56.
Dryophthorus, 54.
Dryotribus, 54.
Dyschirius, 6.
Dyscinetus, 26.
Dyslobus, 43.
Dysticheus, 44.
DYTISCIDÆ, 9.

Ectopria, 29,
Eisonyx, 52.
Elaphidion, 32.
Elaphrus, 5.
Elasoptes, 55.
Elater, 28.
ELATERIDÆ, 27
Eleodes, 38.
Eleusis, 15.
Elleschus, 49.
ELMIDÆ, 24.
Elmis, 24.
Emmendia, 40.
Emphyastes, 46.
Emphylus, 19.
Encalus, 49,
Endalus, 47.
Endectus, 21.
ENDOMYCHIDÆ, 18.
Endophlœus, 20.
Endrosa, 26.
Entomophthalmus, 27.
Ephelis, 14.
Epicærus, 43.
Epicauta, 41, 60.
Epierus, 24.
Epilachna, 23.
Epimetopus, 9.
Epitrix, 37.
Epurea, 22.
Erchomus, 11.
Ernobius, 31.
EROTYLIDÆ, 19.
Erycus, 47.
Esthesopus, 60.
Estola, 34.
Eucinetus, 29.
Euchætes, 53.
Euceratocerus, 32.
Eucyllus, 44.
Eudiagogus, 45.
Eudocimus, 46.
Eugastra, 26.

Eugnamptus, 42.
Eumicrus, 17.
Eupactus, 31.
Eupagoderes, 43.
Euphoria, 26.
Euplectus, 16.
Eupogonius, 34.
Eupsalis, 53.
Eurhoptus, 50.
Europs, 21.
Eurygenius, 39.
Eurymetopon, 38.
Eurymycter, 57.
Euryomia, 26.
Eurypogon, 29.
Eurysphindus, 19.
Eusphyrus, 57.
Eustrophus, 40.
Eutessus, 33.
Eutheia, 17.
Eutrichites, 16.
Eutyphlus, 16.
Euxenus, 58.
Evander, 60.
Evotus, 45.
Exochomus, 23.
Exopioides, 32.

Fidia, 36.

Galerita, 6.
Galerucella, 36.
Gastragallus, 31.
Gastrogyna, 36.
Gastroidea, 36.
Gastrophysa, 36.
Gaurodytes, 9.
Geoderces, 44.
Geodromicus, 14.
GEORYSSIDÆ, 23.
Georyssus, 23.
Geotrypes, 25.
Glipa, 40.
Glycia, 7.
Glyphonyx, 28.
Glyptina, 37.
Glyptoscelis, 36.
Gnathospasta, 41.
Gononotus, 54.
Gonops, 57.
Gonotropis, 57.
Graphisurus, 33.
Graphorhinus, 42.
Graptodera, 37.

Grypidius, 47.
Gyascutus, 26.
Griburius, 35.
Gymnetron, 49.
Gynandrotarsus, 8.
Gynnis, 26.
GYRINIDÆ, 9.
Gyrohypnus, 12.
Gyrophæna, 10.

Habrocerus, 11.
Hadromerus, 44.
Hæmonia, 34.
HALIPLIDÆ, 9.
Haliplus, 59.
Hallomenus, 40.
Halophalerus, 38.
Haploderus, 13.
Harpalus, 8.
Hedobia, 31.
Helodes, 29.
Helops, 38.
Hemi, eplus, 20.
Hemiptychus, 32.
Hetærius, 24.
Heteraspis, 36.
HETEROCERIDÆ, 24.
Heterocerus, 24.
Heterothops, 11.
Hexarthrum, 55
Hilipus, 46.
Himatium, 54.
Hister, 24.
HISTERIDÆ, 24.
Holciophorus, 7.
Holoparamecus, 18.
Holotrochus, 13.
Homalota, 10.
Homœosoma, 16, 59.
Homaloxenus, 54.
Hoplia, 25, 60.
Hormiscus, 57.
Hormops, 53.
Hormorus, 43.
Hornia, 41.
Hybodera, 32.
Hydnobius, 17.
Hydnocera, 31.
Hydrobius, 10.
Hydrocanthus, 9.
Hydrocharis, 10.
Hydrochus, 9.
HYDROPHILIDÆ, 9.
Hydroporus, 9.

Hydroscapha, 10.
HYDROSCAPHIDÆ, 10.
Hylastes, 57.
Hylecœtus, 31.
Hylesinus, 56.
Hylobius, 46.
Hylurgops, 57.
Hymenorus, 39.
Hyperaspis, 23, 60.
Hypocœlus, 27.
Hypocyptus, 11.
Hypodacne, 19.
Hypolampsis, 36.
Hypomolyx, 46.
Hypophlœus, 38.
Hyporhagus, 39.
Hypotelus, 15.
Hypothenemus, 55.
Hypulus, 40.

Idoemea 34.
Ilybius, 9.
Ino, 59.
Iphthimus, 38.
Ips, 22.
Irichroa, 6.
Ischiodontus, 28.
Ischnocerus, 57.
Isomira, 39.
Isoplastus, 17.
Ithycerus, 45.
Kalissus, 15.
Lacconotus, 41.
Laccophilus, 9.
Lachnopus, 45.
Lachnosterna, 26.
Lactica, 37.
Læmophlœus, 20.
Læmosaccus, 50.
Lagochirus, 33.
LAMPYRIDÆ, 30.
Languria, 19.
Lasconotus, 20.
Lathimæum, 14.
Lathrobium, 12.
Lathropus, 20.
LATRIDIIDÆ, 18.
Latridius, 18.
Lebasiella, 31.
Lebia, 6.
Leistotrophus, 12.
Leistus, 6.
Lema, 35.
Lepidophorus, 45.

Leptacinus, 12, 59.
Leptolinus, 12.
Leptostylus, 33.
Leptura, 33.
Lepturges, 33.
Lepyrus, 46.
Lesteva, 14.
Leucoparyphus, 11.
Ligyrus, 26.
Limnichus, 23.
Limonius, 28.
Liodes, 17.
Liopus, 33.
Liparocephalus, 13.
Lirus, 7.
Lispinus, 15.
Lissorhoptrus, 48.
Listrochelus, 26.
Listronotus, 46.
Litargus, 19.
Lithocharis, 13.
Lixellus, 48.
Lixus, 47.
Loberus, 30.
Lobetus, 30.
Lobiopa, 22.
Longitarsus, 37.
Lophalopus, 45.
Lophopœum, 33.
Loricera, 5.
Loxandrus, 7.
Loxopeza, 59.
LUCANIDÆ, 24.
Lucanus, 24.
Lucidota, 30.
Luperus, 36.
LYMEXYLIDÆ, 31.

Machlotes, 20.
Macrancylus, 54.
Macranoxta, 26.
Macrobasis, 41.
Macrodactytus, 25.
Macroplea, 34.
Macropogon, 29.
Macrops, 46.
Macrorhoptus, 49.
Macrorhyncolus, 54.
Macrosiagon, 40.
Madarus, 52.
Magdalis, 48.
MALACHIDÆ, 30.
Malachius, 30.
Marginus, 20.

INDEX.

Mastinocerus, 30.
Matheteus, 30.
Mecas. 34.
Mecotetartus. 33.
Mecynotarsus, 39.
Megapenthes, 28.
Megarthrus, 15.
Megatoma, 18.
Melamomphus, 43.
MELANDRYIDÆ, 40.
Melanotus, 28.
Meligethes, 22.
Meloe, 40.
MELOIDÆ, 40.
Melyris. 30.
Meristhus, 27.
Mesites, 55.
Metachroma, 36, 60.
Metacycla, 36.
Metamasius, 53.
Metoponcus, 12.
Miarus. 49.
Micracis, 56.
Micraedus, 14.
Micralcinus, 50.
Microcara, 29.
Microcholus, 52.
Microhyus. 50.
Micromalthus, 31.
Micromastus, 50.
MICROPEPLIDÆ, 15, 22.
Micropeplus, 15.
Microphotus. 30.
Microrhopala, 37.
Microschatia. 38.
Microstemma, 17.
Mimetes, 43.
Minyomerus, 42.
Mitostylus, 45.
Monachus, 35.
Monarthrum, 55.
Monocrepidius, 28.
MONOMMIDÆ. 39.
Mononychus, 51.
Monotoma. 21.
MONOTOMIDÆ, 21.
Monoxia, 36.
Mordella, 40.
MORDELLIDÆ 40.
MURMIDIIDÆ, 21.
Mycetina, 18.
Mycetochares, 39.
MYCETOPHAGIDÆ, 19.
Mycetophagus, 19.

Mycetoporus, 11.
MYCTERIDÆ, 41.
Mycterus, 41.
Mylabrus. 34.
Mylacus. 44.
Myllaena, 11.
Myodites, 40.
Myrmecoxenus, 18.

Nanophyes, 49.
Nebria, 6.
Necrophorus, 16.
Nematidium, 20.
Nematodes, 27.
Nemicelus, 20.
Nemognatha, 41.
Neoclytus, 33.
Neoptochus, 44.
NITIDULIDÆ, 21.
Nocheles, 43.
Nomaspis, 41.
Nomophlœus, 21.
Noserus, 38.
Nosodendron, 23.
Nossidium, 10.
Nothus, 40.
Notiophilus, 6.
Notolomus. 49.
Notoxus, 39.
Nyctobates, 38.

Oberea, 34.
Ochodæus, 25.
Ochthebius. 10.
Odontosphindus, 19.
Odontota, 37.
Oedionychis, 36.
OEDEMERIDÆ, 41.
Oeme,, 32.
Ocneis, 23.
Oestodes, 28.
Olibrus, 22.
Oligota, 10.
Olisthærus, 15.
Olophrum, 14.
Omalium, 15.
Omileus, 45.
Omus, 5.
Onota, 7.
Onthophagus, 25.
Onychobaris, 52.
Onychilis, 47.
Ophryastes, 43.
Orchestes, 49.

Orchestris, 37.
Orimodema, 43.
Orobanus, 14.
Orthaltica, 37.
Orthopeplus, 22.
Orthoperus. 18.
Orthoris, 52.
Osorius, 13.
Osphya, 40.
Otidocephalus, 48.
OTIORHYNCHIDÆ, 42.
Otiorhynchus, 44.
Oxylæmus, 20.
Oxyporus, 13.
Oxytelus. 13.
Ozognathus, 31.

Pachnæus, 44.
Pachybaris, 52.
Pachybrachys, 35.
Pachylobius, 46.
Pachyplectrus. 25.
Pachyscelus, 27.
Pachytychius, 47.
Pæderus, 13.
Palaminus, 13.
Pandeletejus, 44.
Panscopus, 43.
Paragoges, 49.
Parandra, 32.
Paraptochus, 44.
Paria. 36.
PARNIDÆ, 24.
Paromalus, 24.
Pasimachus, 6.
Patrobus, 8.
Pedilophorus, 23.
Pelates, 16.
Pelenomus, 52.
Pelidnota. 26.
Pelioptera, 10.
Peltis, 16.
Pemphus, 6.
Penthelispa, 21.
Pentilia, 23.
Peploglyptus, 24.
Perigona, 7.
Perimegatoma, 18.
Peritaxia. 43.
Peritelopsis, 44.
Perthalycra, 22.
Phacepholis, 45.
PHALACRIDÆ, 22.
Phalacrus, 22.

INDEX.

Phaleria, 38.
Phausis, 30.
Phengodes, 30.
Philhydrus, 10.
Philonthus, 12.
Philophuga, 7.
Philotecnus, 7.
Philothermus, 21.
Phlœnemus, 20.
Phlœodes, 38.
Phlœonæus, 13.
Phlœophagus, 55.
Phlœosinus, 57.
Phlœotribus, 56.
Phlœoxena, 7.
Phlobetus, 26.
Phœnicobius, 57.
Photinus, 30.
Phthora, 38.
Phycocœtes, 48.
Phyllobius, 45.
Phyllophaga, 26·
Phyllotreta, 37.
Phyllotrox, 47.
Phymaphora, 19.
Phymatinus, 43.
Phymatodes, 32.
Phyrdenus, 51.
Physetoporus, 11.
Phytalus, 27.
Phytobius, 52.
Phytonomus, 45.
Phyxelis; 43.
Piazorhinus, 49.
Piazurus, 51.
Piezocorynus, 57.
Pinodytes, 59.
Piosoma, 8.
Pissodes, 46.
Pityophagus, 22.
Pityophthorus, 55.
Placonyca, 29.
Plagithmysus, 33.
Platycerus, 24.
Platycholeus, 16.
Platydema, 38.
Platynus, 7.
Platypus, 55.
Plectrodes, 25.
Pleocoma, 25.
Plinthodes, 45.
Plinthus, 46.
Plocamus, 53.
Plocetes, 49.

Plochionus, 6.
Pnigodes, 48.
Pocadius, 22.
Podabrus, 30.
Pogonocherus, 34.
Pogonus, 8.
Polycaon, 32.
Polygraphus 56.
Polyphylla, 26.
Porrhodites, 14.
Prasocuris, 36.
Priacma, 31.
Prionochæta, 16.
Prionomerus, 49.
Procas, 47,
Proctorus, 49.
Prostomis, 20.
Protinus, 15.
Psammœcus, 20,
PSELAPHIDÆ, 16.
Pselaptus, 16.
Pseudebæus, 30.
Pseudobaris, 52.
Pseudocistela, 39.
Pseudomus, 50.
Pseudopsis, 15.
Psiloscelis, 24.
Psoa, 32.
Pterocolus, 42.
Pteroloma, 16.
Pterostichus, 7.
Ptilium, 10.
Ptilodactyla, 27.
PTINIDÆ, 31.
Ptomaphagus, 17.
Pyanisia, 39.
Pycnoglypta, 15.
PYROCHROIDÆ, 39.
PYTHIDÆ, 41.

Quedius, 12.

Rhagium, 33.
Rhexius, 16.
Rhinomacer, 42.
RHINOMACERIDÆ, 42.
Rhigopsis, 43.
Rhinoncus, 52.
Rhinoscepsis, 16.
Rhinosimus, 41.
RHIPICERIDÆ, 29.
Rhipiphorus, 40.
Rhizoperta, 32.
RHIZOPHAGIDÆ, 21.

Rhizophagus, 21, 2
Rhodobænus, 54.
Rhombonyx, 26.
Rhoptobaris, 52.
Rhymbus, 19.
Rhynchites, 42.
RHYNCHITIDÆ, 42
Rhynchophorus, 5
Rhyncolus, 55.
Rhypodes, 44.
Rhyssematus, 50.
Rhyssodes, 21.
RHYSSODIDÆ, 21.
Rugilus, 12.

Sacium, 18.
Saprinus, 24.
Scalenarthrus, 16.
Scaphidema, 38.
SCAPHIDIIDÆ, 18.
Scaphidium, 18.
Scaphinotus, 6.
Scaptolenus, 29.
SCARABÆIDÆ, 25.
Sclerodonta, 36.
Sclelolyperus, 36.
Schizillus, 38,
Schizogenius, 6.
Scierus, 57.
Sciopithes, 44.
Scirtes, 29.
SCOLYTIDÆ, 55.
Scolytus, 56.
Scopæus, 13.
Scotobænus, 38.
Scotobates, 38.
Scotochroa, 40.
SCYDMÆNIDÆ, 17.
Scydmænus, 17.
Scymnus, 23.
Scyphophorus, 53.
Scythropus, 45.
Selenophorus, 8.
Sepidulum, 9.
Sibynes, 49.
Sicyobius, 34.
Silis, 30.
Silpha, 16.
SILPHIDÆ, 16.
Silvanus, 20.
Simplocaria, 23, 6(
Sinoxylon, 32.
Sitones, 45.
Smicrips, 22.

INDEX.

Smicronyx, 47.
Soronia, 22.
Sosylus, 20.
SPERMOPHAGIDÆ, 34.
Sphæridium, 10.
Sphæroderma, 60.
Sphæroderus, 6.
Sphenophorus, 54.
SPHINDIDÆ, 19.
SPONDYLIDÆ, 32.
STAPHYLINIDÆ, 10.
Staphylinus, 12.
Stenelmis, 24.
Stenocorus, 33.
Stenomimus, 54.
Stenopelmus, 48.
Stenoscelis, 55.
Stenus, 13.
Stephanocleonus, 46.
Stephostethus, 18.
Stereopalpus, 39.
Sternidius, 33.
Stethobaris, 52.
Stibia, 37.
Stilicopsis, 59.
Stilicus, 12.
Strangalia, 33.
Strigoderma, 26.
Strongylium, 39.
Sunius, 13, 59.
Suphis, 9.
Syncalypta, 23.
Synchita, 20.
Synchytodes, 20.
Systena, 37.

Tachinus, 11.
Tachygonus, 51.
Tachyporus, 11.
Tachys, 9.
Tanarthrus, 40.
Tanygnathus, 11.
Tanymecus, 44.
Tanyrhinus, 41.
Tanysphyrus, 47.
Taphrocerus, 27.
Tecnophilus, 7.
TELEPHORIDÆ, 30.
Telephorus, 30.
Temnopsophus, 30.
TENEBRIONIDÆ, 37.

Teretriosoma, 24.
Teretrius, 24.
Tetragonoderus, 7.
Tetraopes, 34.
Tetrapriocera, 32.
Tetratoma, 40.
Thalassa, 23.
Thalpius, 6.
Thanasimus, 31.
Thecesternus, 42.
Thinobius, 14.
Thinopinus, 12.
Thinoxenus, 44.
Thricolepis, 44.
Thricolema, 35.
Thricomigus, 43.
Throscinus, 24.
Thysanocnemis, 49.
Thysanoes, 56.
Tilea, 14.
Timarcha, 36.
Tisiphone, 22.
Tomarus, 19.
Tomicus, 56.
Tostegoptera, 26.
Toxonotus, 58.
Toxotropis, 57.
Toxotus, 33.
Trachodes, 48.
Trachyphlœus, 44.
Trechirhus, 7.
Trechus, 9.
Triachus, 35.
Trichalophus, 45.
Trichischius, 54.
Trichius, 26.
Trichobaris, 52.
Trichodes, 31
Trichonyx, 16.
Trichopsenius, 11.
TRICHOPTERYGIDÆ, 10.
Trichopteryx, 10.
Triga, 15.
Triglyphus, 45.
Trigonodemus, 14.
Trigonoscuta, 43.
Trigonurus, 15
Trimium, 16.
Trixagus, 21.
Triphyllus, 19, 59.

Tritoma, 19.
TRITOMIDÆ, 18.
Trogloderus, 38.
Trogodendron, 31.
Trogophlœus, 14.
Trogosita, 21.
TROGOSITIDÆ, 21.
Tropideres, 57.
Tropisternus, 10.
Trox, 25.
Tychius, 49.
Tychus, 16.
Tyloderma, 50.
Tylopterus, 49.
Tymnes, 36.
Typocerus, 33.
Typophorus, 36.

Uloma, 38.
Urographis, 33.

Vrilletta, 31.

Wollastonia, 55.

Xanthochroa, 41.
Xantholinus, 12.
Xenistusa, 59.
Xenomycetes, 18.
Xenorchestes, 58.
Xestobium, 31.
Xyleborus, 56.
Xyletinus, 31.
Xylocleptes, 56.
Xylophilus, 40.
Xyloterus, 55.
Xylotrechus, 33.

Yuccaborus, 54.

Zaglyptus, 50.
Zalobius, 14.
Zaplous, 34.
Zascelis, 51.
Zeugophora, 34.
Zilora, 60.
Zonitis, 41.
Zophobas, 38.
Zuphium, 6.
Zygobaris, 53.

www.ingramcontent.com/pod-product-compliance
Lightning Source LLC
Chambersburg PA
CBHW020918230426
43666CB00008B/1491